조희문 영화평론집

제 **1** 권

'자유부인'보다 뜨거운 한국영화

조희문 지음

東文選

'자유부인'보다 뜨거운 한국영화

차 례

[서문]
한국영화는 언제나 뜨겁다

'영화'를 가리키는 우리 이름은 '영화'밖에 없다. 영어권에서는 Motion Picture, Film, Movie, Cinema, Kino처럼 구분이 가능한 이름이 여러 개인데 비해, 우리는 어떤 종류의 개념이든 상관없이 모두 '영화'다. 그나마도 '영화'라는 이름마저 일본의 '에이가(映畵)'를 그대로 차용한 것이다.

요즘 인기 있는 영화를 봤느냐 할 때의 영화와 요즘 한국영화 사정이 어떠냐고 할 때의 영화는 개념이 다르다. 감상할 때의 영화는 한편 한편을 가리키지만, 경향이나 추세를 가리킬 때는 여러 편을 포괄하는 개념이다.

요즘 '한국영화가 좋다'라고 할 때에도, 한편 한편이 재미있거나 수준이 높다는 의미일 수도 있고, 제작이나 유통 같은 산업적 활동이 잘된다는 뜻을 담을 수도 있다. 오랫동안 한국영화는 수준 낮고 조악한 것으로 무시당하는 경우가 많았지만 최근의 평가는 완전히 달라졌다. 개별 작품의 수준을 가리는 경우이거나 전체적인 기운을 가리키는 경우 모두 신뢰와 지지를 받는다. 한국영화를 관람하는 인구가 연간 1억 명을 넘어서기 시작했고, 몇몇 영화감독은 스타 배우들 못지않은 스포트라이트를 받는다. 한국영화는 산업적으로도 대단한 활기를 보이고 있을 뿐 아니라 각각의 영화 작업도 창조적인 품격을 갖추고 있는 것으로 평가하는 것이다.

영화를 가리킬 때 '어떤 영화'를 뜻하는가의 문제 못지않게 '좋은 영화'란 어떤 것인가에 대해서도 인식이 많이 다르다. '재미있는 것이 최고'라고 말한다 하더라도 재미있다는 것은 어떤 경우를 말하는 것인지를 가리면 그것만으로도 수많은 논란을 벌여야 한다. 주변에는 재미가 별로 없어 보이는 영화들도 많다. 재미가 영화의 최고 가치라면 없는 영화는 모두 없애야 하나? 재미있다고 하는 영화들 중에서도 강렬한 주장을 드러내는 부분을 보이기도 한다. 더러는 재미나 예술에 대한 관심보다도 특정한 현상이나 인물, 대상에 대하여 영화적 입장을 강조하려는 것처럼 보이는 경우도 있다.

영화 관련법, 제도를 바꾸어야 한다고 주장하거나 배급, 상영제도를 바꾸어야 한다고 주장하는 일, 영화인들의 작업 조건이나 복지를 개선해야 한다고 주장하는 일처럼 각각 내용이 다른 것처럼 보이는 논란들도 궁극적으로는 내가 만드는 영화, 내가 만들고 싶어하는 영화를 쉽게 만들 수 있고, 더 많이 상영할 수 있는가라는 문제와 연결된다. 한때 외국영화 수입을 무제한 개방하면 안 된다고 격렬하게 반대하던 일, 스크린쿼터를 줄이면 한국영화 산업 기반이 완전히 무너질 것이라며 어떤 일이 있어도 현재 상태(당시 기준)를 유지해야 한다고 사생결단하던 일, 현재 각 영화관에서 상영하는 영화의 배급이 대기업 중심으로 운영되고 있다며, 이를 바꾸어야 한다고 주장하는 일 등은 각각 다른 시간 다른 장소에서 벌어진 것처럼 보이지만 실제로는 각 영화의 존재, 유통, 역할에 관한 입장을 반영한다.

돌아보면, 영화는 이 땅에 들어올 때부터 지금까지 늘 논란의 중심에 있었다. 단순한 구경거리가 아니라 사회 변화를 반영하거나, 때로는 사회 변혁을 위한 수단이 되기도 했기 때문이다. 그런 만큼 한국영화는 언제나 뜨거웠다.

나는 영화를 직접 만들지는 않았지만 지금까지 영화와 관련된 일을 하면서 살아왔다. 어린 시절에는 영화를 구경하고, 포스터나 잡지·사진·장비 같은 관련된 자료를 모으기 시작했으며, 이후로는 대학에서 영화를 공부하는 것으로 이어갔다. 좀 더 후에는 대학에서 영화를 가르치는 것을 직업으로 삼고 있으니 영화로 시작해서 영화로만 길을 가고 있다고 해도 별다른 무리는 아닐 듯하다. 의도한 바는 아니었지만 영화와 관련된 논란이 벌어지는 곳에는 거의 다 참여했다고 할 만큼 많은 주장과 토론·논쟁을 벌였다. 천성이 다툼을 좋아해서가 아니라 부당하거나 대중을 선동하려는 일에 대해서는 못 본 척 지나치지 못하는 생각 때문이다. 아마도 내가 생각하는 영화의 가치와 역할에 대해서 계속 주장하는 것일 수도 있다. 스크린쿼터 축소여부를 둘러싸고 치열한 논쟁을 벌이고, 영화계가 총궐기하다시피 나서서 '사수'를 외칠 때에도 다른 방법을 찾아야 한다며 반대 주장을 편 것도 그 논쟁이 한국영화의 발전과는 상관없이 이념적 선동을 위한 수단으로 변질되고 있는 것이라 여겼기 때문이다. 영화계에 이슈가 생길 때마다 관련해서 쓴 길고 짧은 글도 여러 편이고, 영화 관련 자료를 모으는 일도 지금껏 계속하고 있다. 다만 '영화'라는 이름을 대신할 다른 이름을 찾는 데 오랫동안 관심을 두고 있지만 아직도 마땅한 답을 찾지 못하고 숙제처럼 남아 있다. 하여튼 관심 있는 일, 좋아하는 일을 하면서 살고 있으니 큰 축복이라고 생각한다. 그동안 쓴 글 중에서 일부를 골라 평론집이란 이름으로 묶었다. 언제 사람 사는 집이 되느냐면서 자료 사이를 헤집고 다닌 아내 이인순, 아들 용민·용하, 그리고 출판을 허락해 준 동문선출판사 신성대 대표에게 감사드린다.

2014년 12월

한국의 근대화와 서구 문화,
그리고 영화

한국에 처음 영화가 소개된 것은 1901년이며, 실제로 제작을 시작한 것은 1923년부터다. 최초의 상영에서부터 오늘날에 이르기까지 한국사회에서 영화는 다양한 모습으로 기능했으며, 한국인들의 동시대적 생각과 행동을 반영해 왔다.

에디슨이나 루미에르 형제가 영화의 발명과 대중화에 중요한 기여를 했지만, 세계 여러 나라가 영화를 어떻게 받아들이고 이용했는가는 서로 다르다. 미국은 오락적 수단으로서의 가치와 역할을 중요하게 인식하며 산업적 기반을 갖추었다. 미국이 문화적 배경과 의식이 다른 다양한 인종과 언어로 구성된 이민사회였기 때문에 누구나 공감하며 이해할 수 있는 공통분모로서의 역할이 무엇보다 중요하게 강조된 결과라고 할 수 있다.

---

* 본 저술은 인하대학교의 연구비 지원을 받았음.

** 본문에서 인용한 일부 자료(신문기사 등) 중 고어나 한자 표기는 현대어로 바꾸었음.

*** 본문에서 사용하는 '한국'은 대한제국, 일제강점기, 미군정기, 대한민국 정부 수립 이후를 아우르는 개념이다. 엄격하게는 각 시대별로 구분해야 하지만 편의상 '한국' '한국영화'로 통칭한다.

오늘날에도 미국영화가 미국 국내는 물론 세계 여러 나라에서 상영되며 인기를 유지할 수 있는 이유도 대개의 미국영화가 담고 있는 보편성과 대중성 때문이라고 할 수 있을 것이다.

이에 비해 1917년의 공산 혁명 이후의 러시아영화들이나, 1948년 이후의 중국영화들은 사회주의 혁명을 선전하고 대중을 혁명에 참여시키는 것을 가장 큰 목표로 삼았다. 영화 제작은 주로 정부가 주도했으며, 내용과 경향은 엄격하게 통제되었다. 프로파간다의 수단으로 이용하고자 했기 때문이다.

그러나 1910년대의 프랑스영화나 독일영화들은 영화의 예술적 표현력을 무엇보다 중요하게 여기며, 문학이나 음악이 지니고 있었던 것과 같은 예술적 독자성을 탐색하기 위한 시도가 이어졌다. 이같은 인식과 경향의 차이는 특정한 국가의 사회적·정치적·문화적·경제적 환경이 다르기 때문에 생긴 것이라고 할 수 있다.

근대화 초기의 한국사회와 영화

19세기 후반(대략 1884년의 갑신정변 이후)부터 현대에 이르기까지 한국사회는 다양한 형태의 변화와 갈등을 경험했다. 자위적인 힘이 부족한 상태에서 개국을 해야 했고, 결국 1910년부터 1945년까지 36년 동안 일본의 식민지가 되었으며, 일본이 연합군에게 무조건 항복을 함으로써 해방을 맞았지만 남한과 북한으로 분단되어 정치적 이념을 달리하는 2개의 정부로 나뉘어졌다.

1950년부터 1953년까지 계속된 6·25전쟁은 좁게는 북한이 남한을 침공한 것이지만, 넓게는 미국을 정점으로 한 자유주의 진영과 소비에트연방을 중심으로 한 공산주의 진영의 대립과 격돌의 성격을 담고 있는 것이라고 할 수 있다.

전쟁은 수백만 명의 사상자와 건물과 도로 등의 파괴를 가져왔지만, 한국사회에 커다란 변화를 가져온 전환점이기도 했다. 남한사회의 시선에서 본다면 공산주의에 대한 적개심은 말할 수 없이 강해졌고, 전통적인 가치와 사회질서는 크게 바뀌기 시작했다. 1천만 명이 넘는 피난민들은 자신이 살던 곳을 떠나 다른 지역으로 이동했으며, 전쟁이 끝난 후에도 그들의 대부분은 결국 고향으로 돌아가지 못했다. 그들은 생활 기반을 잃어버렸으며, 생존을 위해서는 무엇이든 일거리를 찾아서 수입을 얻어야 했다. 중요하게 여기던 사회적 체면이나 명예는 많이 약화되었다.

특정한 지역에서 생활 기반을 유지하며 전통적 생활을 지켜오던 한국인들로서는 과거에 경험하지 못했던 사회적 변화였다. 많은 토지와 생산물을 소유하는 것으로 평가되던 전통적인 부자는 줄어들고, 소규모 상업이나 그보다 규모가 큰 유통 거래를 통해 사업적 성공을 거둔 새로운 부자들이 더 많이 나타났다. 전통사회에서는 개인의 능력보다는 신분적 계급이 더욱 중요한 요소가 되었지만, 변화된 사회에서는 외형적 체면이나 명분보다도 실용성과 구체적 이익을 중요하게 여기는 새로운 가치와 질서가 나타나는 중요한 바탕이 되었다.

이같은 변화를 더욱 부추긴 것은 미국으로 상징되는 '서양 문화'의 급속한 유입이었다. 한국전쟁이 진행되는 동안 UN군이 참전했지만, 주력은 미군이었다. 전쟁이 끝난 후에도 미군은 한국에 남아 경비를 담당했다. 미국은 공산주의의 위협과 침략으로부터 한국을 지키고 보호해 준 고마운 존재로 인식되었으며, 미군이 사용하던 각종 군용 물품은 한국 사람들의 가난한 생활에 중요한 보급품 역할을 했다. 미국은 강하고 좋은 나라이며, 풍요로운 나라일 것이라는 인식이 한국인들 사이에 널리 퍼졌고, 많은 사람들은 미국인의 생활 방식과 문화를 가치 있는 것, 배워야 할 어떤 것으로 인식하기 시작했다.

이같은 생각은 경제개발이 시작되면서 더욱 확산되었다. 경제개발은 오랫동안 가난했던 국내의 경제적 사정을 개선하기 위한 것이었지만 필연적으로 그것에 필요한 자본과 기술이 필요했고, 그런 것들의 대부분은 미국에서 들어왔다. 결과적으로 미국은 문화적으로나 경제적으로 한국인이 가장 부러워하고 존중하는 대상이 된 것이다. 한국전쟁에서 미국은 '절반의 승리'를 얻었지만, 한국인의 호의적 지지와 선망을 받음으로써 나머지를 채웠다고 할 수 있다.

자연스럽게 미국영화는 한국인들에게 미국식 문화와 가치를 들여다볼 수 있는 중요한 창구이자 배울 수 있는 텍스트 역할을 했다.

존 웨인은 법과 정의를 지키는 영웅이었고, 엘리자베스 테일러나 마릴린 먼로, 킴 노박, 리타 헤이워즈 같은 여배우들은 미인의 표준이었다. 영화 속에서 보는 미국은 풍요롭고 행복하며 정의로운 사회였다. 많은 관객들이 미국영화를 보고 즐거워했으며 감동받았고 행복감을 느꼈다. 가능하다면 미국인처럼 살고 싶었고, 미국에서 살 수만 있다면 부러울 것이 없었다. 영어를 말할 수 있는 사람은 유능한 지식인이나 전문가로 대우받았고, 미국식 문화나 예절을 아는 것은 세련된 현대인인 것처럼 보였다.

이러한 인식은 한국인들이 경제적 풍요를 누리기 시작하는 70년대나 정치적 혼란을 격심하게 겪는 80년대에도 계속되었다.

이 사이에 한국영화는 구경거리로써의 오락적 기능을 수행하면서, 또 한편으로는 정치적 선전을 위한 수단으로 이용되기도 하는 등 많은 변화를 보였지만, 미국을 '서양 문화'의 전부인 것처럼 인식하며 미국식 가치와 문화를 적극적으로 받아들이며 배우고자 했다는 점은 변하지 않았다.

그러나 이같은 인식과 경향은 한국전쟁을 계기로 갑작스럽게 나타난 것이 아니라 근대화 초기부터 나타난 현상이라고 할 수 있다. 19세기 후반부터 한국이 일본의 식민지 상태로 예속되는 1910년 사이에 도같은 현상이 나타났다. 다만 그때는 '서구'의 실체는 보다 포괄적이었으며, 구체적으로 어떤 나라를 가리키는 것인지도 명확하지는 않았다. 미국이나 프랑스·영국·독일·이탈리아·러시아 등 외국 여러 나라들을 총칭하는 정도였다. 그러나 사회적 인식은 '서구'란 '국력이 강하고, 문화적으로는 수준 높으며, 경제적 발전을 이룬 나라'라는 의미로 통했고, 그렇게 발전을 이룬 것은 문화가 발달하고 여러 가지 제도가 잘 갖추어져 있기 때문이라고 믿었다.

따라서 경제적으로 빈곤하고 정치적으로 불안한 한국으로서는 하루라도 빨리 '서구'의 문화와 풍습·제도를 배우는 것이 나라를 지키며 위기를 극복할 수 있는 방법 중의 하나라고 믿었다. 따라서 '서구'에서 유입된 여러 가지 문물은 한국인들의 의식과 문화를 발전시키는 데 유용한 수단이 될 수 있을 것이라고 믿었으며, 국민 의식을 깨우치며 문화를 발전시킬 수 있는 수단으로써 이용될 수 있느냐가 무엇보다 중요한 가치 판단의 근거가 되었다. 영화가 그같은 일을 하는 데 매우 유용한 수단이 될 수 있다는 평가를 받은 것은 자연스러운 일이었다.

그 당시 한국에서는 영화를 제작할 수 있는 능력이 없었으며, 단지 외국영화들만을 수입해서 볼 수 있을 뿐이었다. 모든 영화는 외국에서 수입한 것들이었고, 또 대부분은 미국이나 프랑스 등 '서구'에서 제작한 것들이었다. 따라서 영화 속에서 볼 수 있는 도시의 풍경이나 사람들의 생활 모습 등은 외국의 실제 모습을 보기 어려웠던 당시 한국인들에게 부분적으로나마 '서구'의 실제 모습을 볼 수 있는 창문이자 가르침을 얻을 수 있는 텍스트였다.

그러나 이같은 영화의 사회적 역할은 더 이상 지속되지 못하였다. 1910년, 일본이 한국의 외교권을 장악하면서 한국은 사실상 일본의 식민지가 되었다. 지배자 일본은 영화의 자유로운 제작과 유통을 엄격하게 통제했으며, 필요한 경우에는 정치적 선전을 위한 도구로 활용하고자 했다. 외국영화의 수입도 미국영화보다는 독일이나 이탈리아 등 동맹관계에 있는 나라들의 영화로 한정하는 경우가 생기기도 했고, 일본이 태평양전쟁을 일으킨 이후에는 영화도 전쟁 수행을 위한 선전과 홍보를 위해서만 사용될 수 있었다. 한국 내의 모든 영화사는 통합되어 조선영화주식회사라는 단일회사로 재설립되었으며, 오로지 전쟁 선전을 위한 영화만 제작했다.

이같은 상황은 1945년, 일본이 연합군에게 무조건 항복하고 모든 식민지에서 철수함으로써 한국이 해방될 때까지 계속되었다. 이때 일본의 항복을 받은 인물이 미국군 맥아더 장군이었다는 사실은, 일본을 패망시키고 한국의 독립을 찾아 준 나라가 미국인 것처럼 보이게 만드는 중요한 요인이 되었다.

한국인들이 '서구'라고 생각했던 외국 여러 나라들 중에서 미국이 그것의 중심을 이루게 되는 중요한 계기이기도 했으며, 한국전쟁에 미국이 UN군으로 참전한 이후에는 그같은 인식은 더욱 확산되고 강화되었다.

영화는 그같은 변화를 촉발하는 유용한 수단이자 한국인들이 '서구 문화'를 이해하며, 그것이 점점 미국인처럼 생각하고 행동하며 그들의 생활과 문화를 배우고자 하는 것이라는 사실을 보여주는 쇼윈도 역할을 하기도 했다.

국가적 위기와 극복, 그리고 '서양화(西洋化)'

한국에 영화가 처음 소개된 것은 1901년이다. 미국인 여행가 버튼 홈스(Elias Burton-Holmes)가 한국을 여행했을 때, 그는 영화 카메라와 영사기를 휴대하고 있었으며, 이를 고종황제에게 보여줌으로써 처음으로 영화를 소개하게 된 것이다. 이때의 상영은 특정한 인물들을 대상으로 한 특별 상영이라고 할 수 있다.

이같은 영화 상영이 일반인을 대상으로 확산된 것은 1903년 6월 23일이다. 당시 서울에 전차 선로와 발전소 사업을 하고 있던 미국인 헨리 콜브란(Henry Collbran)과 H. R. 보스트위크(Bostwicic)는 한성전기회사(Seoul Electric company) 마당에 임시 극장을 세우고 영화를 상영하기 시작한 것이다.

일반인 상대의 영화 상영은 콜브란이 상업적 이익을 위해 시도한 것이었지만, 그것은 영화를 한번도 본 적이 없는 당시의 한국인들에게 영화라는 새로운 문물을 실체적으로 구경할 수 있는 계기가 되는 것이기도 했다. 당시의 영화들은 대부분 100~200피트 내외의 짧은 실사(實寫) 작품들이고, 그나마 외국인의 손을 통해 수입된 것들이지만 스크린 위에서 사람이 움직이거나 마차나 기차가 달리는 모습은 신기하고 놀라운 구경거리가 되기에 충분했으며, 한국인들은 경이의 눈으로 이를 바라보았다.

뿐만 아니라 당시에 수입된 필름이 모두 외국의 것들이란 사실은, 그것을 구경하는 관객들에게 자연스레 미국이나 프랑스와 같은 외국의 풍경 또는 풍물을 접하는 계기가 됨으로써 새로운 문화를 이해하는 수단으로 작용하기도 했다. 이는 화면에서 사람이나 그밖의 물체들이 움직인다는 단순한 사실도 놀라운 것이었지만, 그 과정에서 말로만 듣거나 그마저도 알지 못했던 외국의 풍물을 보면서 한국과는 다른 사회가 존재하고 있음을 확인하는 창구가 되기도 한 것이다.

서구 문화가 유입되던 1900년대를 전후한 무렵은 국제적으로 세력을 넓혀 나가려던 열강들이 첨예하게 대립하는 데 따라 정치적 긴장감이 감돌았고, 한국 또한 이같은 국제 정세의 흐름에 직·간접으로 영향받을 수밖에 없었다. 따라서 국내외의 정세를 읽고 있던 이 땅의 지식인들은 이에 대응하기 위해서는 국민들의 애국심을 발전시키고 신식 교육을 펴나가고자 했다.

영화가 본격적으로 일반에게 공개되기 시작하던 1903년 무렵을 전후한 시기에 지식인 계층, 즉 개화파 관료나 언론인들이 판소리나 창극과 같은 한국의 전통적인 연희에 대해서는 비판적인 태도를 보이면서도 새로운 양식으로 등장한 연극이나 영화에 대해서는 극히 우호적인 태도를 보였을 뿐 아니라, 정부 관리들은 물론 황실 인사들은 실제로 관람하는 경우가 잦았다.

그들은 "문명이 발달한 나라일수록 공연장을 널리 설치하고 백성들의 성정을 발전시키는 데 힘을 기울이고 있을 뿐 아니라, 오늘날과 같은 문명의 발전은 연예의 발달에 힘입은 바가 적지않다"고 보았으며, "어리석은 자를 깨우치며 음란한 마음을 가진 자를 바르게 가르치는 일은 학식이 뛰어난 교사가 학교에서 가르치는 일보다 더욱 효과가 뛰어나다"고 평가하고 있는 것은, 연극이나 영화의 실용적 가치를 중요하게 여기고 있다는 것을 보여준다. 당시 언론에 비친 기사의 일면은 이렇다.

우리나라가 동쪽 끝에 치우쳐 있어 어리석고 우매한 습관이 많다고 하는 외국인의 평가가 많은데, 이른바 협률사니 연극장이니 하는 것들도 그런 것 중의 하나다. 문명이 발달한 나라들에서도 놀이극장이 없는 것은 아니지만, 국풍(國風)과 민속을 따라 일반인에게 유익한 연극을 공연하여 보는 사람들로 하여금 마음을 즐겁게 하고 애국 정신을 일으키게 함으로써 문화를 발전시키는 경우도 없지 않기 때문에 나라에서도 금지하지 않는 것이다.

하지만 우리나라의 연희는 털끝만큼도 우리의 정신적 사상 표현이 없이 음란한 춤과 난잡한 모습으로 〈춘향전〉이니 〈심청전〉이니 하는 것들과 무동춤이니 잡가·타령 등을 공연하면서 하릴없는 젊은이의 마음을 어지럽게 하며, 들뜬 남녀의 음란한 마음을 자극해 주머니의 돈을 빼앗아 갈 뿐인즉 망국의 놀이라 하지 않을 수 없다. 외국의 그것과 같이 볼 만한 기예나 감동스런 고사를 보여주어 문화를 풍성하게 하며, 깊은 사상이 담긴 애국 정신을 발흥케 할 국가적 관념은 전혀 없으니, 그런 우매한 일을 그냥 버려두면 그 영향이 중등사회까지 미쳐 문명의 발달은 고사하고 더욱 나쁜 습관에 빠질 것이니 어찌 개탄스럽지 않은가. (〈황성신문〉, 1907년 11월 29일)

이 기사에서는 문명(文明)한 여러 나라들의 연극은 국풍(國風)과 민속(民俗)을 진작하는 내용을 공연함으로써 애국의 정신을 높이는 데 기여하고 있으나, 한국의 연극은 '음란한 춤과 추한 모습'만을 보여주며 가난한 민중의 돈을 빼앗는 데만 정신이 팔려 있으며, 문명을 발달시키는 데 조금도 기여하지 못하고 있다는 비판이 드러난다.

이같은 시각을 바탕으로 한 연극 또는 그밖의 공연에 대한 비판은 무수하게 제기되고, 연극의 개량과 연극장(공연장)의 사회적 책임과 자각을 촉구하는 훈계 또한 끊임없이 나타난다.

이러한 주장의 전제에는 서양의 문물이 발달된 수준에 있는 것이어서 한국의 낙후된 풍속과 국민의 의식을 개량하는 모범 또는 기준으로 설정하고 있다는 인식을 드러내고 있다.

"세계 각국이 활동사진이니 원숭이놀이, 개싸움, 곰 묘기 등 여러 가지 구경거리를 보여주고 있으며"(〈대한매일신보〉, 1906년 3월 8일) "그 것들은 국풍과 민속을 충실히 따라 백성들에게 유익한 작품을 공연함으로써 마음을 즐겁게 하고, 애국의 정신을 높여 줌으로써"(〈황성신문〉, 1906년 11월 29일) "연희장이 교육적 의미를 발휘하고 있다"(〈황성신문〉, 1908년 5월 5일)고 평가하며, 따라서 "문명이 발달한 여러 나라들은 공연장을 많이 세워 백성들의 심성을 다스리고 더욱 발전시키고자 노력하고 있는데, 오늘날과 같이 문화가 발전한 데에는 연극이 기여한 바가 적지않다"(〈매일신보〉, 1910일 12월 11일)고까지 평가하고 있는 것은, 여러 가지 공연이 사회에 미치는 영향의 중요성을 강조하고 있는 것일 뿐만 아니라 그같은 운영의 모범으로써 서양 각국을 설정하고 있다는 사실을 보여주는 것이다.

이러한 시각에서 영화는 당시의 지식인들이 생각하고 있던 대중적 효용성을 충실히 갖추고 있는 대상이 될 만했다. 버튼 홈스 일행이 처음으로 영화를 소개한 때서부터 본격적으로 영화가 제작되기 시작하던 1923년 이전의 기간 동안 한국에서 상영되었던 영화의 전부가 미국이나 프랑스·이탈리아·독일 또는 일본 등의 외국에서 만든 것들이며, 이들 나라들은 지식인들이 모범으로 생각하고 있던 소위 '문명이 발전한 외국 여러 나라'의 구체적인 실체들이기 때문이다. 당시 극장에서 상영한 영화들은 "미국에서 새로 들여온 것"들이며(〈대한매일신보〉, 1906년 8월 12일), 프랑스인 마르탱(L. Martin, 한국명 馬田)이 새문(新門) 부근에 영화 상영장을 개설하고 상영한 영화들 역시 "프랑스 파리에서 유명한 것들"일 뿐만 아니라 "동서양 여러 나라들의 아름다운 산천과 도시의 사계절 풍경과 뛰어난 남녀 인물, 여러 가지 예식, 전쟁과 즐거운 놀이, 옛날이야기의 실현"(〈황성신문〉, 1906년 4월 19일, 〈대한매일신보〉, 1906년 4월 21일)을 담고 있는 것들이다.

또한 협률사에서 상영한 영화들 역시 "본사에서 법국(法國, 프랑스) 파리 경(京, 수도)에서 새로 발명한 활동사진을 들여와 이달 26일부터 상영하며, 기무도 새로운 내용으로 개량하여 재미가 좋으니"(〈대한매일신보〉, 1908년 2월 26일) 많은 사람들이 관람할 것을 광고하고 있다. 1905년에는 평양에서 대동학교(大同學校)라는 교육기관을 설립한 김석윤이 운영자금을 모으기 위한 방법으로 영화를 상영했다는 기록은, 당시 인물들의 영화에 대한 인식의 단면을 읽을 수 있다.

평양에 거주하고 있는 김석윤 씨는 교육에 큰 뜻을 두어 얼마 전 대동학교라는 교육기관을 설립하고, 이를 운영하기 위해 여러 가지 노력을 기울이고 있으나 항상 자금이 부족함을 안타깝게 여겨 몇몇 뜻 맞는 사람끼리 돈을 모아 일본에서 영사기를 구입하여 학교 안에서 매일 상영하고 있는데, 이는 한편으로는 관람요금을 받아 학교의 운영기금으로 사용하고, 또 한편으로는 동서고금 여러 나라의 유명한 영웅과 교육에 도움이 되는 여러 가지 모습을 보여주어 일반인의 교육 정신과 애국심을 높이고자 하는 것이다. 오늘날 문명이 발달한 외국 여러 나라들에서도 이같은 방법을 사용하고 있는 것이기에 평양에서도 이를 시행하고자 하는 것이다.(〈황성신문〉, 1905년 8월 30일)

1905년은 일본이 통감부를 설치하여 한국을 사실상 정치적 속국으로 만든 때였으며, 한국이 일본의 식민지가 될 가능성이 점점 커지고 있는 때였다. 이 때문에 당시 한국의 자립과 정치적 주권을 지키는 것이 중요한 과제라고 생각하고 있던 지식인이나 정치인들은 그것을 위해서는 교육과 산업의 진흥이 중요하다고 믿었다.

따라서 학교를 설립한 인물이 운영경비를 조달하기 위해 영화를 상영하고자 했다는 점은, 영화가 선진문물이며 국민을 계몽하고 의식을 개발하는 데 유효한 수단으로 인식하고 있음을 보여주는 것이다.

이같은 인식은 영화를 가리켜 "예전에 들은 적도 본 적도 없는 신기하기 이를 데 없는 요술 같은 물건이며, 한국은 언제쯤이나 이같이 신기한 묘술을 터득할 수 있을까"라며 감탄을 감추지 못했던 것이나 (〈황성신문〉, 1901년 9월 14일), "문명이 발달한 세계 여러 나라에는 ─ 연극장이니, ─활동사진이니 하는 등의 여러 가지 극장이 있어서"(〈대한매일신보〉, 1906년 3월 8일) 문명을 발달시키는 데 유용하게 쓰이고 있다고 한 경우와 일맥상통하는 것이며, 실제로 영화를 상영한 것은 그같은 인식을 구체화한 경우가 되는 것이다. 이는 또한 지식인 계층에서의 영화에 대한 인식이 호의적이었다는 사실을 엿보게 하는 부분이다.

황제와 귀족들

이같은 인식을 더욱 확고히 해주며 영화에 대한 사회적 수용을 더욱 촉진시킨 것은 황실에서 자주 영화를 관람했다는 사실이다. 당시 한국(대한제국)은 황제가 국정 전반의 모든 권한을 행사하고 있던 전제군주국가였기 때문에 황실의 움직임은 사회 각 분야의 중요한 행동지침으로 반영될 수밖에 없었으며, 황실에서의 영화 관람이 자연스럽게 확대된 것은 사회 각 분야에도 따라서 영향을 미치게 되었다.

고종 황제는 버튼 홈스에게 영사기를 되돌려 줄 때 선물까지 주었을 뿐만 아니라, 그들 일행을 다시 초대해 연회를 베풀어 주었다는 점으로 미루어 고종 황제를 비롯한 황실 인사들이 영화에 대해 상당한 호기심을 보였다는 사실을 짐작할 수 있다. 이후에도 한국 황실에서는 자주 영화를 관람하게 되는데, 특히 고종 황제의 아들인 영친왕이 일본에 체류하고 있는 모습을 기록한 영화가 한국에서 상영되기 시작하는 1908년 4월경부터였다. 덕수궁·창덕궁 등에서 고종 황제를 비롯한 한국 황실의 여러 인물과 관리들을 대상으로 영화가 상영되기 시작한 것이다.

이듬해인 1909년에 이르러서는 고종 황제가 서울 시내 민정을 시찰하는 모습을 촬영한 것이나 일본인 통감 이토 히로부미의 동정을 수록한 영화가 상영되기도 했는데, 영화 상영에는 고종 황제나 황족, 정부의 고급관리들이 주로 참석했으며, 때로는 한국에 주재하고 있던 각국의 외교관들이 빈번하게 초대되기도 했다.

이러한 일련의 일들과 함께 고종 황제는 애국부인회 등의 여러 단체에서 상영하는 영화를 자주 관람하기도 했다. 이 무렵에 이르러서는 여러 사회단체나 소수의 개인에 의해 영화 상영이 사회활동의 중요한 대상으로 부각되고 있었으며, 고종 황제가 이를 관람했다는 사실은 그같은 영화 상영이 한국 황실로부터 상당한 호응이나 지원을 받고 있었음을 보여주는 부분이다.

황실에서의 영화 상영은 고종 황제가 승하한 이후에도 계속되었는데, 고종 황제의 뒤를 이어 왕위에 오른 순종도 즉위 이후 궁궐 내에서 영화를 관람했다는 사실이 당시 신문 보도에 자주 나타나고 있다.

황실에서의 영화 상영은 외관적으로 영화가 선진화된 서양 문물이며, 한국의 전통연희와는 달리 시대적 효용에 부응할 수 있는 매체라는 점을 인정하는 결과가 되었다. 사회적으로 황실에서의 영화 상영은 영화에 대한 지지 표명으로 받아들여졌고, 첨단의 문화로 인식하는 계기가 되었을 뿐만 아니라 영화에 대한 사회적 인식이 형성되는 과정에서 중요한 기준이 되었다고 할 수 있는 것이다.

결과적으로 당시 지식인들이 보여준 영화에 대한 인식과 황실에서의 영화 상영은, 한국에 영화가 사회적으로 수용되는 중요한 바탕이 되었을 뿐만 아니라 구경거리로서의 영화가 지닌 대중성과 결합함으로써 영화의 보급이 급속하게 확산될 수 있는 배경적 요인이 되었다. 따라서 당시 사회에서는 영화를 관람하는 것이 교양 있는 문화 활동으로까지 인식될 정도였다.

이보다는 더욱 구체적으로 영화의 사회 교육적 활용의 경우를 보여주는 것은 정부가 직접 서울 시내 각 학교 학생들 중 중학생 이상은 단체로 영화를 보도록 했다는 사실이다.

국권 회복을 지향하며 국민의 교육과 산업의 진흥을 실천적 방법으로 제시하고 있던 당시의 사회적 분위기와 비교할 때, 정부가 직접 나서서 학생들에게 영화를 보도록 했다는 사실은 정부관리들은 물론 지식인들조차 영화의 사회 교육적 가치를 크게 인정하고 있음을 확인시켜 주는 것이다.

따라서 한국에 영화가 수용되는 과정에서 나타나는 영화의 기능은 구경거리로서의 새로운 서양 문물이라는 대중오락적 성격과 함께 서양 여러 나라들의 풍물이나 시사(時事)를 소개하는 정보전달의 매스컴적 성격, 그리고 이를 통한 민지(民智)의 계발을 위한 계몽·교육 효과를 위한 공리적(功利的) 성격을 복합적으로 포괄하고 있는 것이라고 할 수 있다. 이같은 현상은 일단 영화라는 것이 서양에서 유입된 완전히 새로운 문물이라는 점과 당시의 정치·사회적 환경과 밀접한 관계를 갖는 데서 형성된 사회적 인식의 반영이라고 할 수 있는 것이다.

영화가 대중적으로 보급되기 시작한 무렵의 한국사회는 내부적으로 원했던 그렇지 않던 간에 이미 개화의 물결이 밀려들고 있었으며, 일본이나 미국 또는 그밖의 여러 나라들이 정치적 목적으로 한국에 진출하고 있을 때였다. 따라서 한국의 주권은 심각하게 위협받고 있는 상태였으며, 이러한 현실에 대해 뜻 있는 인사들은 여러 가지 방법으로 대응하고자 노력했다. 이들은 당시의 현실을 타개하기 위해서는 국력을 키워야 하며, 이를 위해서는 무엇보다도 국민적 각성과 자각이 필요하다고 보았다. 새로운 교육제도나 문물의 도입을 역설하고 산업의 진흥을 강조함으로써 사회적 가치 기준을 실용성에 우위를 둔 공리적 효용에 두고자 했던 것도 그같은 사회적 현실을 반영하고 있는 것이다.

영화의 수용 과정에서 비교적 영향력 있는 개인이나 단체 등이 영화를 직접적인 국민 교육의 수단이나 여러 가지 사회활동의 지원을 위한 수단으로 이용했다는 점은, 이들이 영화를 근대화된 서구의 문물로 인식하며 보다 적극적으로 수용하고자 했다는 사실을 보여주는 것이다.

특히 영화가 서구에서 유입된 새로운 문물이며, 소개되는 내용이 대부분 외국의 문물이었다는 사실은, 한국의 근대화에 관심을 두고 있던 당시의 지식인 또는 여론주도층의 인식과도 합치되는 것이기 때문에 전통연희에 대해서는 비판적 태도를 보이던 것과는 달리 영화를 근대화된 서구 문물로 쉽게 받아들일 수 있었던 요인이 되었다. 영화의 기능적 효용을 최고의 가치로 생각하던 그같은 인식은 일단 영화

가 사회적으로 수용되는 과정에서는 촉발적인 요소가 되었지만, 신파
극단의 출현과 함께 한국영화의 제작이 점점 구체화되면서 고전소설
이나 그밖의 이야기들이 영화의 소재로 도입되고, 전통연희나 신파극
분야에서 활동하던 배우들이 영화계로 유입되면서 영화에 대한 평가
가 부정적인 쪽으로 선회하는 요인이 되기도 한다. 영화의 사회적 효
용 기능이 배제되면서 전통연희에 대한 비하가 영화에도 유입되었기
때문이다. 이는 당시 사회의 지식인 또는 여론주도층이라고 할 수 있
는 인물들의 영화에 대한 인식이 매체의 본질적 특성에 대한 폭넓은
이해를 바탕으로 한 것이 아니기 때문에 영화를 보는 시각은 그것을
통해 전달되는 정보의 내용, 즉 시각적으로 볼 수 있는 외국의 풍물이
나 외국인들의 생활양식을 선진화된 문화의 표본처럼 받아들이거나,
청일전쟁이나 러일전쟁과 같은 국제적 관심사에 대해 정보를 얻을 수
있는 수단으로 받아들이는 정도를 벗어나지 못하고 있었다는 한계를
보여주는 것이기도 하다.

일제강점기 영화계 형성과 일본 자본의 유입

영화의 출현과 한국으로의 유입 과정

한국에 영화가 처음으로 소개된 것은 미국인 여행가를 통해서였다. 1901년 여름 무렵 한국(당시는 대한제국)을 방문했던 미국인 버튼 홈스와 그 일행은 궁내에서 휴대용 영사기를 이용해 고종 황제를 비롯한 황실 인사들에게 영화를 보여주었다. 이때 상영된 영화들은 미국에서 만들어진 짧은 기록영화나 스토리영화들이었던 것으로 보이지만, 구체적으로 어떤 작품들이었는지는 밝혀지지 않고 있다. 뿐만 아니라 그들은 서울 시내와 근교의 풍경이나 풍물들을 촬영하기도 했다. 새로운 문물로 등장한 영화는 외국인의 손을 빌려 한국 사람들에게 신기한 모습을 보이게 된 것이다.

이같은 상영을 계기로 한국에 소개된 영화는 궁중의 관리나 언론계 인사 등 제한적인 관객을 대상으로 한 특별 상영의 형태로 차츰 보급의 범위를 넓혀 나가기 시작했으며, 대중들도 관심을 갖기 시작했다.

20세기를 대표하는 영상예술로 자리잡은 영화가 처음으로 대중에게 모습을 보인 것은 뤼미에르 형제가 시네마토그라프(Cinémato-graphe)라는 이름으로 1895년 12월 프랑스 파리에서 상영하면서부터였다. 이어 1896년 4월 미국에서는 에디슨의 키네마토스코프(Ki-nematoscope)가 공개되었다. 비슷한 시기에 유럽과 미국에서 영화가 대중에게 소개된 것이다. 전통적 예술 양식이 창조적 영감을 가진 천재에 의해 창조되고, 사회적·경제적 지위를 가진 소수의 사람들에 의해 향유되던 것에 비해 영화는 산업혁명 이후 새로운 소비 계층으로 등장한 근로자 중심의 대중을 소비 계층으로 끌어들이며 대중 문화의 시대를 열었다. 영화가 프랑스나 미국을 제외한 세계 여러 나라에 보급되기 시작한 것은 뤼미에르 형제가 파리에서 영화를 상영한 지 1개월 정도가 지난 1896년 1월부터였다. 뤼미에르 형제는 영화를 발명하긴 했지만, 그것이 상품적인 가치를 지닌 매체로 발전할 수 있을지에 대해서는 확신을 가지지 못한 채 대중들의 관심은 일시적인 호기심에 그칠 것이라고 생각했다. 이 때문에 뤼미에르 형제는 대중들이 시네마토그라프에 흥미를 보이고 있는 동안에 서둘러 순회 흥행을 하기로 계획하고, 시네마토그라프 상영단(Cinématographe Troupe)을 구성해 영국을 비롯 네덜란드·독일·러시아 등지에서 차례로 영화를 상영했다. 뤼미에르회사가 시네마토그라프 상영단을 구성하고 세계 여러 나라를 순회 상영한 것은 다분히 상업적 흥행을 위한 것이었지만, 결과적으로 영화가 세계적으로 보급되는 결과로 이어졌다. 인도나 중국 등 아시아 국가들에 영화가 소개되기 시작한 것도 이들에 의해서였다.

그러나 영화가 소개되기 시작하던 무렵 아시아 여러 나라들은 서로 다른 문화와 정치·경제적 환경으로 인해 이를 받아들이는 경로와 입장은 조금씩 달랐다. 인도나 중국처럼 외국인에 의해 수동적으로 받아들이는 경우도 있었고, 일본처럼 영화를 근대화된 서구 문화로 인식하고 적극적으로 수입했던 경우도 있다. 이에 비해 한국의 경우는 이같은 두가지 형태가 복합적으로 작용하는 경우라고 할 수 있다. 최초의 소개는 외국인에 의해 우연하게 이루어졌지만, 이를 근대적 서구 문화로 인식하고 적극적으로 받아들이고자 했기 때문이다.

그러나 영화는 제작과 배급·상영 등 각 부문의 작업을 수행하기 위해서는 상당한 자본을 필요로 한다.

한국의 경우는 외국영화의 수입과 상영을 거쳐 제작 단계로 전환하는 과정을 보이고 있다. 1901년 미국인 여행가가 처음 소개한 영화는 1903년의 상업적 상영을 거치면서 대중화의 계기를 맞았고, 1923년에 이르러서야 영화적 형식을 갖춘 극영화를 제작하기에 이른다.

한국에서 영화의 대중화 과정은 결국 각각의 과정에 참여할 수 있는 관심과 자본 조달 능력에 따라 달라지는 모습을 보였다.

미국인 콜브란과 영화 흥행

서울에서 한성전기회사가 시행하고 있던 전차사업의 시공을 맡고 있던 미국인 콜브란(Henry Collbran)과 보스트윅(H. R. Bostwick)은 영화에 대해 높아지고 있는 대중들의 관심을 재빨리 간파하고, 이를 사업적 수단으로 이용했다. 그들은 1903년 6월 23일부터 동대문 부근에 있던 한성전기회사 소유 전차차고 겸 발전소 부지 안에 있던 빈터에 영화 상영 시설을 갖추고, 일반인을 대상으로 한 유료 상영을 시도했다. 최초의 상업적 상영이자 대중 상영이었다. 〈황성신문〉에 실린 다음과 같은 영화 광고는 한국사회에 영화가 새로운 대중 문화로 등장하고 있음을 보여주고 있다.

동대문 안 전기회사 기계창에서 상영하는 활동사진은 일요일과
흐리고 비 오는 날을 제외하고는 매일 밤 8시부터 10시까지 상영하
는데, 우리나라와 유럽 여러 나라들의 대도시, 각종 극장의 아름다
운 모습을 준비하고 있습니다. 입장 요금은 동전 10전입니다.

東門內 電氣會社 器械廠에셔 施術ᄒᆞᄂᆞᆫ 活動寫眞은 日曜 及 疊
雨를 除ᄒᆞᆫ 外에ᄂᆞᆫ 每日 下午 八時로 十時ᄭᆞ지 設行ᄒᆞᄂᆞᆫ디 大韓
及 歐美 各國의 生命都市 各種 劇場의 絕勝ᄒᆞᆫ 光景이 具備ᄒᆞ외
다. 許入料金 銅貨十錢.(〈황성신문〉, 1903년 6월 23일)

일요일과 비 오는 날을 제외하고는 하오 8시부터 10시까지 매일 동
대문 전기회사 기계창에서 영화(활동사진)를 상영하며, 한국을 비롯
하여 구미 여러 나라의 도시와 극장의 아름다운 모습을 담은 영화들
이 준비되어 있으며, 입장요금으로는 10전씩을 받는다는 내용을 담
은 이 광고는 한국에 영화가 소개되던 무렵에 처음으로 나타나는 영
화 광고다.

광고에는 대중적으로 보급되는 과정에서 상업적 흥행의 단계로 진
입하고 있음을 밝혀 주는 중요한 내용들을 담고 있다. 광고의 내용 중
상영 장소가 '동대문 전기회사 기계창'이며, '흐리거나 비 오는 날, 일
요일을 제외하고는 매일 하오 8시부터 10시까지 상영'한다고 밝히고
있는 것은, 일정한 장소에서 일정한 시간표에 따라 영화 상영이 이루
어지고 있음을 뜻한다.

또한 입장료로 10전씩을 받고 있다는 점은 이때의 영화 상영이 일
반인을 대상으로 한 상업적 흥행이라는 사실을 확인시켜 주는 것이기
도 하다. 이러한 요소들은 영화가 상업적인 흥행 상품으로 등장하게
되었음을 뜻한다.

같은 해 7월 10일자 〈황성신문〉의 기사는, 동대문 전기회사 기계창의 영화 상영이 관객들로부터 열광적인 관심과 인기를 모으고 있었다는 사실을 구체적으로 밝혀 주고 있다. 영화를 보려는 관람자들이 인산인해를 이루며, 매일 저녁 입장료 수입만도 100원에 이를 정도로 관람객이 많았다는 것이다.(〈황성신문〉, 1903년 7월 10일) 1인당 입장료가 10전씩이었던 사실에 비추어 입장 수입이 100원에 이르렀다는 것은, 관람객의 숫자가 적어도 1천여 명 수준에 달했다는 것을 뜻하므로 영화 상영에 쏠린 일반인들의 관심이 그만큼 컸다는 것을 보여 준다.

한성전기회사(漢城電氣會社, Seoul Electric Co.)는 서울 시내의 전기 사업에 큰 관심을 가졌던 고종 황제가 이근배(李根培)와 김두승(金斗昇)을 명의인으로 내세워 자본금 전액을 단독 출자해 설립한 황실 기업(皇室企業)이었다. 일본 화폐로 30만 원을 자본금으로 한 한성전기회사는 1898년(光武 2년) 1월 18일자로 설립 신청되어 같은 해 1월 26일자로 설립 허가를 받았으며, 설립 목적은 서울 시내의 전차(電氣路車)·전등(電氣燈)·전화(電話筒) 등의 사업 시행을 위한 것으로서, 회사의 대표는 당시 서울시장(漢城判尹)이던 이채연(李采淵)이 임명되었다.

한성전기회사에서는 우선 남대문에서부터 동대문을 거쳐 홍릉에 이르는 구간에 전차 운행 시설의 설치를 구상했으나, 경험과 기술이 없었기 때문에 직접 시행은 불가능한 상태였다.

이 때문에 고종 황제는 주한 미국공사 알렌(Dr. Horace H. Allen. 한국명 安連) 및 경인철도 부설공사의 청부인으로 한국에 와 있던 콜브란(Henry Collbran. 高佛安)과 접촉, 그에게 전차 설비공사에 필요한 일체의 사업을 맡기기로 하고, 1898년 2월 1일자로 한성전기회사와 콜브란 간에 계약을 체결했다. 이를 계기로 콜브란과 그의 동업자였던 보스트위크(H.R.Bostwick. 普時旭)가 전차 사업의 시공에 참여하게 되었다.

콜브란은 같은 해 9월 15일부터 공사에 착수, 12월 25일에 서대문~홍릉 간의 전차선로와 전기 가선(架線)공사를 마쳤으며, 이와 함께 같은 해 12월부터 동대문 안(현재의 동대문 종합시장 근처) 민영환(閔永煥) 소유의 부지에 입지를 선정, 발전소 설비와 전차차고 시설을 설치하기 시작해 이듬해(1899년) 봄에 완료했다.

1899년 5월, 개통 당시에는 대단한 인기를 모았던 전차 운행은 5월 26일에 발생한 어린이 사망 사고로 인한 시민 폭동 사건과 전차 시설 확장 과정에서 파생된 회사측과 콜브란 사이의 채무 분규가 한미 간의 외교적 분쟁으로 확대됨에 따라 전차안타기 운동이 일어나는 등 여론이 급격히 악화되기도 했다. 그러나 러일전쟁은 정치적 상황 변화를 초래해 미국과의 관계 개선을 원하던 고종 황제가 1904년 2월 19일자로 한성전기회사의 시설 일체와 운영권을 이관한다는 계약이 콜브란과 고종 황제의 대리인인 육군참장 이학균(李學均)과의 사이에 체결됨으로써 한성전기회사는 없어지고 말았다. 이에 따라 콜브란은 같은 해 7월 18일 미국 코넥티컷주 세이부르크시에서 자본금 100만 달러의 유한회사(有限會社)인 한미전기회사(韓美電氣會社, American Korean Electric Company)를 설립하고, 한국 내에서의 전기 및 전차 사업을 장악했다.

따라서 한성전기회사가 존속했던 기간은 1898년부터 1904년까지의 약 6년이었다. 이후 한미전기회사는 1908년부터 한국에서 가스 사업을 시작한 일본 회사 일한와사주식회사(日韓瓦斯株式會社)가 이듬해인 1909년 6월에 매입하여 일한와사전기주식회사(日韓瓦斯電氣株

式會社)를 발족하면서 없어지고 말았다.

전차시설공사의 시공자로서 한성전기회사와 계약을 맺었으나 실질적으로 운영권을 위임받다시피 했던 콜브란의 신상이나 한국 내에서의 활동에 관해서는 별로 알려진 것이 없으나, 단편적인 자료들을 종합하면 미국 영주권을 가진 영국인으로 28세 때인 1881년에 미국으로 이주했다. 철도 운송업을 시작으로 사업을 하고 있던 그는 1888년에 콜로라도 중부철도회사(Colorado Midland Railway)의 총지배인이되었으며, 콜로라도 중부철도역회사(Midland Terminal Railway of Colorado)의 사장을 역임하기도 했다. 이같은 과정을 통해 철도 건설 사업 분야의 경험을 쌓은 그는 1896년에 한국에 왔으며, 이때 미국인 모스가 따냈던 서울과 인천 간을 잇는 경인철도 부설 사업의 시공 업무를 청부받았다.

이 사업에는 테네시주 출신의 제임스(James)라는 미국인과 공동으로 참여했으나, 그가 이 사업에서 손을 떼자 모스회사의 직원이었던 보스트윅과 함께 공사를 계속했다. 이 일을 계기로 콜브란과 보스트윅은 콜브란·보스트윅 합자회사(Collbran and Bostwick Co.)를 설립하고, 1899년부터 한성전기회사의 사업에 공동으로 참여하게 되었다. 그는 한성전기회사에서 시행하던 전기 사업뿐만 아니라 광산권(鑛山權)을 얻어내는 등 한국에 체류하는 동안 여러 가지 이권 사업에 깊이 관여했다.

콜브란이 전차 사업과는 무관한 영화 흥행에 참여하게 된 것은 그의 사업가적 수완이 크게 작용했던 것 같다. 그가 영화의 상업적 상영에 앞서 공연 사업에 관심을 갖기 시작한 것은 한성전기회사의 설립이 완료되어 전차선로 가설공사가 본격적으로 시작된 1898년 9월 이후부터였다. 콜브란은 공사가 진행되는 동안 줄타기 광대 등을 고용,

소규모의 공연을 자주 가졌다. 이는 공사에 동원된 노무자들을 위안 함으로써 작업 능률을 높여 공사를 보다 빨리 끝낼 목적으로 마련된 것인데, 공사가 빨리 끝날수록 그가 얻을 수 있는 이익의 규모가 커지기 때문이었다.

이 과정에서 공연이 예상외의 인기를 얻게 되자 흥행 사업에 대한 인식을 새롭게 하게 된 것이 그가 영화 흥행을 시작하는 계기로 연결된 것으로 추정된다. 알렌은 콜브란과 보스트윅의 '욕심 많은 태도'에 대해 비판적인 생각을 가지고 있었고, 특히 '경제적 목적을 위해서는 무엇이든 하려는 욕심을 가진' 콜브란에 대해서는 비난에 가까운 태도를 보이기도 했지만 콜브란은 아랑곳하지 않은 채 전차 사업뿐만 아니라 흥행 사업에도 적극적인 관심을 보이며 범위를 넓혀 나가기 시작했다. 실제로 그는 1903년의 4월 초파일을 기해 용산에서 대대적인 공연을 계획하기도 했다.

전차 승객의 유치를 위해 계획되었던 이 공연은 서울극장(The Seoul Theatre, 협률사)측으로부터 공연단을 임대하는 문제와 동극장의 공연 도중 발생한 정전 사고로 인해 오히려 분쟁만을 일으킨 채 실제로 이루어지지 못했지만, 콜브란이 흥행 사업에 관심을 보이고 있었음을 밝혀 주는 일이었다.

콜브란과 보스트윅의 영화 상영이 거둔 상업적 성공은 영화의 상품적 가치에 대한 인식을 확대시킴으로써 영화 상영을 촉진하고, 이것은 다시 관객의 증대라는 현상으로 연결되어 새로운 참여자들을 증가시켰다. 관립극장이었던 협률사가 한성전기회사의 영화 상영에 뒤이어 자체적으로 영화를 상영한 것이나, 당시 한국 내에서 사업을 하고 있던 프랑스인이나 일본인들이 영화 상영 시설을 갖추어 사업적으로 활동하기 시작한 것은 그같은 경우라고 할 수 있다.

극장(상영장)의 확산과 영화의 대중화

한국에 극장이 처음으로 등장한 것은 1899년 무렵이었다. 한강의 마포 부근인 서강(西江)의 놀이패들이 아현(阿峴)에 무동연희장을 설치하고 연희를 공연했다는 기사가 〈황성신문〉에 나타나는데, 극장의 설립 과정을 살펴볼 수 있는 기록으로는 가장 오래된 것이다. 아현무동연희장(阿峴舞童演戱場)은 비록 오늘날과 같은 시설을 갖추지는 못했다 하더라도 고정된 장소에서 공연을 가졌다는 점에서 극장의 초기 형태를 보이고 있다. 이어 1900년경에 용산에서도 무동연희장이 설립되었는데, 공연장 규모나 공연 내용은 아현무동연희장과 유사했던 것 같다. 당시에 설립된 이들 연희장이 무대나 기타의 시설을 제대로 갖추지 못한 가설무대의 수준이었다고 추정되는 것은, 용산무동연희장이 비 때문에 공연을 연기한다는 사실을 밝히고 있기 때문이다.

이같은 내용으로 미루어 당시의 연희장은 지붕이 없는 상태로 관객이 모일 수 있는 정도의 울타리 시설을 갖춘 정도에 지나지 않았던 것으로 보인다. 이같은 규모의 연희장은 일본인에 의해 세워지기도 하는데, "요즘 일본인 여러 명이 교동(校洞)에 왕래하더니 그곳 빈터에 가설무대를 꾸며 연희장을 설치하여 일본 배우들로 놀이를 하는 바람에 성 안의 할 일 없는 남녀(蕩子遊女)들이 매일 밤 구경을 하느라 구름떼처럼 몰려든다 하니……"(〈황성신문〉, 1902년 8월 5일)라는 기사는, 일본인들이 교동의 빈터에 무대를 설치하고 공연을 시도했음을 보여주고 있다. 이들 연희장은 시설의 미비에도 불구하고 공연 때마다 관람객들이 몰려 성황을 이루었는데, 당시 서울 시민들의 연희에 대한 흥미와 관심이 그만큼 컸다는 것을 알 수 있다.

이보다 발전된 규모와 설비를 갖춘 옥내극장이 등장하는 것은 1902년 협률사가 설치되면서부터다. 협률사는 한국 최초의 옥내극장이며, 무대와 계단식으로 된 3층관람석·준비실·무대막 등을 갖추어 당시로서는 규모나 시설면에서 가장 뛰어난 극장이었다. 설립과 함께 기생 등을 모집해 공연단을 구성한 협률사는, 1902년 12월 2일에 소춘대유희(笑春臺遊戱)라는 프로그램을 공연함으로써 일반인을 대상으로 한 영업을 시작했다. 이로써 극장의 상업적 운영이 시작되는 것이다. 이 공연을 계기로 일반인을 대상으로 하는 흥행을 시작한 협률사가 영화를 상영하게 된 것은 1903년 7월 7일부터이다. 그러나 협률사의 영화 상영은 전기로 인한 화재가 발생하고, 영화를 구경하려던 관객들이 대피하느라 큰 소동이 벌어지는 바람에 제대로 시작도 하지 못한 채 불발로 그치고 말았다. 이때의 사고 때문인지, 얼마간 협률사에서 영화를 상영했다는 기록이 보이지 않으며, 1908년에 가서야 '협률사……본사에서는 법국(法國, 프랑스) 파리에서 새로 발명한 활동사진을 들여와 금월 26일부터 시작하오며, 춤과 노래도 새롭게 꾸며 재미가 많으니 여러분께서 많이 오셔서 구경하시기를 바랍니다. 융희 2년 2월 26일 새문안 협률사 알림(〈대한매일신보〉, 1908년 2월 26일)이라는 광고를 통해 다시 영화를 상영하게 되었음을 알리고 있다. 전통연희만을 공연하던 협률사가 영화를 상영했다는 것은, 대중적 인기를 모으고 있던 영화를 통해 흥행의 활성화를 기하고자 했음을 보여주는 것이다. 그러나 협률사의 영화 상영은 1903년 7월과 1908년 2월의 두 차례에 그칠 뿐 지속적인 상영의 기록은 나타나지 않는다. 본격적인 영화 상영장 역할을 한 것이라기보다는 간헐적으로 영화를 상영하고자 한 것이다. 그러나 이같은 사실에도 불구하고 영화사적 측면에서 협률사는 한국에서 처음으로 영화를 상영한 극장이란 의미를 지닌다.

이어 한성전기회사의 동대문 전차차고에서와 같은 규모의 영화 상영은 잇따라 이루어지며, 따라서 소규모 간이시설을 갖춘 극장도 함께 증가하게 되었다. 1904년 12월경에는 일본활동사진회(日本活動寫眞會)가 소광통교(小廣通橋) 부근에 흥행장을 설치하고 영화를 상영했으며, 지금의 서울역 근처에서 아스터 하우스(Astor House) 호텔을 경영하고 있던 프랑스인 마르탱(馬田)도 시설을 개조해 영화를 상영하고자 했다.

뒤를 이어 사동(寺洞)에 일본인이 세운 활동 사진소를 비롯 필동(筆洞)의 일본인 활동사진옥 등이 등장하고, 1906년 11월에는 진고개 부근의 일본인 극장 송도좌(松島座)나 인천의 가부키좌(歌舞伎座) 같은 극장들도 차례로 영화를 상영했다는 기록이 나타난다. 뿐만 아니라 광무대나 원각사·장안사·연흥사·단성사 등의 극장이 생겨나 무대 공연과 함께 영화를 상영하는 등, 1903년 동대문활동사진소가 영화를 상영한 이후 3,4년 동안의 사이에 영화를 상영하는 공연장(극장)의 수가 급속하게 늘어난다.

이 중에서 광무대(光武臺)는 영화 상영장으로 사용되던 동대문활동사진소가 새롭게 개편되면서, 한미전기회사의 임원이던 이상필(李相弼)·곽한승(郭漢承)·곽한영(郭漢永) 세 사람이 공동으로 1907년 5월부터 운영하기 시작한 극장이다.(〈만세보〉, 1907년 5월 21일) 동대문활동사진소는 영화만을 상영했으나 광무대로 바뀐 이후에는 영화와 함께 전통연희나 환등(幻燈) 등을 함께 공연하는 종합공연장으로서의 모습을 보였다. 그러나 1908년 9월부터 운영권이 한국인 흥행사 박승필(朴承弼)에게 넘어간 이후에는 판소리나 창극 등을 전문으로 공연하는 구극(舊劇) 전용극장으로 운영 형태를 바꾸었다.

원각사(圓覺社)는 이인직(李人稙)·박정동(朴晶東)·김상천(金相天) 등 세 사람이 설립한 극장으로 1908년 7월 20일자로 경시청의 허가를 얻어 같은 달 26일부터 연극을 주로 공연하는 극장으로 문을 열었다. 원각사 역시 광무대와 마찬가지로 신설극장이 아니라 1907년부터 한국 정부 관리들의 사교장이라고 할 수 있는 관인구락부(官人俱樂部)로 사용되고 있던 협률사 건물을 그대로 사용했다. 원각사는 1914년 봄에 화재로 인해 불타 없어질 때까지 각종 연희와 연극 등을 공연하는 극장으로 사용되었다.

연흥사(演興社)는 송지만(宋芝萬)·이준동(李俊東)·이종진(李鍾振) 등이 세운 극장으로, 1907년 12월경부터 운영을 시작했다. 한동안 고급관리나 귀족들이 드나드는 극장으로 부각되던 연흥사는 각종 프로그램의 개발을 위해 여러 가지 노력을 기울이기도 했으나, 프랑스인 사장에게 월급을 주지 못할 정도로 운영의 어려움을 겪었다. 이같은 상태에서 1910년 이후 신파극이 한국에 유입되면서 잠시 호황기를 맞기도 했으나, 1915년 무렵에 이르러 없어지고 말았다. 단성사(團成社)는 광무대와 같은 해인 1907년에 세워졌으나 설립 시기는 약간 앞선 듯하다. 당시 서울에서 사업을 하고 있던 지명근(池明根)·박태일(朴太一)·주수영(朱壽榮) 등이 주동이 되어 연예의 발달을 목적으로 설립한 것이라고 한다. 이들이 단성사를 설립한 목적은 "한국의 연예계를 발달시키기 위해서"라고 밝히고 있으며, "일반 재인(才人)의 영업을 위하기도 하며" "극장 운영을 통해 얻은 수익을 교육과 자선사업에 투자할 것"을 아울러 강조하고 있다.

그러나 초기의 운영 상태는 대단히 악화되고 있었음이 드러난다. 설립 1여 년 정도의 시간이 지나는 사이 운영부실로 영업을 중단하는 일이 나타났고, 운영자가 여러 번 교체되는 일이 벌어졌다. 1918년부터 한국인 흥행사 박승필이 운영을 맡게 되면서부터 영화를 주로 상영하는 극장으로서의 면모를 새롭게 갖추었다. 이보다 앞서 단성사는 황금관(黃金館)극장을 운영하고 있던 일본인 다무라(田村)가 소유하고 있었으나, 박승필에게 경영권을 임대함으로써 한국인이 운영하는 극장이 된 것이다. 소유주 다무라는 극장 운영의 활성화를 시도했으나 마땅한 방법을 찾지 못한 채 결국 임대로 전환한 것이다.

주로 연극 공연장으로 기능하던 이들 극장들은 영화의 상업적 보급이 확산되고 대중적 인기가 높아지자 시류에 맞추어 영화 상영관으로 전업하는 경우가 늘어나는데, 원각사나 장안사가 영화관으로 바뀐 것은 그같은 변화를 보여주는 경우에 해당된다. 1912년경에 이르러 원각사는 유광관(有光館), 장안사는 지만관(志滿館)이란 이름으로 영화 흥행을 시도하고 있으며, 뒤이어 1913년에는 황금관이 새로 영업을 시작한다는 사실이 확인되고 있다.

그러나 시간이 지날수록 극장을 중심으로 한 영화 흥행의 주도권은 일본인들에게로 넘어간다. 극장들간의 경쟁이 심화되면서 시설의 대형화와 고급화 현상이 나타났으며, 자본 규모도 그만큼 커졌다. 투자 규모와 위험 부담이 함께 커지는 상황에서 이를 감당할 수 있는 경우는 일본인들이 더 많았다.

경성고등연예관과 일본인 자본의 유입

일본인 와다나베(渡邊智賴)가 설립하고, 1910년 2월 28일에 개관한 경성고등연예관(京城高等演藝館) 극장은 일본인 자본의 영화계 유입 현상이 확대되고 있는 것을 보여주는 전환점 같은 역할을 했다. 개관에 앞서 와다나베는 당시 서울에 있던 각 신문사의 기자와 각계 유력인사들을 초청, 연회를 베푸는 등 한국인들의 환심을 모으기도 했다. 이같은 행사를 치르며 개관한 이 극장은 대대적인 광고와 함께 영화 상영을 시작했으며, 당시로서는 상당한 시설과 다양한 영화 프로그램 덕분에 관람객들의 큰 인기를 얻었다. 경성고등연예관은 영화 상영을 위해 일본 길택 상점에서 영사기사로 활동하고 있던 나카무라 쇼타로(中村初太郎)를 고용하고, 프랑스 파테회사의 영사 장비를 갖추는 등 각종 시설의 구비와 함께 영화는 물론 일본 무용이나 한국의 기생춤 등을 함께 공연함으로써 새로운 극장의 면모를 보였다. 개관을 알리는 경성고등연예관의 광고는 이같은 내용을 소개하고 있다.

세계 제일의 활동사진관 개관

● 본관 신축이 끝나서 2월 28일(음력 1월 9일)에 개관함.

● 2월 20일(음력 1월 11일) 오후 6시부터 연중 무휴로 일반 고객의 관람을 시작함.

● 본관의 사진(영화)은 프랑스 파데회사의 최신기기를 사용하고 매주 수입하는 각국의 영화는 볼거리 가득한 자연 풍경, 사람들의 모습은 물론 영사하여 일반 영화계로서는 감히 미치지 못할 것이라고 단언함.

● 본관은 영화 외에도 일본 미인의 꽃 같은 전기춤을 사이사이 보여주고 한국 기생의 춤을 더하여 금상첨화의 볼거리가 있음.

● 본관의 뛰어난 건축은 내부의 완전, 아름다운 장식, 뛰어난 휴게시설, 깨끗한 위생설비를 모범적 연예관이 될 것을 일반에게 자랑함.

● 본관의 담임기사(영사기사)는 청삼현(青森縣, 아오모리켄) 사람 중촌초태랑(中村初太郎, 나카무라 쇼타로)이니 본방(本邦, 일본을 가리킴)에서 영화사업이 시작될 때부터 길택상점(吉澤商店, 요시자와 쇼텡) 및 파데회사의 기사 겸 교수를 담당하여 정교하고 노련한 기술을 갖추고 있어 업계에서는 쟁쟁한 평가를 받고 있는 바 그 영사의 뛰어남은 본관이 장담하는 바임.

● 고상하고 아름다운 활동사진은 교육 또는 가정의 일시 오락으로서 이보다 뛰어난 것이 없으니 개관 후 많이 오셔서 관람하실 것을 간곡히 바라는 바입니다.

　경성 황금정(농상공부통, 農商工部通)(남주 조동, 南部 棗洞)

　　경성고등연예관

　　(〈대한민보〉, 1910년 2월 18일)

이같은 시설을 갖춘 탓에 이 극장의 입장료는 다른 극장들에 비해 큰 폭으로 인상되었는데, 특등석은 1원을 받았다. 이 요금은 극장 입장료로서는 가장 비싼 것이었다. 그러나 비싼 입장료에도 불구하고 경성고등연예관의 영화 상영은 상당한 인기를 얻었다. 경성고등연예관의 대중적 인기가 높아지고 사회적으로 관심거리가 되자 고종 황제가 이들을 궁내로 초대해 정부 관리와 황실 인사들과 함께 영화를 관람하고, 극장 주인 와다나베에게 하사금을 주어 격려하기도 했다. 황제가 일반극장의 영사 시설을 궁내로 불러들여 관람하고 극장 주인에게 하사금까지 주었다는 것은 대단히 이례적인 일이었다. 그만큼 경성고등연예관은 당시 서울에서 사회적 관심의 대상으로 부각되고 있었다는 것을 뜻하는 것이다. 1회에 13~15편의 영화를 상영한 경성고등연예관은 평균 2주일 간격으로 프로그램을 교체해 나갔으며, 주로 프랑스 파테회사 작품을 상영했고, 가끔씩 일본영화나 무용 등을 공연하기도 했다. 1912년 7월에는 〈매일신보〉의 평양지국 개설을 기념하는 영화 상영회를 평양에서 열기도 했는데, 이 행사 역시 상당한 인기를 모았다는 사실이 당시의 기록에서 확인되고 있다. 이같은 인기를 바탕으로 경성고등연예관측은 지방순회 상영을 시도함으로써 영업의 범위를 넓혀 나가기 시작했지만 그같은 순회 상영은 1912년 8월의 국상(國喪)을 계기로 곧 중단되고 말았다.

그러나 당시 서울에 있던 극장 중에서는 시설이나 프로그램의 내용이 다른 극장들에 비해 상대적으로 우수했던 경성고등연예관은 대중적인 인기를 모았음에도 불구하고 존속 기간은 길지 않았다. 1911년 8월경에 서울에서 영화 장비의 판매와 영화 제작, 극장 운영 등의 사업을 시작한 금원상회(金源商會, 긴바라쇼카이)가 경성고등연예관을 매입함으로써 이 극장은 금원상회의 연예부(演藝部)에 흡수되었다. 그러나 영업 상태가 양호했던 극장을 왜 처분하게 되었는지 이유는 명확하게 밝혀져 있지 않다. 금원상회로 소유권이 넘어간 후에도 경성고등연예관은 영화 상영 극장으로 계속 운영되었으나, 1912년 7월말경에 구리개 일대의 도로 확장 공사가 진행되면서 건물 일부가 헐리게 되자 이를 계기로 건물을 헐어 버리고 그 자리에 새로운 건물을 지었다. 이에 따라 이 극장은 1913년 1월 1일부터 새로 개관하고 영업을 계속했으나, 이듬해인 1914년에는 운영권이 다시 대정관(大正館, 다이쇼우칸)으로 넘어갔다. 경성고등연예관을 사들인 대정관은 이를 제2대정관으로 이름을 변경함으로써 경성고등연예관은 없어지고 말았다. 그러나 이때까지만 해도 제2대정관은 한국인을 상대로 운영되었으나, 대정관과 우미관 극장주들 사이에 사업적 협상이 맺어짐에 따라 제2대정관은 다시 세계관(世界館, 세카이칸)이란 이름으로 바꾸고, 영업 대상도 일본인을 주로 상대하는 극장으로 전환시켰다. 이러한 사실을 종합하면 경성고등연예관이 존속했던 기간은 1910년 2월부터 1914년까지의 4년 정도에 불과했다는 것을 알 수 있다. 영화사적 측면에서 본다면 경성고등연예관은 존속 기간은 비록 짧았지만 본격적인 영화 전문극장으로는 첫장을 열었으며, 존속 기간 동안에는 상업적인 흥행의 중심지 역할을 함으로써 한국에 영화가 보급되는 과정에서 중요한 역할을 했다. 그러나 극장의 소유주가 일본인이며, 일본 자본에 의해 세워졌다는 사실은 일본인이 한국의 영화 시장을 본격적으로 장악하기 시작했다는 것을 의미하는 것이기도 하며, 경성고등연예관은 그것의 구체적인 경우라고 할 수 있는 것이다.

경성고등연예관이 없어지자 그 공백을 메우며 한국인 관객을 상대로 운영되었던 극장이 바로 우미관(優美館, 큐미칸)이었다. 우미관은 경성고등연예관이 설립되었던 2년 후인 1912년 12월에 세워진 극장이었다. 이 극장 역시 하야시다(林田金次郎)가 세웠지만, 주로 한국인을 상대로 운영하던 대표적 장소였다. 영화의 대중적 인기가 확산되고 있는 데 따라 영화 시장에 참여하려는 일본인들의 기대가 반영되어 있는 것이지만, 제대로 시설을 갖춘 극장이 많지 않았던 당시로서는 경성고등연예관과 함께 영화 상영극장으로서의 중요한 위치를 차지했다. 종로를 중심으로 영업 범위를 넓혀 나가던 우미관은 경쟁 관계에 있던 경성고등연예관이 대정관에 흡수되어 일본인 관객을 상대로 운영 형태를 바꿈에 따라 1915년부터는 한국인 관객을 독점하는 극장이 되었다.

당시 서울의 영화 상영은 한국인을 상대로 하는 우미관과 제2대정관(전 경성고등연예관), 일본인을 주요 관객으로 하던 제1대정관·황금관(黃金館, 오우킨칸)이 각각 경쟁하고 있었으며, 이 중 제1, 제2대정관은 소유주가 같았고, 우미관은 황금관으로 부터 영화를 공급받고 있었기 때문에 자연히 대정관 계열 극장은 우미관·황금관과 동시에 경쟁할 수밖에 없었다. 이같은 상황에서 대정관 소유주는 영업의 안정을 기하기 위해 우미관과 협상을 벌였는데, 주요 내용은 제2대정관을 일본인 상대의 극장으로 운영 형태를 바꾸어 우미관이 한국인 관객을 독점할 수 있도록 해주는 대신 우미관은 대정관에서 공급하는 영화를 상영하도록 한다는 것이었다. 이에 따라 우미관은 당시 서울 시내에서 유일하게 한국인 관객을 독점할 수 있는 극장이 되었으며, 대정관은 황금관과의 경쟁에서 유리한 입장을 확보할 수가 있었다.

이러한 사실을 종합하면 1910년 경성고등연예관이 설립되었던 무렵에는 이 극장이 영화 상영의 중심지가 되다시피 했으나, 경성고등연예관이 없어진 1915년 무렵부터는 한국인 관객을 주로 상대하는 우미관과 일본인 상대로 운영되던 대정관·세계관·황금관이 영화 상영의 중심지 역할을 하게 되었으며, 광무대나 단성사가 연극 공연장으로 이용되는 모습을 보이고 있다는 것을 알 수 있다. 이러한 현상은 단성사가 영화 전문극장으로 새로 개관하는 1918년까지 그대로 유지되었다. 1918년 새해의 각 극장 동향을 소개한 당시의 신문 보도는 서울의 극장 분포의 일면을 보여주고 있다.

● 번창한 활동사진

조선연극장은 2일부터

1월 1일의 시내에는 눈과 바람이 심하였지만 각 연극장에는 추위를 불구하고 관람객이 특별하게 많았는데, 황금관 활동사진은 이번에 특별히 조선인 관람객을 위하여 서양사진(영화)을 많이 상영하는 중에 『금시』(金矢, 황금화살)라는 1만 척(尺, 피트) 길이의 사진은 천연색의 활극이므로 조선인 관객이 수백 명에 달한 바 5일까지 밤낮으로 흥행한다 하며 우미관은 올해부터 사진을 개량하여 대활극 『국의 광』(國光)과 『뿌로데아』라는 것을 영사하여 주야간 성황이었고 광무대는 날이 추워서 휴연(休演)하였으나 2일부터 개연(開演)한다고 하며 단성사는 혁신단 신파연극으로 1일부터 개연하였으나 역시 추위로 휴연하였고 기타 대정관 유락관 등도 상당히 내지인(內地人, 일본인) 관람객이 많았다더라.(〈매일신보〉, 1918년 1월 3일)

이 중에서 황금관·우미관이 영화를 주로 상영했고, 광무대와 단성사는 당시까지만 해도 연극 공연장으로 기능하고 있었음을 알 수 있다. 그러나 이해 연말 연극 공연장으로 운영되던 황금관이 영화전문극장으로 활동하게 되는데, 특히 우미관과 단성사는 한국인을 상대로 운영되는 극장으로서의 경쟁 관계를 유지하며 영화 흥행계의 양대 중심지로 자리잡게 되었다.

그러나 1922년에 조선극장(朝鮮劇場)이 등장함으로써 1920년대 초반부터는 우미관과 단성사·조선극장이 한국인 관객을 상대로 삼분(三分)하는 양상을 보였다. 조선극장은 당초 영화 중심 극장으로 설계되었으나, 건축 과정에서 연극 공연을 할 수 있는 시설까지 갖추게 됨으로써 영화와 연극을 동시에 공연하는 종합공연장으로 운영되었다. 그러나 조선극장은 초기의 운영 과정에서 경영의 미숙함 등으로 인해 운영자가 여러 차례 바뀌는 등 혼란을 겪었다. 당초 조선극장의 건립 비용을 투자한 인물은 동양생명보험회사 경성지점 지배인으로 있던 일본인 시택근차랑(矢澤近次郎, 야자와 킨지로)였으나, 운영은 한국인 황원균(黃元均)이 맡고 있었다. 이 과정에서 운영 상태가 예상외로 부진해 손해를 보게 되자 시택과 황원균 사이에 분쟁이 발생했으며, 이로 인해 조선극장은 1924년 1월 29일부터 6개월 동안이나 문을 닫기도 했다. 이 과정에서 조선극장의 소유권은 동아문화협회(東亞文化協會)로 넘어가게 되었으며, 이를 한국인 차영호(車永鎬)가 운영하게 되는 1926년 12월 이후부터 영화 전문극장으로서의 위치를 어느 정도 확고히 하게 되었다.

이후에도 조선극장은 운영권을 둘러싼 분쟁이 끊이지 않았으나, 1930년대 중반까지 한국인 관객을 상대로 하는 극장으로서의 위상을 유지하며 단성사와 더불어 개봉관으로서의 역할을 다했다.

그러나 1936년 6월 11일에 발생한 화재로 인해 조선극장은 완전히 불타고 말았다. 영화 상영 도중 실화로 추정되는 화재는 목조로 된 조선극장을 잿더미로 만들고 말았다. 당시 일본인 소유주 삽곡구길(시부야 쿠모요시)는 그 자리에 다시 극장을 짓겠다고 밝혔으나 그 말을 실현하지는 못했다. 결국 조선극장은 1922년 개관 이후 14년간 한국인 관객 중심의 극장으로 운영되다 불길 속에 사라져 버린 것이다. 이 같은 경쟁에도 불구하고 1923년에 이르러서는 서울 시내에 7개소의 영화 전문극장이 생겨났다.

상영된 영화들과 유입의 경로

이 무렵 상영된 영화들은 "한국을 비롯한 구미 여러 나라의 도시와 각종 극장의 아름다운 모습"을 담은 영화들이었으며, 프랑스인 마르탱이 세운 아스터 하우스 호텔(新門活動寫眞所)에서 상영한 영화도 "동서양 여러 나라의 아름다운 풍경과 탁월한 남녀 인물, 여러 가지 예식과 전쟁 장면" 등이었다. 이러한 영화들은 대부분 미국이나 프랑스에서 만들어진 것들이었다. 대략 1910년 이전까지만 해도 영화를 주로 제작하는 나라는 미국이나 프랑스였기 때문이다. 일본이나 그밖의 몇몇 나라들도 영화를 만들긴 했으나 외국과의 교역이 이루어질 만큼 많은 것은 아니었으며, 당시의 여건상 서구 문화가 아시아 지역으로 유입되는 현상이 일반화되고 있었다는 점에서 미국이나 프랑스 영화들이 주종을 이루는 것은 당연할 수밖에 없었다. 이들 영화의 수입 경로는 영화 상영자에 따라 서로 달랐는데, 신문활동사진소를 개설했던 마르탱은 프랑스에서 영화를 수입했으며, 한성전기회사는 미국에서 영화를 들여왔다. "이번에 프랑스 파리에서 신선한 사진이 새로 도착했는데……"라고 밝힌 신문활동사진소의 광고나(〈대한매일신보〉, 1907년 6월 21일), "미국에서 새로 도착한 여러 가지 활동사진을 매일 밤 상영하므로……"라고 밝힌 동대문활동사진소의 광고(〈대한매일신보〉, 1906년 8월 12일)는 당시 영화들이 미국이나 프랑스에서 직접 수입되고 있음을 알려주고 있다. 이와 함께 일본이나 중국을 통해서도 영화가 수입되었는데, 김석윤(金錫胤)이 평양에서 영화를 상영할 때 "몇몇 뜻 있는 사람들이 모금을 해 일본으로부터 유명한 활동사진 기계를 구입"했으며(〈황성신문〉, 1905년 8월 30일), 광무대 극장의 경우는 "이번에 청국 상해로부터 새로 도착한 활동사진은 프랑스와 미국과 일본에서 유명한 것이오"(〈황성신문〉, 1909년 7월 31일)라고 밝히고 있는 점은, 일본과 청나라를 통한 영화의 수입도 활발했음을 보여주고 있다.

그러나 이 중에서 점차 비중이 높아지는 것은 일본이었다. 정치적으로 한국에 대한 일본의 영향력이 증대됨에 따라 사회적·경제적 영향력도 강화되었기 때문이다. 일본의 영화 사업자들이 한국에서 활동하고 있다는 기록은 일본활동사진회가 소광통교에 영화 상영장을

설치한 것을 비롯해(〈뎨국신문〉, 1904년 12월 7일) 요꼬다상회가 영화
사업을 하기 위해 서울에 출장소를 설치했다는(〈황성신문〉, 1908년 3
월 28일) 경우들에서 나타난다. 뿐만 아니라 경성고등연예관 극장을
세우고 영화 흥행 사업을 시작한 와다나베의 활동이나 대정관·황금
관 등의 극장을 운영한 일본인들의 한국 내에서의 사업 역시 일본을
통해 영화가 한국에 수입되는 창구 역할을 했다. 이들은 서울에서 극
장을 운영했을 뿐만 아니라 상영에 필요한 영화들을 직접 들여오거나
대리점을 통해 수입함으로써 일본 영화업계가 한국의 영업 시장을 장
악하는데 상당한 영향을 미치게 되었다. 또한 우미관이나 단성사 역
시 이같은 경로를 통해 영화를 상영했다. 단성사의 운영을 맡고 있던
박승필이 1918년부터 재개관하는 것을 계기로 천활(天活, 덴카쓰)회사
와 특약을 맺고 영화를 공급받은 것도 그같은 현상의 한 단면이었다.
그러나 일본의 영화사업사를 통해 한국에 영화가 들어오는 과정이
1910년대 후반기부터 일반화되었지만, 이들 영화사들은 미국이나 프
랑스·이탈리아 등의 여러 나라 영화회사들과 배급 계약을 맺고 있었
기 때문에 다양한 내용의 영화들이 들어올 수 있었다. 즉 일본의 영화
배급 회사들이 미국이나 프랑스 등지에서 만들어진 영화들을 수입해
서 일본과 한국 시장에 유통시키고 있었던 것이다.

초기 극장 자본의 출현과 성격

위에서 살펴본 바와 같이 초기 한국에서의 영화 흥행은 외국영화의
수입과 극장 운영을 통해 이루어졌다. 영화 제작을 바로 실현할 수 없
었던 당시 여건으로서는 불가피한 과정이었다.

초기 영화 흥행과 극장 설립은 대부분 개인적인 활동으로 이루어졌다. 최초의 흥행은 미국인 사업가 헨리 콜브란과 H. R. 보스트윅이 한성전기회사의 시설을 이용했지만, 한성전기회사의 사업이 아니라 그들의 사업이었다. 아스터 하우스 호텔을 운영하고 있던 프랑스인 루이 마르탱이 영화 사업에 참여한 경우도 유사하다.

콜브란이나 마르탱의 경우는 당시 한국 내에서 미국이나 프랑스의 정치적 영향력과 관계가 있다. 1910년, 일본이 한국을 병합한 이후에는 주도적인 세력을 행사하며, 그에 따라 영화 흥행에 참여하는 사업자들의 주류는 일본인들로 변화했다.

1910년 경성고등연예관이 등장하고, 이어 우미관·대정관·황금관 등 초기 영화계에서 중요한 역할을 했던 극장들이 나타나지만 이들 극장은 모두 일본인이 설립하거나 소유했다.

그러나 영화 흥행에 참여한 일본인들 중 영화나 공연 등 흥행 사업에 기반을 둔 경우는 거의 없었다. 기계·모자 등의 물품을 판매하는 등의 사업을 통해 자금 여력을 쌓은 경우가 많았으며, 영화 흥행이 새로운 사업으로 각광받는 것에 주목하며 사업에 참여한 경우가 주류였다.

극장을 소유하고 있던 일본인들이 대부분 경영을 시작하자마자 운영난을 겪거나 내부 분규가 일어나는 등으로 인해 정상적인 운영을 하지 못한 채 곤란을 당하는 현상이 나타나는 것은 그 때문이라고 할 수 있다. 영화 흥행의 역사 자체가 일천한데다, 영화 필름은 대부분 외국에서 수입해야 하는 품목이어서 그에 따른 절차와 비용을 감당하는 것도 쉬운 일이 아니었으며, 안정적인 공급, 상품성 있는 영화의 선별도 어려운 일이었다.

초기 영화계의 형성 과정은 영화와 무관한 사업가들의 새로운 관심, 무수한 시행착오와 혼란을 겪는 과정이기도 했다.

[03]
6·25의 그림자와 영화
—전쟁과 가난, 파라다이스에 대한 동경

6·25전쟁이 끝난 이후 한국영화는 점차 상업적인 부흥을 보였다. 1950년에 5편, 1951년에 5편, 1952년 6편, 1953년 6편 등에 그쳤던 영화 제작 편수는 전쟁이 끝난 이듬해인 1954년에는 18편으로 증가했고, 1955년 15편, 1956년 30편, 1957년 37편 1958년 74편 등으로 계속 늘어나다가 1958년에는 111편을 기록했는데, 한국영화사상 처음으로 연간 제작 편수가 100편을 넘는 모습을 보였다.

제작 편수가 늘어나는 만큼 영화의 장르도 다양해졌는데 멜로드라마·전쟁·사극·액션 등이 나왔다. 특히 멜로드라마는 새로운 생활방식의 등장과 적응, 청춘 남녀의 사랑, 가족 구성원간의 유대 문제 등 동시대적인 현상들을 주로 다루었다. 따라서 이런 멜로드라마들은 한국인들의 일반적인 사회 의식이나 정서, 주요 관심사 등을 살펴볼 수 있는 창구 역할을 한다. 특히 1910년대의 사회적 인식이 '서구'와 '서구 문화'에 대해 추상적이며 비교우위론적인 입장에서 막연한 존경과 동경을 보내는 수준이었던 것과는 달리 이들 영화에서는 그같은 인식의 실제적인 모습과 대상이 어떤 것인가를 보여준다.

자유, 새로운 유행

6·25전쟁이 끝난 후 가장 새롭고 광범위하게 나타난 현상은 '자유'를 즐기는 것이었다. 많은 사람들은 모든 구속과 제약으로부터 벗어나고자 했으며, 자유로운 생활을 즐기고자 했다. 그러나 그 자유는 다분히 지극히 개인적인 것이며, 새로운 유행의 한 현상이었다고 할 수 있다. 전통적인 가치관이나 사회적 관습은 '낡은 것'으로 간주되고, 현대 생활을 하기 위해서는 자유를 즐길 수 있어야 하며, 그 자유란 곧 낡은 것으로부터 벗어나 새로운 것을 받아들일 수 있어야 누릴 수 있는 것이란 인식이 강했다.

영화 〈자유부인〉(1956년, 감독 한형모)에서 보듯 정숙한 가정주부가 육체적 쾌락을 즐기기 위해 이웃집 청년과 데이트를 하고, 부유한 중년남자와 어울린다. 남편은 그런 아내를 비난하며 분노하지만 그 역시 젊은 여자에게 마음을 빼앗긴다. 이웃집 청년은 전통적 사회 관습을 무시하며 자신이 하고 싶은 일이면 무엇이든 한다. 밤에 레코드를 크게 틀어 놓아 이웃집 사람들에게 방해가 되어도 신경 쓰지 않는다. 오히려 항의하는 사람에게 왜 자신의 자유를 방해하는가라고 반문한다. 자유가 남을 인정하고 배려하며 자신의 개성을 나타낼 수 있는 민주적 가치관이라고 생각하는 것이 아니라, 무엇이든 내 마음대로 할 수 있는 권리라는 식의 독선적·폭력적 행태를 드러내고 있는 것이다.

이같은 모습은 〈맨발의 청춘〉(1964년, 감독 김기덕)에서도 나타난다. 젊은이들이 함께 춤을 추는 곳에 두수라는 청년이 나타나 갑자기 음악을 멈추고 자신이 듣고 싶은 곡을 연주한다. 베토벤 교향곡 '운명'이다. 좋아하는 여자친구가 즐겨듣는 곡이라는 말을 들은 후 자신도 들어 보겠다는 것이다. 그러나 그것은 자신의 관심 사항일 뿐 다른 사람들에게 강요할 일도 아니며, 더구나 아무런 양해나 설명도 없이 일방적으로 강행해야 할 일도 아니다. 그런데도 주인공은 자기 마음대로 하며 주위 사람들은 별다른 항의나 불평을 말하지 않는다. 이때의 자유는 강한 자의 힘이 주도하는 것이다.

결국 6·25전쟁 이후 새롭게 등장한 '자유'는 성숙한 시민 의식을 바탕에 둔 새로운 가치관이라기보다는 '서구'에서 유행하고 있는 생활 방식이자 현대적인 어떤 것이며, 따라서 배워야 할 어떤 것이라는 인식이 강했다. 새로운 유행의 하나라는 성격이 반영되어 있는 것이다.

새로운 문화, 새로운 권력

'자유'가 새로운 유행으로 등장한 것과 함께 '새로운 것'은 '낡은 것들'과 구분되었고, '새로움'을 얼마나 많이 누리고 있는가는 사회적 신분과 지위를 결정하는 중요한 요소가 되었다.

한복을 입고 있는 것은 지적 수준이나 사회적 신분이 상대적으로 낮은 사람처럼 보였고, 넥타이를 맨 양복 차림의 복장은 보다 현대적인 이미지로 받아들여졌다. 사무직 근로자는 육체노동자보다 지적으로나 사회적 신분으로나 훨씬 더 성공한 사람으로 평가되었으며, 영어를 비롯한 외국어를 말할 수 있거나 외국에서 생활한 경험이 있는 사람은 그 자체로 '성공한 인물'로 비쳐질 정도였다.

서구 문화를 이해하고 적응할 수 있는 능력을 가진 사람은 그렇지 못한 사람들에 비해 현대적 지식인이나 교양인의 모습처럼 보였고, 그것은 곧 사회적 성공과 신분 상승을 보장하는 수단이 되기도 했다.

'양옥'은 한국식 주택과 구분되어 성공한 사람이 사는 집으로 보였고, 위스키는 한국 술과 구분되는 '특별한 술'로 인식되었다. 커피나 홍차를 마시는 일조차 세련된 현대인이 하는 일이라는 평가를 받았다.

〈박서방〉(1960년, 감독 강대진)에 등장하는 캐릭터들은 그같은 인식을 분명하게 보여준다.

주인공이자 가장인 아버지 박서방은 평범한 소시민이다. 한국식 생활 방식과 습관을 유지하고 있으며, 서양 문화나 풍속에 대해서는 낯설다. 이에 비해 딸 명순과 사귀고 있는 청년 주식의 고모는 하와이에서 돌아온 인물이다. 그녀는 '양옥'집에 살고 있으며, 부자며 단호한 의지를 가진 인물로 묘사되어 있다. 그녀가 '하와이에서 돌아왔다'는 뜻은 '미국에서 살다 돌아왔으며 미국 생활, 즉 현대적인 서구 문화'에 익숙하다는 것을 상징한다. 그것만으로도 그녀는 당시 한국사회에서 선택된 인물이며, 성공한 인물로 인식되고 있는 것이다.

그러나 실제로는 하와이에 간 한국인들은 사탕수수 농장 등에서 육체노동자로 일하던 사람들이거나, 그들의 후손일 가능성이 높다. 그들 대부분은 지적으로도 경제적으로도 사회적 신분으로도 별로 성공했다고 보기는 어렵지 않을까. 그런 인물이 한국사회에서는 성공한 인물이자 지적이며 사회적 지위가 높은 인물로 행동할 수 있는 것이다.

그녀는 박서방이 홍차 마시는 방법을 모른다는 사실을 알고 모욕을 준다. 박서방이 상대방에게 무시를 당하는 것은 그의 인품이나 특별한 잘못 때문이 아니라 서구 문화에 적응하지 못한 낡은 시대의 인물이라는 이유 때문이다.

박서방은 자신의 큰아들이 외국 지사에 근무하게 되었다는 소식을 듣고 처음에는 반대하다가 결국 동의하며 보낸다. 새로운 변화에 적응하며 성공의 기회를 잡으라는 뜻이다.

미국, 미국인-기대와 현실

미국은 정말로 아름다운 나라이며, 풍요롭고 정의로운 나라인가? 아메리칸 뉴 시네마 경향의 영화들, 이를테면 〈이지 라이더〉나 〈작은 거인〉〈미드나이트 카우보이〉〈대부〉 같은 영화들은 미국사회의 모순과 불안 등을 드러내며, 미국의 실체를 다른 시각으로 바라보았다. 메이저 영화들에 나타나던 풍요롭고 행복하며 정의로운 사회와는 다른 모습이다.

한국인들은 미국과 미국인·미국사회를 이상적인 사회, 꿈과 야망을 실현할 수 있는 성공의 나라라고 생각하며, 그곳에 가고 싶어했고 미국인들처럼 살고 싶어했지만 시간이 지날수록 그같은 생각이 일방적인 환상이거나 기대에 지나지 않는다는 것을 깨닫기 시작했다.

'아메리칸 드림'을 꿈꾸며 미국으로 이민 가는 사람들의 숫자가 늘어나면서, 한국인들은 미국사회가 다른 질서와 문화를 가지고 있는 현실사회라는 것을 깨닫는 사람들의 숫자도 늘어났으며, 모든 사람이 성공할 수 있는 것은 아니라는 사실도 확인했다. 언어가 다르고 문화가 다른 곳에서 한국인들은 외로운 이방인처럼 보였고, 미국사회는 모든 사람에게 우호적이지는 않았다. 어떤 의미로든 성공한 사람에게 미국은 '기회의 나라' '성공의 나라'였을 뿐 그렇지 않은 사람에게는 거칠고 힘든 곳이었다.

아메리칸 드림을 실현하고자 하는 밀입국자의 생존을 위한 몸부림을 묘사한 〈깊고 푸른 밤〉(1984년, 감독 배창호)이나 〈아메리카 아메리카〉(1988년, 감독 장길수)는 미국사회가 멀리서 바라보며 동경했던 파라다이스가 아니라는 사실을 보여주고 있다.

〈은마는 오지 않는다〉(1991년, 감독 장길수)는 미군이 한국인 여자를 겁탈하는 장면까지 보여준다. 미국 또는 미국인이 한국인에게 폭력적인 존재가 될 수도 있다는 것을 보여주는 것이다. 미국을 동경하며 '서구 사회'의 실체를 미국에서 찾고자 했던 많은 한국인들에게 이 같은 모습은 인식의 커다란 전환이라고 할 수 있다. 미국은 환상을 실현하며 성공을 보장하는 파라다이스가 아니라 그곳의 질서와 문화를 가진 나라일 뿐이라는 사실을 깨닫기 시작한 것이다.

그렇다고 한국인들이 미국을 미워하며 '서구 문화'의 중심으로서의 미국을 부정하는가? 그렇지는 않은 것 같다. 〈은마는 오지 않는다〉의 여자 주인공이 미군에 능욕을 당했지만, 결국 미군들을 상대로 몸을 팔며 생계를 꾸려나간다. 최근작인 〈아름다운 시절〉(1998년, 감독 이광모) 역시 6·25전쟁을 배경으로 하고 있으며, 그 속의 인물 역시 미군들과 일정한 거리를 유지하면서 '거래'를 계속한다. 환상과 기대의 대상으로서가 아니라 실리적 필요에 따라 관계를 유지하고 있는 것이다.

그러나 많은 한국인들은 여전히 미국을 '기회의 나라' '풍요롭고 자유로운 나라'로 인식하고 있다.

현재, 그리고 미래

한국은 지난 2,3년 사이 심각한 경제적 불황을 겪었다. 외환보유액의 급격한 감소는 국가 재정의 파산 상태를 가져왔고, IMF나 미국의 금융 지원을 받고서야 겨우 사태가 진정되었다. 지난 수십 년 사이 한국은 경제적으로 성장했으며, 문화적으로도 '서구화'되었다는 국민적 성취감과 자존심은 심각하게 훼손되었다.

한국은 여전히 세계 여러 나라들과의 관계 속에 존재하고 있으며, 경제적 자립을 유지하지 못한다면 여유로운 안정은 기대하기 어렵다는 현실을 확인한 것이다.

오늘날의 세계는 정보와 통신, 금융, 정치적 역학 관계 등이 긴밀하게 상호 의존적으로 맞물려 있다. 국가적 독자성을 지나치게 강조하면 보편성이 약화되고, 보편성을 강조하면 독자성이 약화될 가능성이 높다. 따라서 독자성을 유지하면서 보편성을 유지하는 일은 오늘날처럼 급속하게 세계화가 이루어지고 있는 현실에서 무엇보다 중요한 일 중의 하나다. 새로운 인식과 패러다임을 요구하고 있는 것이다.

한국은 근대화하는 과정에서 '서구' 배우기와 모방을 주요 과제로 인식했으며, 그것의 기본적인 목적은 국가적 힘과 에너지를 증강시키는 것이었다. 그러나 그 일은 너무 늦게, 너무 막연하게 시작되었으며, 기대했던 성과를 거두지도 못했다. 36년간 한국이 일본의 식민지가 되어 국가의 주권을 상실한 것은 비극적인 사태였다.

6·25전쟁 이후 서구 문화를 동경하며 적극적으로 수용하고자 했다는 점은 근대화 초기의 현상과 다르지 않다. 그러나 이때는 '서구'의 실체는 미국이라는 인식이 확산되었으며, 미국식 문화와 가치관·생활방식은 한국인들에게 중요한 동경과 모방의 대상이 되었다. 미국에서, 미국인같이 사는 것은 성공의 표시라고 여겨질 정도였다.

그러나 이때도 미국이 서구 문화의 대표적 상징으로 부각되기는 했지만 미국사회가 지니고 있는 다양한 모습이나 내부의 질서, 가치관 등에 대해서는 잘 알지 못했다. 영화나 신문·잡지 등을 통해 단편적으로 소개되는 모습을 보면서 그것을 미국사회의 일반적인 모습으로 확장시키는 경우가 많았다.

한국영화들에서 나타나는 서구 지향적 행동들은 다양하게 표현된다. 서양의 고전음악은 지적 교양을 상징하며, 미국식 문화와 생활을 이해하고 모방하는 것은 세련된 전문인이라는 평가를 들을 수 있었다. 영어를 말할 수 있다면 그 자체로 성공한 인물로 대우받을 수도 있었다.

[04]
영화 속의 서울
- 환락과 열망의 공간

　'사람은 서울(한양)로 보내고, 말은 제주도로 보내라'는 말 속에는 서울에 대한 동경을 담고 있다. 무엇에 대한 동경인지는 사람마다 다를 수 있겠지만, 대체로 서울에 가면(그곳에서 산다면) 성공할 수 있고, 출세할 수 있으며, 마음으로 바라던 것들을 성취할 수 있을 것이란 믿음을 반영하고 있다는 점은 다르지 않다.

　그러나 서울을 향한 꿈과 희망이 아무리 넓고 깊다고 하더라도 모든 사람이 다 원하는 것을 이루지는 못한다. 다른 사람들이 부러워할 만큼 성공한 경우도 있지만, 절망과 좌절로 혼란스러운 시간을 보내야 하는 경우는 더 많았다. 그래서 어느 위치에서 바라보는가에 따라 서울은 서로 다른 모습으로 다가왔다. 성공한 사람의 서울은 낙원 같은 곳이었고, 성공을 간절히 바라는 사람에게는 야망의 공간으로 다가왔다. 낙오하고 쓰러진 약자들에게 서울은 거칠고 잔혹한 유배지나 다름없었다. 수많은 사람들 사이에서 처절한 외로움에 젖어야 했고, 쓰러질수록 더 잔인하게 물어뜯는 적들로 가득 찬 정글로 다가왔다. 영화 속에 비친 서울의 모습이다.

나는 서울로 간다

서울역은 언제나 붐볐다. 그곳은 떠나는 장소가 아니라 서울로 들어오는 사람들의 꿈과 희망이 넘치는 곳이었다. 그 꿈을 노리는 사냥꾼들의 눈매가 불을 뿜으며 기다리고 있었고, 성공의 땅이 될지 유형의 땅이 될지는 아무도 몰랐지만 서울을 향한 발걸음은 끝없이 이어졌다. 서울역은 서울로 들어가는 관문이었고, 낙원을 향한 검문소였다.

1950년대 영화 중 서울을 향한 상경의 첫 풍경은 〈지옥화〉(1958년, 신상옥 감독, 최은희 주연)에 등장한다. 시골에서 살던 동식은 형을 찾기 위해 서울로 향한다. 서울에서 살고 있다는 소식만 들을 뿐 무슨일을 하는지, 어떻게 지내는지 알지 못하는 형을 찾아 서울로 온 것. 그러나 세상 물정 모르는 시골 청년이 마주한 서울의 첫 대면은 거칠었다. 서울역을 무대로 어수룩한 상경객들을 위협하고 등치는 소매치기 건달들에게 걸려 가방을 날치기당한다. 가진 것을 몽땅 털려 버린 것인데, 국수 한 그릇 사먹을 돈도, 갈아입을 옷가지 하나도 없는 처지가 돼버린 것이다. 동서남북이 어디인지도 모르고 아는 사람도 없는 낯선 곳에 던져진 동식은 고픈 배를 쓸어안으며 이곳저곳을 기웃거리며 노숙자 생활을 한다. 그러다 우연히 남대문 시장 골목에서 형영식과 만난다.

형 영식이 사는 곳은 미군부대 근처. 이른바 기지촌을 무대로 군수물자를 빼돌려 시장에 내다파는 암거래 조직의 두목. 기지촌 양색시들을 관리하는 일도 사업의 일부다. 순박하던 영식은 형과 생활하는 동안 기지촌 생활의 내면을 경험한다. 형의 애인인 소냐는 차츰 순박한 동생에게 마음이 끌려 그를 유혹한다. 동생에게 마음이 끌릴수록

형 영식에게 부담을 느낀 소녀는 미군부대 군수품 탈취 계획을 헌병대에 밀고하고, 영식 일행과 헌병대 사이에 쫓고 쫓기는 추격전이 벌어진다. 사건의 파탄이 소녀의 밀고 때문이라는 것을 안 영식은 소녀를 죽이지만 그 역시 헌병의 총에 쓰러진다. 대파국의 결말. 영식이 감당하기에는 너무도 파란만장한 사건이다.

이 영화에 등장하는 서울의 풍경은 6·25전쟁이 끝난 직후, 미군부대 기지촌 주변의 살벌함이다. 미군부대는 먹을 것, 입을 것을 제공하는 생존의 창고이며, 미군들은 의지할 곳 없는 딸이나 누이들의 구원자나 다름없었다. 그러나 삶을 기댈수록 그들의 존재는 위험한 게임을 벌여야 하는 한계상황으로 빠져든다. 영식 일당이 미군부대 물품을 빼돌리는 사업을 하다가 결국 목숨을 잃게 되며, 양색시 노릇을 하던 소녀가 호사스런 생활을 누리지만 더 이상 주변 사람들과 정상적으로 어울리지 못하는 신세가 되는 것은 그러한 일면이다. 이 영화가 그리는 풍경이 당시 서울의 모습을 전부 드러내는 것이라고는 할 수 없지만 전쟁 후의 폐허, 생존을 위한 저마다의 치열한 몸부림을 보여주는 것은 분명하다.

〈어느 여대생의 고백〉에서도 서울로 상경하는 이야기가 등장한다. 시골에서 살다 부모가 세상을 떠나자 최은희는 서울로 향한다. 서울의 어느 동네에 하숙을 정하고 일거리를 찾는 최은희에게 하숙집 주인은 음흉한 눈길로 다가선다.

그에게도 서울은 무례하고 난폭한 곳이다. 새로운 삶을 기약하지만, 그 꿈을 이루는 것은 요원하다.

서울이 야박스럽기는 '와룡선생'에게도 마찬가지이다. 〈와룡선생 상경기〉의 와룡선생은 시골의 어느 초등학교 교장선생님을 하다 정년퇴직을 한 뒤 서울에 살고 있는 제자들의 소식을 알아보기 위해 서울행 기차를 탄다. 와룡선생의 소박한 기대는 서울역에 내리는 순간부터 혹독한 시달림을 당한다. 몇월 며칠 몇시 기차로 도착한다고 기별을 했는데도 마중을 나온 제자는 한 명도 없고, 엉뚱한 시비에 휘말려 봉변을 당한데다 지갑까지 소매치기당하는 처지가 되자 낙심을 한다. 와룡선생의 서울 경험은 첫발부터 어긋나는 것이다.

서울 사람들

서울을 그리워하는 사람들에게는 야박스럽게 빗장을 걸며 텃세를 부리는 곳이 서울이지만, 그곳에서 사는 사람들의 모습은 각양각색이다. 호사스런 여유를 즐기는 사람이 있는가 하면 하루하루를 소박하게 사는 서민들의 불안한 일상이 있고, 맨주먹 빈손으로 젊음을 불사르는 청춘들도 나왔다.

서울 풍경이 가장 소란스러웠던 경우라면 〈자유부인〉을 빼놓을 수 없다. 전쟁 직후의 서울은 처참한 흔적을 여기저기 남겨 놓았지만, 살아남아서 여유를 즐기는 사람들은 새로운 자유와 풍요로움에 젖었다. 영화 속에 등장하는 대학생은 자유연애를 신봉하는 플레이보이의 면모를 보여준다. 양품 패션으로 한껏 멋을 부리고, 카메라를 둘러멘 채 휴일 외출을 준비한다. 그에게 청춘은 즐기며 소비하는 시간일 뿐 관습적인 문화에 얽매여 갇혀 살아야 할 이유가 없다. 마음에 드는 여자들을 유혹하고, 적당히 즐기며 또 다른 상대를 찾아가는 일을 반복한다.

대학교수 장태연 선생은 영어 과외를 하는 여학생에게 마음을 빼앗기고, 그의 부인은 옆집 대학생의 유혹을 은근히 즐기며 춤바람에 빠

져든다. 댄스홀에서 만난 여러 부류의 사람들은 서민들의 고단한 일
상과는 거리가 먼 유한족들이다. 사업으로(구체적으로 무엇인지는 모르
겠지만) 큰돈을 번 중년의 사업가가 있는가 하면, 고급관리며 정치인
들의 사모님들도 있다. 그들 사이에서 한탕을 노리는 사냥꾼들도 어
슬렁거린다. 양품점에 들를 때마다 "최고급품을 주시오"라며 바람을
잡는 빈털터리 사기꾼의 허풍은 욕망과 현실 사이에서 출렁거리는 인
물의 상징이다.

이 영화에 등장하는 서울의 모습은 6·25전쟁 이후 밀려든 새로운
풍조와 보수적인 가치 사이에서 흔들린다. 옆집 대학생 청년은 시도
때도없이 전축을 틀어댄다. 원고 쓰는 일로 예민한 장교수는 신경을
곤두세우며 소리를 줄여 달라고 요청한다. 하지만 청년의 대답은 엉
뚱하다. "왜 자유를 방해하는가?"라는 것이다. 내 마음대로 듣고 싶
은 음악 듣는데, 왜 다른 사람이 이래라 저래라 하는가에 대한 반응이
다. 자유는 다른 사람의 권리를 침해하지 않는 범위에서의 자율적 행

〈자유부인〉과 스틸 컷

동 권리라는 것에 대한 인식은 보이지 않는다. 그런 청년이 주말에는 충분히 쉬어야 한다며 강조하는 말은 "우리같이 머리를 쓰는 사람은 휴식이 필요하다"는 것이다. 현대적인 교양을 갖추기 위해서는 사교 춤 같은 것도 할 수 있어야 한다는 사실도 덧붙인다. 가족, 가정 중심의 순종적인 가치 대신 자기 중심의 개성과 권리를 더 앞세운다. 모든 사람이 동의하는 가치가 아니라 문화적 감성이 앞설수록, 교양 수준이 높을수록 할 수 있는 세련된 행동 양식이라는 뉘앙스가 강하다.

장교수의 부인이 집안에서 살림만 하는 주부의 위치에서 다른 일자리(양품점 판매원)를 구하고, 친구들과 만남의 범위가 넓어지면서 댄스홀에까지 드나들게 되는 모습은 6·25전쟁 이후 새롭게 등장하는

〈서울의 휴일〉과 〈지옥화〉 광고

문화적 인식이 어떻게 확산되는가를 보여주는 것이나 다름없다. 아내의 이런 행동에 대해 장교수는 분노하지만, 그 명분은 '살림하는 여자가 어찌 밖으로 나돌 수 있느냐'는 식이다. 집으로 돌아온 아내가 참담한 마음으로 용서를 구하지만 대문을 걸어잠근 채 묵묵부답으로 서 있는 영화의 마지막 부분의 장면은, 대문 안과 밖으로 구분되는 공간을 통해 윤리적 가치의 중심과 주도적 권리가 어떻게 표현되고 있는가를 상징하고 있다.

옛날의 서울, 새로운 서울

생활 가치의 변화는 〈서울의 휴일〉에서도 강렬하게 드러난다. 신문기자인 남편과 산부인과 의사 아내는 휴일 아침, 하루 일정을 어떻게 보낼지 티격태격한다.

어느 일요일 아침. 남편은 침대에 잠옷 차림으로 누워 신문을 보고 있고, 아내는 커피를 받쳐들고 들어온다.

아내 어머, 왜 이렇게 능청만 부리는 거예요? 어서 일어나세요!

남편 (보던 신문을 내밀며) 이것 봐요. 내 기사가……

아내 제일 신속하고 정확하다는 거겠죠!

(신문을 거두어 치우며) 하지만 오늘만은 직업 의식을 잊어버리세요.

남편 왜?

아내 살림 나온 석 달 만에 우리들만의 하루를 가져 본 일이 있었어요?

남편 그러니까 이렇게 시간을 엔조이하고 있지 않소?

(창밖에서 들리는 새소리)

저 새소리를 들어 보오. 석 달 만에 처음 들어 보는 것 같구려.

아내 (새침한 표정을) 당신은 너무나 에고이스트예요.

아내 입장도 좀 생각해 줘야잖아요.

남편 하하! 요즘 여성들은 애정의 진리를 통 모른단 말이야. 애정이란 결코 시간적으로나 공간적으로나 상호간에 제약을 받는 성질의 것이 아니거든. 그럼에도 불구하고……

아내 관두세요. 이러다간 오늘 프랜이 모두 틀어지고 말 거예요.

남편 아니, 프랜이라니? 어디 그 프랜이라는 거나 들어 봅시다.

아내 (밝은 표정으로) 정말이에요? 잠깐만요.

(서랍에서 메모장을 꺼낸다.)

남편 그게 뭐요?

아내 오늘 우리들의 런데부 스케줄이에요. 자, 읽을게 들어 보세요. 아침 10시 20분 출발 준비 완료. 10시 30분 출발.

남편 어디로?

아내 신신백화점 양품부.

남편 목적은?

아내 당신 넥타이 구입.

남편 거 괜찮군.

아내 그리고 내 파라솔.

남편 응? 그럼 내 넥타이는 당신 파라솔을 낚기 위한 미끼로군그래.

아내 (살짝 못 들은 척) 에헴, 열두시에는 아서원에서 고급 중국요리로 점심을 마치고……

남편 어렵쇼!

아내 한시 반 한강 도착, 피켓보드와 수상스키.

남편 점점…….

아내 세시 반 덕수궁 산책, 네시 반부터 영화 관람, 여섯시 반 미장크릴에서 저녁식사…….

남편 하느님 맙쇼!

아내 일곱시 반 로스안젤레스 필하모니 교향악단 야외 연주회.

남편 이거 큰변났군그래

아내 뭐요? 프랜이 마음에 안 드세요?

남편 마음에 들고 안 들고 간에 이건 너무 심해!

아내 심하다니? 뭐가요?

남편 뭐가라니? 아니 이건 로마의 휴일의 안 공주 시찰 여행표 보다 더 바쁘니까 말이지.

이건 아주 남편 혹사 휴일이로군.

아내 (애교 섞인 눈 흘기며) 아이! 이런 독설가 같으니라구.

좋죠?

총예산이 2만 5천 환이에요.

남편 허지만 상당한 출혈인데……. 한 달치가 혹 나르는군.

아내 아유, 언제부터 당신 그렇게 살림꾼이 되셨어요?

당신 신문사에서 월급봉투 한번 그대로 가져온 일 있었어요?

그러니까 당신 5천 환만 부담하세요.

남편 결국 넥타이를 5천 환에 사는 셈이군, 아휴!

아내 (삐친 듯) 그렇게 빈정만 댄다면 저는 동무들하고 놀러 갈 테니까 맘대로 하세요.

(약간의 사이)

남편 (가슴을 쥐어잡으며) 여보, 나 좀 봐요.

아내 아니, 왜 그러세요? 별안간.

남편 내 맥 좀 짚어 봐 줘, 아무래도 이상해!

아내 어디가 아프세요?

    (아내가 다가오자 슬며시 끌어안는다.)

    (괜한 엄살을 부리는 것을 안 듯) 환자가 왜 이리 난폭해요.

남편 의사 폭행죄로 걸리지는 않겠지?

    —페이드 아웃—

부부가 사는 집은 양옥이다. 침실은 침대를 갖춘 입식 공간이다. 아내는 한복을 입고 있지만 생각이나 행동은 서구식 패턴을 보인다. 아내가 남편에게 제시하는 일정은 촘촘하기도 하지만 무엇보다도 양식화된 일정으로 채우고 있기 때문이다. 영화 속에서 보여주는 부부의 생활방식은 대단한 여유와 자부심을 담은 것으로 표현된다. 전통적인 생활양식과는 다른 인식을 드러내는 것이다.

전쟁 이후의 서울은 새로운 문화와 풍조·인식이 전통적인 가치를 대체하거나 불편한 공존을 시작한 때라고 할 수 있다.

가난하면 더 서러운 유배의 땅

시대가 변하고, 생활방식이 달라진다 하더라도 바뀌지 않는 것은 가난에 대한 기억이다. 가난과 부유함은 단지 생활의 조건이 아니라 현재와 미래를 가르고, 신분과 계급의 차이로까지 이어지는 운명의 굴레 같은 것이다.

〈박서방〉에 등장하는 주인공 박서방(김승호)은 아궁이 고치고, 굴뚝 청소하는 일을 직업으로 삼는 미장이다. 아들 하나와 딸 둘을 둔 가장이다. 아들은 유명한 제약회사에 근무하며 장래의 꿈을 키우고 있다. 두 딸 중 큰딸은 집에서 살림을 배우고 있고, 작은딸은 외국 항공사의 사무직원으로 일하는 중이다. 허름한 산동네 판잣집 수준의 살림을 하고 있지만, 주변에서는 나름대로 자식들 잘 키우고 유복하게 산다는 부러움을 받고 있는 중이다. 자식들에게 이렇다 하게 잘해준 것은 없지만 각각 제 앞가림을 하는 모습을 대견하게 여기는데, 그 중에서도 아들에 대한 기대는 유별나다. 번듯한 회사에 취직해서 나름 출세한 아들은 박서방의 큰 자랑이다. 아들 또한 아버지에 대한 효

〈박서방〉과 〈돼지꿈〉 광고

심이 지극하다.

　그런 아버지에게 못 배우고 가난한 것이 충격적인 한으로 떠오르는 일이 생긴다. 막내딸이 사귀는 남자친구를 인사받은 아버지 박서방은 청년의 보호자 격인 고모와 만나 혼담을 나눈다. 하지만 미국에서 살다왔다는 고모는 도도하기 이를 데 없는 표정으로 미장이 집안의 딸은 자기 조카의 상대가 될 수 없다며 단호하게 거절한다. 가정부가 내준 홍차를 어떻게 마시는지 몰라 티백을 까서 물에 타는 모습을 보고는 외계인 보는 것처럼 무시하는 고모의 태도에 박서방은 생애 최대의 모욕감과 좌절을 느낀다. 어떤 일이 있어도 더 이상 가난과 무지를 대물림할 수 없다는 결심을 하고, 자식들이 출세할 수 있는 일이라면 자신을 희생해서라도 돕겠다는 다짐을 한다.

　〈돼지꿈〉의 주인공은 보다 나은 꿈을 향해 손을 뻗치다가 그나마 가지고 있던 기반을 잃어버리는 서울 서민의 모습을 보여준다. 중학교 교사로 일하는 손학수(김승호) 가족은 정부가 지어 분양한 후생주택에서 다달이 주택할부금을 갚아가며 빠듯하게 살아간다. 아들 하나를 키우며 사는 부부의 주요 관심사는 가난한 살림에서 하루라도 빨리 벗어나는 것이다. 그나마 직업을 가지고 있는 것이 다행이지만, 매달 받는 월급만으로는 여유로운 생활을 기대하기 어렵다. 바라는 게 많을수록 빈틈이 생기는 법. 돈 버는 일이라면 무엇이든 해보려는 손선생의 아내에게 혀 꼬부라진 소리로 허풍을 떠는 재미교포 찰리 홍(허장강)이 접근한다. 그는 이들 부부에게 자신이 관여하는 밀수에 돈을 투자하면 큰 이익을 볼 것이라며 바람을 잡는다. 쉽게 돈을 벌 수 있다는 데 귀가 솔깃해진 아내는 남편을 설득하여 돈을 빌려 찰리에게 주지만, 처음부터 사기를 겨냥한 찰리는 그 돈을 들고 잠적해 버린다. 충격을 받은 부부를 보다 못한 어린 아들 영준(안성기)이 사기꾼을 잡아오겠다며 집을 나갔다가 교통사고를 당해 목숨을 잃는 일까지 벌어진다. 남에게 해 끼친 적 없고, 나름대로 소박하게 살면서 조금 더 잘살아 보겠다는 꿈을 꾼 것에 대한 보상은 너무도 가혹했다.

돈이 사람의 지위와 품위까지 서열화시키는 자본사회로 진입하는 서울의 냉혹한 그늘 속에서 휘청거리는 서민의 모습은 애잔하다.

〈마포 사는 황부자〉의 주인공 황부자(김승호)는 가난한 인생이 얼마나 서러운지, 돈 없는 사람이 살기에 서울은 얼마나 거친지 절감하며 이를 악물고 재산을 모은 경우다. 마포나루에서 새우젓을 나르던 막노동 시절을 거쳐 지금은 인근에서는 손꼽는 알부자로 자리잡았지만 쌀 한 톨, 물 한 방울을 아까워한다. 들어온 돈은 한 푼이라도 허투루 내보내는 경우가 없고, 다른 사람이 낭비하는 모습을 무심히 넘기지 못한다. 어느 사이엔가 자린고비로 소문나고, 돈만 아는 사나운 노인네로 통한다.

험난한 팔자는 따로 타고나는지, 황부자는 배고픔을 벗어나고, 다른 사람들이 겉으로나마 고개를 숙이게 만들 만큼 재산을 모았지만

〈마포 사는 황부자〉의 잡지 광고

그것을 제대로 써보지도 못한 채 치명적인 병에 걸리고 만다. 가난을 벗어나는가 싶었는데, 병이 앞길을 가로막는 것이다.

청춘들이 느끼는 벽은 더 높아 보인다. 〈맨발의 청춘〉의 주인공 서두수(신성일)는 그야말로 가진 것이라고는 젊음뿐인 백수건달. 범죄조직의 행동대원으로 살아가면서 하루하루를 지워 나가는 인생이다. 우연히 다른 건달들에게 봉변을 당하고 있던 여자 대학생 요안나(엄앵란)을 도와준 것을 계기로 사랑에 눈뜬다. 여자는 고관의 무남독녀 외동딸. 뒷골목 건달 처지로는 쳐다보기도 어려운 지체 높은 부잣집 아가씨다. 사랑이 깊어질수록 빈주먹 청춘이 느끼는 절망과 좌절감은

〈맨발의 청춘〉과 〈초우〉의 광고

쌓여만 가고, 아무리 몸부림쳐도 현실을 바꾸지는 못한다. 우여곡절을 겪은 끝에 젊은 연인들은 죽음으로 청춘을 마감한다. 장례식장의 풍경은 두 사람의 처지를 보여주듯 서로 다른 모습으로 진행된다. 요안나의 장례 행렬이 근엄하면서도 호사스럽게 치러지는 데 비해 서두수의 주검은 손수레에 실려 초라하게 멀어져 간다.

〈초우〉의 주인공 청춘 남녀에게도 서울의 풍경이 처참하기는 마찬가지. 자동차 정비공으로 일하는 철수(신성일)는 가끔씩 손님들이 수리를 맡긴 고급 자동차를 몰래 끌고 나가서는 부잣집 아들 흉내를 낸다. 프랑스 대사 집의 가정부로 일하는 영희(문희) 역시 언젠가 자신의 처지를 일순에 바꿔 줄 상대를 만날 수 있을 것이란 기대를 품고 산다. 비 오는 날이면 입고 나서는(장보러 가기 위해) 화려한 레인코트는 부유한 집 딸처럼 보이게 만든다. 우연히 알게 된 철수와 영희는 서로가 자신이 바라던 상대라고 생각한다. 철수는 영희를 프랑스 대사 딸이라고 믿고, 영희는 철수가 부잣집 아들이라고 믿는다. 자신의 처지를 감추고 있다는 사실에 부담을 느끼기는 하지만, 두 번 다시 만나기 어려운 기회라고 믿는 두 사람은 필사적으로 상대방의 환심을 사려고 애쓴다. 그럴수록 어긋나는 야심들. 결국 한계에 부닥친 두 사람 중 영희가 먼저 진실을 드러낸다. 자신은 대사의 딸이 아니라 그 집의 가정부였노라고. 실망으로 충격받은 철수는 영희에게 저주를 퍼부으며 돌아선다. 그것이 상대를 향한 것인지, 자신에게 하는 말인지 알 수는 없지만……

1970년대 – 정치와 이념에 갇힌 서울

1970년대로 넘어오면서 서울의 풍경은 크게 바뀐다. 높은 빌딩과 공장이 들어서고, 4대문을 중심으로 형성돼 있던 서울의 경계선은 점점 넓게 퍼져 나갔다. 더 크게 변한 것은 서울의 흥망성쇠가 정치적 영향하에 있다는 인식이 강하게 나타난 것이다.

1950년대나 60년대의 서울 풍경은 대부분 개인에 관한 묘사로 시작했고, 선량한 개인의 귀환으로 마무리되었다. 개인의 성패가 사회 탓이라거나 정치 탓이라는 식의 원망은 거의 드러나지 않았다. 잘살고 못사는 것은 사람마다 타고난 팔자 탓이라는 생각이 더 많았고, 누군가 서울로 가더라도 그것은 그 사람의 선택과 결정이었다.

그러나 1970년대는 달랐다. 시골을 떠나 서울로 온 수많은 철수·만복이·영자·순희는 청계천 쪽방 공장이나, 영등포·구로동 일대의 봉제공장·가발공장의 직원으로 일자리를 찾았다. 서로 알지 못했던 그들이 한곳에 모이게 되면서 점차 '공돌이' '공순이'라는 이름의 새로운 집단으로 변했다. 한 사람씩의 개인일 때는 인식하지 못했거나 드러내지 않았던 '인권' '인간적인 대우' 문제가 중요하게 떠올랐고, '자유' '민주' 등의 구호가 이어졌다. 담론의 범위가 달라졌고, 주장의 강도가 변했다. 개인과 제도, 개인과 국가의 관계로 세상을 바라보는 주장이 널리 퍼지면서 사회적 이슈의 원인이나 해답을 정치에서 찾으려는 목소리는 더욱 높아졌다.

영화는 그런 모습을 조심스럽게 담기 시작했다. 김호선 감독의 〈겨울여자〉 〈영자의 전성시대〉, 하길종 감독의 〈바보들의 행진〉 같은 영화들은 1970년대의 우울한 풍경을 그린 경우들이다. 그러나 이들 영화들은 시대적 갈등과 고뇌를 담기는 했지만, 표현은 하고 싶은 말의 언저리를 빙빙 돌거나 그나마도 하지 못한 채 돌아서는 수준에 머물렀다. 보는 것, 듣는 것을 모두 이야기했다가는 영화를 만드는 사람과

〈영자의 전성시대〉〈바보들의 행진〉〈겨울여자〉의 광고

영화 모두 안전을 보장하기 어려운 상황이었기 때문이다.

〈영자의 전성시대〉에 등장하는 영자(염복순)의 기구한 인생 역정은 1970년대 한국사회의 명암을 상징한다. 잘살아 보겠다는 꿈을 안고 보따리 하나만 들고 서울로 온 영자. 배운 것도, 특별한 재능도 없는 순박한 시골 처녀가 구할 수 있는 일이라고는 식모살이로 들어가거나 공장에 취직하는 것. 영자는 식모 자리를 얻는다. 순탄한 것 같던 식모 생활은 주인 아들에게 성폭행을 당하면서 파탄난다. 억울한 처지를 하소연도 못하고 쫓겨난 영자가 새로 얻은 일자리는 공장 직원. 하지만 대우는 박하고 몸은 고되다. 인간적인 존중을 받는다는 것은 꿈속에서도 기대하기 어려운 일. 좀 더 쉽게 돈벌 수 있는 방법이 있다는 선배의 소개를 받고 나선 곳은 술집의 여종업원. 제대로 견디기 어렵기는 매한가지다. 다시 찾은 직업은 시내버스 안내원. 출퇴근 시간의 시내버스는 매번 전쟁터다. 그렇게 일하던 중 사람에 밀려 버스에서 떨어지면서 영자는 큰 부상을 당한다. 겨우 깨어났지만 한쪽 팔을 잃은 뒤다. 그래도 어떻게든 살아남으려면 일을 해야 하지만 불구의 몸을 받아 주는 일자리는 없다. 결국 흘러 흘러 들어간 곳은 몸파는 사창가. 잘살아 보겠다며, 잘살 수 있을 것이라며 영자가 발을 디딘 서울은, 야박하게 내치기만 할 뿐 따뜻하게 안아 주지 않는다. 영자가 새로운 일자리를 찾아가는 과정은 수많은 영자들이 겪었던 몰락의 과정이나 다름없다.

〈바보들의 행진〉은 그런 서울이 너무도 어둡고 사납다고 낙담하는 대학생 청춘들의 좌절을 그린다. 서울을, 세상을 이렇게 만든 자가 누구냐며 절규하지만 차마 목소리로 소리치지는 못한다. 술을 마시고, 청춘을 자학하며 시대의 어둠 속에서 몸부림칠 뿐이다. 병태는 술만 마시고, 친구 영철은 말을 더듬는다. 견디다 못한 영철은 바다가 보이는 동해의 절벽에서 몸을 던지고, 병태는 군에 입대한다. 이들에게 서울은 참을 수 없는 어둠과 두려움이 가득한 불모의 공간으로 보일 뿐이다.

[05]
'충무로'와 '영화의 거리'

'충무로'와 한국영화

'충무로'는 서울 중구의 작은 행정구역을 가리키는 말이지만 영화계에서 통용되는 의미는 '한국영화' 산업 그 자체를 지칭하거나, 한국영화 제작의 근거지로서의 의미를 지닌다. 미국 캘리포니아주의 한 작은 도시 할리우드가 미국영화 산업계 또는 미국영화 그 자체를 지칭하는 것과 흡사하다. 1990년대 이후 한국영화 제작 형태가 변화한 데 따라 영화 제작사들도 종로나 강남 일대로 분산되는 현상을 보이던 시기에도 '충무로'의 상징성은 변하지 않았다.

한국영화의 산업적·사회적 변화에서 〈쉬리〉는 주목할 만한 분기점이다. 한국영화의 대규모 흥행이 이루어졌고, 산업적 가치가 새롭게 주목받았다. 이른바 영화산업 또는 영상산업 구조 속에서 한 편의 영화가 갖는 상품적 가치와 사회적 영향력에 대해 구체적인 사례로 확인하는 계기가 되었기 때문이다.

한국영화사 분야에서 1950년대 중반부터 1960년대에 이르는 10여 년간을 한국영화의 황금기라고 부른다. 1955년 이규환 감독이 연출한 〈춘향전〉은 충무로의 존재를 새롭게 각인시킨 계기라고 할 수 있다.

6·25전쟁의 발발로 인해 영화계는 심각하게 기반을 잃어버렸다. 가뜩이나 인력·시설·장비 등이 부족한 상황에서 전쟁은 그 상황을 더욱 악화시켰다. 서울이 북한군에게 점령당하자 정부(政府)는 남쪽으로 소개(疏開)했고, 영화인들도 이리저리 흩어졌다. 조선영화동맹을 중심으로 활동하던 좌파 영화인들은 전쟁이 일어나기 전에 미리 월북했거나 전쟁중에 월북을 한 경우들이 많았고, 박기채·이명우·김정혁·최인규처럼 전쟁중에 강제로 납북당하는 사례도 적지않았다.

이같은 상황에서 벗어난 영화인들은 서울을 벗어나 피난하거나 종군하여 홍보용 영화 제작에 참여하기도 했다. 미군은 '리버티 뉴스'를 제작했고, 국방부 정훈국은 '국방 뉴스', 임시수도 부산에서는 공보처가 '대한 뉴스'를 각각 제작했다. 이 과정에서 부산은 새로운 영화 중심지가 되었으나, 대부분 군당국이나 정부의 필요에 따라 제작한 작품들이었을 뿐 일반 영화 제작은 거의 이루어지지 못했다.

1951년에는 다섯 편의 영화를 제작했으나 다큐멘터리가 3편이었으며, 극영화 〈내가 넘은 삼팔선〉 〈삼천만의 꽃다발〉은 전쟁을 배경으로 한 홍보적 경향의 내용을 다루고 있다. 1952년에는 6편, 1953년에는 5편이 각각 제작되었으나 대부분 전쟁을 배경으로 한 다큐멘터리이거나 반공영화적 경향을 보였다. 1953년에 휴전 협정이 체결됨으로써 일단 전쟁은 멈추었으나 영화 제작 환경은 극도로 빈약했다.

그러나 부산이나 대구 등지로 피난했던 영화인들은 서울로 돌아왔고, 그들은 명동을 중심으로 활동을 재개했다. 1953년에 5편에 그쳤던 영화 제작은 이듬해에 18편으로 증가했다. 홍성기 감독의 〈출격명령〉, 한형모 감독의 〈운명의 손〉 등이 포함되어 있는 그해 영화들은 제작 규모나 흥행성과 사회적 평가 등에서 여전히 미약하기는 했지만 산업적인 활기와 의욕만큼은 상당했다.

연도별 영화 제작 편수 및 수입영화 현황

	1953	1954	1955	1956	1957	1958	1959	1960	1961
한국영화제작편수	6	18	15	30	37	74	111	92	86
외화검열편수	19	114	120	143	134	222	212	208	105

자료 〈한국영화연감〉

1955년에는 15편이 제작되었는데, 편수는 전해에 비해 오히려 줄었지만 사회적 반향은 모두의 예상을 넘을 정도로 컸다. 신년 설날 프로그램으로 국도극장에서 개봉한 〈춘향전〉이 12만 명이라는 대흥행을 거둠으로써 영화계 내부의 자긍심은 물론 한국영화에 대한 사회적 관심을 새롭게 하는 계기를 만들었다. 당시 서울의 전체 인구가 대략 150여 만 명 수준이었던 것에 비하면 〈춘향전〉이 거둔 흥행 성과는 선풍을 일으켰다고 할 정도로 큰 성공이었고, 전국적으로도 마찬가지였다. 당시 흥행은 개봉관을 중심으로 관객을 집계하는 방식이어서 지금처럼 전국 관객을 동시에 집계하는 것과는 달랐기 때문에 정확한 집계나 비교를 하기 어려운 상태이지만 당시로서는 최고, 최대 흥행이었다. 주연을 맡았던 이민·조미령은 당대의 스타로 주목받았고, 이규환 감독 역시 역량 있는 대가 감독으로 대우받았다. 〈춘향전〉이 작품으로서의 완성도나 수준이 어떠했는가를 가늠하기는 쉽지 않다. 보는 시각에 따라 여러 가지 평가가 가능할 것이다.

그러나 한 편의 영화가 사회적 주목을 받으며 흥행에서 거둔 성과는 영화 제작을 중요한 사업의 대상으로 부각시키며, 새로운 인력의 참여를 유도하는 효과를 거두었다. 개별 작품의 성공 차원을 넘어 영화계 전체를 자극하는 동력으로 작용하게 된 것이다.

15편의 영화 중에서는 〈춘향전〉 외에도 김기영 감독의 데뷔작 〈주검의 상자〉와 〈양산도〉, 박남옥 감독의 〈미망인〉 등이 포함돼 있는

데, 경향의 다양성이나 작품의 진지성 등에서도 눈에 띄는 성장을 보여주었다. 한국영화는 급속하게 대중 문화 흐름을 주도하며 일반 관객들의 관심과 지지를 받는 대상으로 자리잡아 가기 시작했다.

1956년은 전해의 활기를 이어받으며 활발하게 제작을 시도했는데, 전체 편수는 2배로 늘어났다. 급속한 증가 추세를 보이기 시작한 것이다. 이병일 감독의 〈시집 가는 날〉, 한형모 감독의 〈자유부인〉, 유현목 감독의 데뷔작 〈교차로〉와 〈유전의 애수〉, 전창근 감독의 〈단종애사〉 등이 나왔다. 제작 편수가 급증하면서 영화의 경향도 다양화하기 시작했는데, 멜로드라마·코미디·액션·사극·반공영화 등이 나타났다.

이같은 경향은 계속 이어져 1959년에는 연간 제작 편수가 111편에 이르게 됨으로써 한국영화 사상 처음으로 연간 제작 편수가 1백 편을 돌파하게 된다. 사회 일각에서는 오히려 영화 제작의 과잉을 우려하는 목소리가 나올 정도로 제작 물량의 증가는 급속하게 이루어졌다. 제작 편수의 증가는 제작 관리의 기업화, 인력과 시설, 장비의 빈번한 사용과 활용을 촉발했다.

영화 제작 편수가 늘어나면서 새로 사무실을 마련하는 영화사들이 충무로 주변으로 이동하기 시작했고, 제작에 참여하는 배우·스태프들의 활동도 충무로를 중심으로 이루어졌다. 이들을 상대로 하는 식당·여관·다방·인쇄업종들도 번창하기 시작했다. 어느덧 충무로는 한국영화의 대표적 중심지가 되었고, '충무로'는 곧 한국영화 업계를 가리키는 동의어로 쓰이기 시작했다. 환도 직후 명동을 중심으로 이루어지던 한국영화 제작이 50년대 후반으로 넘어가면서 충무로를 중심으로 이동한 것이다.

'충무로'의 역사와 변천

전쟁 직후 서울 문화의 중심지는 명동이었다. 해방 이전에도 명동 일대는 '혼마치(本町)'라는 이름으로 불리며 상업과 문화의 중심지로 자리잡고 있었다. 해방 후에도 여전히 중심지 역할을 계속했지만, 6·25전쟁은 그같은 분위기를 잠시 바꾸어 놓았다. 영화인들을 비롯하여 많은 예술가들이 피란을 가거나 납북되는 일이 벌어졌고, 명동도 문화·예술인들의 집결지로서의 역할을 하기 어려웠다.

명동이 다시 문화·예술인들의 거리로 되살아나기 시작한 것은 1953년, 휴전 협정과 함께 전쟁이 사실상 끝나고 정부 기능이 서울로 다시 오면서부터였다. 영화인들 역시 각지로 피란을 갔거나 종군 활동을 벌이다 다시 서울로 돌아왔고, 자연스럽게 명동을 중심으로 활동을 재개했다.

당시 명동에서는 지금의 외환은행 건물 근처에 있던 은하수다방을 중심으로 문화·예술인들이 사랑방처럼 모여들어 시간을 보내며 교류했다. 근처의 동방살롱은 연극인·시인들이 자주 드나들었다. 영화인들은 김소동 감독이 운영하고 있던 영화인 회관을 중심으로 윤봉춘·김소동·이병일 등 감독들과 촬영 분야에서 명성을 날리던 임병호·김명재, 조명 분야의 김성춘 등이 주로 출입했고, 전택이 선생을 중심으로 한 연기자들은 가락지다방, 복혜숙·석금성 등의 영화인을 비롯하여 주먹계의 전설적인 인물 김두한, 연극계의 박진, 정치인 조병옥 등이 출입하던 라일구다방 등이 이름난 장소였다.

영화인들은 다방을 중심으로 만나고, 제작을 추진하는 등 사무실삼아 쓰는 일이 잦았다. 당시 제작자들은 자기 자본을 소유한 상태로 제작에 나서기보다는 입도선매 방식으로 지방의 흥행사들로부터 제작비를 조달하는 형태가 일반적이었고, 영화인들도 따로 사무실을 운영하거나 대행 역할을 할 만한 기능도 부족했기 때문에 자연스럽게 다방을 근거지로 삼을 수밖에 없었다.

그러나 시간이 지날수록 명동 일대는 가난한 낭만을 즐기기에는 어려운 장소로 변해 갔다. 명동이 번창하면서 임대료도 비싸졌고, 업종도 다양화하는 추세를 보였다. 영화계에서도 제작 편수가 급증함에 따라 다방에서 업무를 처리하기에는 여러 가지 사무가 늘어났고, 사무실에 대한 수요도 증가했다. 명동에는 한형모·이병일 등이 운영하던 영화사와 몇몇 개인 프로덕션들이 산재하고 있었지만, 새로 설립되는 영화사들은 임대료가 비싼 명동의 중심지보다 인접 지역으로 이동하기 시작했는데, 이것이 충무로로 영화사들이 옮아가는 중요한 과정이었다.

명동에서 진고개만 넘으면 있는 충무로의 태극다방이 새로운 영화인 모임 장소가 되었다. 뒤를 이어 스타다방이 문을 열었고, 청맥다방·벤허다방·초원다방이 더 생겼다. 영화사 사무실도 충무로에 자리 잡게 됨으로써 1957~1958년 무렵에 이르러서는 새로운 영화의 거리로 등장하게 된 것이다.

충무로는 지역적으로도 흥행 벨트의 중심지 역할을 할 수 있었다. 당시 서울의 주요 극장으로는 종로의 단성사를 비롯하여 충무로 주변의 수도(스카라)극장·국도극장·대한극장·명보극장 등이 흥행장으로서의 역할을 이끌고 있었다. 60년대 들어서는 반도(피카디리)극장이나 세기극장·파라마운트극장 등이 등장했고, 2번관 또는 동시 상영관 들도 늘어났다.

충무로가 새로운 영화 중심지로 떠오르면서 영화인들이 모이게 되자 영화사들도 증가했는데, 주로 수도극장(이후 스카라극장) 뒤쪽에서 중부경찰서 안쪽으로 이어지는 뒷거리 건물에 작은 규모(5~10평)의 사무실을 임대하여 영화사를 시작했다. 그리고 당시에는 영화감독과 시나리오 작가들이 작업실도 없었고, 단기간 밤을 새워 가며 시나리오를 써야 했기 때문에 이들을 위한 여관과 음식점·술집·양복점·인쇄소들도 들어서며 번화가가 되었다.

그리고 중부경찰서 건너편에 극동영화사가 있던 건물 2층에 연극연출가 이해랑이 세운 한국배우전문학원이 들어서서 60년대 신성일·최지희·윤양하·김세윤 등의 영화배우를 배출하게 되자 충무로 일대는 영화배우 지망생들까지 몰리게 되었다. 이렇게 한국영화 제작의 충무로 시대는 50년대 후반에서 시작해 60년대 전성기와 70년대까지 지속되었고, 한국영화 산업의 초기 산업화가 이 시기에 이루어졌다.

'충무로'가 대전환을 맞으면서 전성기의 명성을 잃어버리기 시작한 것은 1990년대에 들어서면서부터다. 이 무렵의 영화 제작은 단순히 흥행상품 또는 창의적 예술작품을 만든다는 기존의 개념에서 벗어나 '원소스멀티유스(One source multi use)'가 가능한 복합적 문화상품이라는 인식으로 전환하고 있었다. 국제적으로는 거대 다국적기업들이 영화 제작이나 음반·방송 등의 사업 분야에 진출하면서 기업간 합병이 활발하게 이루어지고 있었으며, 이런 영향으로 국내에서도 삼성·현대·대우 같은 당시 대표적인 대기업들이 영화를 비롯한 영상산업 분야에 진출하기 시작했다. 이들은 영화 제작이나 비디오 사업, 케이블 방송, 극장 운영 등 각 분야에 경쟁하듯 참여했으며, 이로 인해 영화 제작 분야의 판도도 급속하게 변했다.

이른바 '충무로 자본'이라고 불리던 전통적인 영화사들은 대기업들의 자본력과 유통 조직, 마케팅 파워에서 일방적으로 밀려났고, 업계의 판도는 급속하게 대기업 중심으로 재편되었다. 대기업들도 기업 환경의 급속한 변화에 영향받아 얼마 지나지 않아 손을 떼는 경우가 속출하기는 했지만, 적어도 1990년대 초·중반의 상황은 국내 영화계의 판도가 급속하게 변모하는 계기가 되었다. 이때 이른바 전통적인 영화사들이 쇠퇴하는 반면, 대기업과 연결된 새로운 제작사 또는 개인 프로덕션이 등장하면서 활동 근거지를 종로나 강남 쪽으로 옮기는 경우가 많았다. 이같은 과정을 거치면서 '충무로'는 상징적인 의미로만 남았을 뿐 실제 제작 중심지로의 역할은 급격하게 약화되었다.

배급 구조 역시 1990년대까지만 하더라도 전통적인 개봉관을 중심으로 장기 상영을 통한 흥행 방식이 유지되었으나, 2000년대 들어서면서 한 작품을 여러 극장에서 동시 상영하는 대규모 상영 방식(Wide Release)이 보편화되었으며, 여러 개의 스크린을 갖추고 쇼핑 시설이나 놀이 시설과 연계한 복합상영관(Multiplex)의 등장이 확산되었다.

'충무로'와 한국영화의 미래

오늘날의 충무로는 한국영화 제작 중심지로서의 실질적인 역할을 하기에는 미흡하다. 영화 제작 환경이 1950~60년대와는 크게 달라졌기 때문이다. 그러나 한국영화 산업과 문화의 산실이라는 역사성과 상징성은 변하지 않았다. 오히려 한국영화가 크게 발전하고 있는 현재 기반적 토양을 확립한 데 대한 기여와 의미를 새롭게 정리하는 일이 중요한 과제로 떠오르고 있다.

현재의 한국영화는 산업적으로나 문화적으로 첨병 역할을 하고 있다. 영화를 중심으로 하는 멀티플렉스 극장의 등장과 유통 역량의 증대, 한국 문화를 국제적으로 알리며 부가적으로 얻고 있는 국가적 이미지 향상, 파생상품의 교역 증대 등을 통한 이익도 크게 증가하고 있다.

그러나 한국영화의 오랜 전통과 그것에 기반을 둔 최근의 성장을 문화적으로 계승하며 공유할 수 있는 중심적인 상징을 만드는 작업은 이루어지지 않았다. 충무로가 한국영화 산업의 중요한 출발점이었다는 사실과 오늘날 한국영화의 문화적·산업적 성취가 수많은 영화인들의 선구자적 헌신과 열정이 있었기에 가능했다는 것을 확인하며, 또 다른 미래를 가늠할 수 있는 공간은 찾아보기 어렵다. 한국영화의 궤적을 실증할 수 있는 필름 자료의 보존이 미약하고, 각종 기자재 등 자료의 정리도 미흡한 실정이다. 한국영화의 변천 과정을 돌아보며 과거와 현재를 연결할 수 있는 공간이 존재하지 않는 것이다.

그런 점에서 충무로 영화의 거리를 조성하는 사업은 한국영화의 과거를 기억하며, 오늘의 현상을 더욱 발전시키며 미래에 대한 새로운 모색을 도모할 수 있는 거점을 만드는 것이란 의미를 부여할 수 있다. 한국영화의 지난날을 돌아볼 수 있는 박물적 기능과 오늘의 한국영화를 공유할 수 있는 축제적 공간으로서의 기능, 미래의 한국영화에 대한 기대와 자긍심을 키울 수 있는 교육적 기능을 담을 수 있다고 보기 때문이다. '충무로'를 과거의 공간이 아니라 현재를 공유하며 미래를 제시할 수 있는 살아 있는 공간으로 재현하는 일이기도 하다.

한국영화
– 에로티시즘의 역사

　'어떤 것이 외설이고, 무엇이 예술인가'라는 물음은 단순하게 보이지만 막상 구체적인 기준을 제시하기는 어렵다. 기본적으로 예술과 외설의 경계를 분명하게 나누는 것이 어렵고, 똑같은 행위나 상황이라 하더라도 영화마다 앞뒤 맥락이 다르기 때문에 최종적인 평가나 판단 또한 다를 수밖에 없다.

　미국의 어느 판사가 말했다는 영화에서의 외설 기준은 이렇다. "영화에선 구체적으로 어떤 장면들이 외설에 해당하는지를 설명하기란 어렵다. 그러나 영화를 직접 보면 영화에서 묘사되는 장면이 외설인지 아닌지 가려낼 수 있다." 또 한 가지 분류 기준은 '신체적 변화를 일으키면 외설, 정신적 감흥을 일으키면 예술'이라는 것이다. 명문화된 기준이라기보다는 외설 시비를 가리는 과정에서 외설의 구체적인 기준을 정하기가 얼마나 어려운가를 상징하고 있는 일화적인 이야기라고 할 수 있다. 최근 한국영화는 '성인영화' 논쟁에 휘말려 있는 듯하다. '등급보류' 판정으로 논란의 초점이 된 〈노랑머리〉 파문에 이어 장선우 감독의 〈거짓말〉 논란, 〈둘 하나 섹스〉의 등급보류 결정 등……. 이 때문에 영화가 얼마나 '야한가'의 여부는, 등급보류 결정을 받는 수준인가 아닌가로 나눈다는 말이 나올 정도로 표현의 강도가 높아지고 있다. 금기가 있으면 그것을 넘어서려는 시도 또한 부단히 나타난다는 것을 실증하고 있는 것이다. 순수한 창작적 열의일 수도 있고, 교묘하게 계산된 홍보 전략의 한 가닥일 수도 있다. 그러나 따지고 보면 영화의 역사는 금기에 대한 도발과 돌파의 역사나 다름없다. 관객은 보다 자극적이며 노골적인 구경거리를 원했고, 제작자들은 에로틱한 성을 통해 답을 찾으려 했기 때문이다. 정도의 차이는 있지만 성을 영화의 주요한 구경거리로 세우고자 했던 시도는 세계 어느 나라나 마찬가지였다. 한국영화도 결코 예외가 아니다. 최근의 〈거짓말〉이나 〈노랑머리〉 논란은 90년대적인 현상을 반영하는 것일 뿐 에로티시즘과 외설의 논란은 훨씬 더 거슬러 올라간다.

고전적인 논란은 구체적인 행위를 근거로 삼기보다는 상황적 설정을 문제삼는 데서부터 시작되었다. 1928년 나운규프로덕션이 제작한 영화 〈옥녀〉(나운규 감독, 주연)는 비윤리적이며 외설적이라는 이유로 여론의 극심한 비난을 받았다. '옥녀'라는 미모의 처녀를 두고 형제가 사랑 다툼을 벌이는 모습이 추잡하다는 지적이었다. 영화가 다루고 있는 내용, 즉 한 여자를 두고 형제가 칼부림까지 벌이는 모습이 당시 관객들의 사회적·윤리적 가치와 심하게 충돌을 일으켰기 때문이었다. 영화가 지닌 작품적 가치나 완성도 여부보다는 도덕적·윤리적 정당성을 더 중요하게 여기는 당시 분위기가 영화를 평가하는 중요한 기준이었다는 것을 드러내는 결과였다. 당시 신문에 실린 〈옥녀〉의 시사평은 그같은 분위기를 여실히 드러내고 있다.

형제가 여성 하나를 가운데 두고 사랑의 쟁탈전을 일으킨 한 정화(情話)이다. ……인습의 탈을 벗겨 놓고 거침새 없는 한 인간을 심리적으로 해부하면 애욕의 극단이 행동으로 발표할 때에 참혹 이상의 참혹과 추잡 이상의 추잡이 발로되겠지마는 사랑으로 인하여 취한 바 그들의 행동은 너무나 추잡하고 참혹하였다. 심각이 어설피 되면 추악으로 변한다는 것이다. 나는 연전에 토스토예프스키 작 『카라마조프 형제』의 영화화한 것을 본 일이 있었다. 원작을 읽을 때 이상의 인간의 참혹한 암흑면을 여실히 바라보며 추악을 느끼었다. 그때에 '로서아의 상류사회의 생활이란 저러한 것이었던가 참으로 추악한 저주할 만한 현실이다'라고 속으로 부르짖은 것이었다. 그러나 이번 『옥녀』를 볼 때에는 '우리 조선에는 저런 것은 아직 문제삼을 것이 없다. 그렇게 추악치는 않다. 너무나 과장이다. 이것은 심각이 아니라 추잡이다' 하고 부르짖지 않을 수 없었다. 물론 최후에 가서 형이 아우의 죄를 맡아 가지고 자기가 희생되는 아름다운 사랑의 발로로써 얼만큼 이 스토리를 미화, 인간화시켜서 흥행적 가치를 붙인 듯하다. 그러나 대체로 보아 이 영화는 출발점에서부터 더 좀 생각하였으면 하는 생각이 없지 않다. 지긋지긋한 생각을 일으키는 작품이다. 조선의 현실이 이것이냐 할 때에 몸서리가 끼친다.(〈동아일보〉, 1928년 1월 29일)

지금 누군가 이런 식으로 이야기를 한다면 외계인이냐고 힐난을 받을 정도이지만, 공공연한 애정 행위 표현은 말할 것도 없고 인간적 관계조차 엄격한 윤리적 순결성을 지켜야 한다고 믿었던 시대의 시선으로 보아서는 있을 수 있는 지적이라고 할 수 있다.

이보다 좀 더 구체적인 반응을 일으킨 경우는 〈운명의 손〉(한형모 프로덕션 제작, 이향·윤인자 주연, 1954년)에 등장한 키스 장면이다. 간첩을 추적하는 방첩부대 요원과 그를 사랑하는 카바레 마담과의 러브 스토리를 주축으로 한 멜로 액션인 이 영화에서 두 사람은 진한(!)

키스를 나눈다. 지금 수준에서 본다면 키스랄 것도 아니었지만 당시로서는 파격이었다. 외국영화에서는 흔하디 흔한 것이 키스 장면이지만, 그것은 어디까지나 외국의 경우일 뿐 국내 사정과는 상관없다고 믿고 있던 시절에 보란 듯이 키스를 한 것은 사람들이 오가는 대로변에서 스트리킹을 하는 것만큼이나 화젯거리가 되었다. 아마도 영화 속의 키스 장면이나 러브신을 '실제 상황'이라고 생각했던 데서 생긴 반응이 아니었을까라는 생각이 든다.

하지만 〈춘몽(春夢)〉(세기상사 제작, 유현목 감독, 신성일·박수정·박암 주연, 1965년)은 상황이 훨씬 심각했다. 유현목 감독이 '춘화'를 만들었다는 혐의로 검찰에 불려다니며 조사를 받은 끝에 결국 기소되었기 때문이다. 오늘날로 치면 음란물 제작 혐의를 받은 것인데, 결국 서울지방 형사법원에서 '외설죄'로 벌금형을 선고받고서야 파문이 가라앉았다.

영화의 내용은 꿈속에서 벌이는 성적 유희를 다루고 있다. 젊은 남자와 여자가 치과에서 치료를 받다가 서로를 알게 되어 가까워지는데, 어느 날 두 사람은 마취주사를 맞아 의식을 잃은 상태에서 무의식적 성의 세계로 빠져든다. 치과의사까지 개입하면서 삼각관계로 발전한 이들의 욕정은 헤어날 수 없는 수렁으로 바뀐다. 삼각관계의 치정, 자극적인 섹스 묘사가 파문을 일으키는 주요 원인이었다. 그러나 자극적이라고는 하지만 지금 돌아보면 그야말로 호랑이 담배 먹던 시절 이야기만큼이나 아득한 수준이다. 가슴이나 성기를 드러내는 것도 아니고 격렬한 포즈를 잡는 정도이지만, 당시 수준으로 보아서는 은밀한 성 묘사를 영화라는 매체를 통해 공공연하게 표현했다는 사실이 사회적 충격을 일으킨 것에 대한 반응이라고 할 수 있다.

이들 영화들이 개별적 수준에서 논란의 중심에 섰던 경우들이라면

1970년대에 유행을 이루었던 이른바 '호스티스' 영화들이나 80년대의 '애마부인' 시리즈 같은 '성인영화'들은 한국영화의 일반적 경향이 사회적 관습과 충돌할 수 있을 정도의 경향으로 확산되었다는 것을 보여준다. 70년대에 유행을 이루었던 '호스티스' 영화들은 유흥업소에 일하는 직업여성들을 주인공으로 등장시켜 그들이 겪는 여러 가지 애환이나 갈등을 보여주는데, 대체로 초점은 그들이 경험하는 다양한 성적 상황에 집중한다. 당연히 음란·외설에 대한 논란이 뒤따랐고, 저질·퇴폐에 대한 비난도 거셌다. 하지만 비난이 거세고 논란이 확산된다는 것은 사회적 관심을 불러일으키는 요인이 되었고, 그것이 관객들의 은밀한 호기심과 맞물리면서 거부할 수 없는 흥행 요소로 떠올랐다. 가만히 내버려두면 사회적 관습이나 법률적 시비를 일으킬 수 있는 요소가 노골적으로 등장하게 되고, 억지로 막는다면 필연적으로 논란을 일으키며 그것은 곧 시대적 화두로 집중적인 시선을 받을 수밖에 없다.

정인엽 감독의 〈애마부인〉(연방영화 제작, 안소영·임동진 주연, 1982년)은 그같은 사회 변화의 상징적 표상이었다. 감옥에 갇힌 남편과 그의 아내, 그리고 젊은 청년과 옛날 애인……. 비록 뒷모습이거나 흐린 불빛으로 가리기는 하였지만 남녀 주인공의 알몸이 드러나는 장면에서 관객들은 숨을 가다듬어야 했다.

1988년 서울 올림픽을 전후한 무렵의 우리 사회는 새로운 개방의 당위성이 강조되면서 영화에 관한 각종 규제가 완화되었고, 이를 계기로 성애영화의 확산은 급속하게 이루어졌다. 1988년의 심의 통계에 따르면 전체 64편 중 33편 정도가 농도 짙은 성애영화였다. 제목부터 선정적 분위기를 자아냈던 〈합궁〉〈떡〉〈사방지〉〈후궁별곡〉〈매춘〉〈대물〉〈산배암〉〈맷돌〉〈읍내 떡병이〉…… 등의 영화들이 이때 만들어진 목록들이다. 이 중 〈매춘〉은 88년도 한국영화 중 최대의 관객을 동원, 흥행에 성공을 거두게 되면서 비슷한 종류의 영화들을 양산시키는 촉매제 역할을 하였다. 몸을 팔며 생활하는 성매매 여성들의 적나라한 모습을 그린 〈매춘〉은 같은 제목의 연극을 영화화한 것인데, 연극으로 공연되던 중 외설 시비와 함께 공연법상의 절차 문제로 인해 사회적 파문을 일으켜 대중적 호기심의 대상이 되었다는 점이 흥행에서의 성공 요인으로 작용한 면이 적지않았다. 대담하고 노골적인 성애 묘사가 화제를 모아 서울의 개봉영화관에서만 42만여 명의 관객을 모았고, 지방 흥행에서도 상당한 성공을 거두었다. 규제 완화 이후 성애영화에서 흥행 가능성을 타진하려던 국내 영화계는 〈매춘〉의 이같은 성공에 자극받아 비슷한 종류의 영화 제작에 집중하는 경향을 보이게 된 것이다. 에로티시즘이 공공연한 상품으로 전환하는 상황의 표출이었다.

이 과정에서 영화가 담고자 하는 표현의 정도와 그것을 어느 수준까지 제도적으로 수용할 것인가의 여부는 끊임없이 논란거리로 남았다. 〈거짓말〉이나 〈노랑머리〉 논란은 그것의 구체적인 사례인 셈이다.

이러한 갈등은 다른 나라도 마찬가지이다. 1930년에 미국영화제작·배급협회(MPPDA)가 '헤이스 규칙'(당시 MPPDA의 회장으로 있었던 Will H. Hays가 만든 검열 규칙)을 검열의 근거로 삼는 것은 영화에서의 성 묘사가 당시 미국사회의 통념적인 윤리 기준을 벗어나 선정적으로 상품화되고 있는 것을 견제하기 위한 조치였다. 1917년에 제작된 〈Hula〉라는 영화에서 여주인공 클라라 보우가 누드를 보여준 것을 시작으로 해서 이후의 미국영화에서 당시의 가치 기준에 비추어 비윤리적이며 반사회적인 성의 상품화가 확산되었고, 윌리엄 데스몬드 테일러의 살인사건을 비롯 패티 아버클의 스캔들과 같은 배우들의 퇴폐적 치정 사건이 잇달아 터지면서 할리우드가 타락의 도시처럼 비쳐지는 것과 함께 영화 또한 부도덕한 선동 매체라는 비난 여론이 고조되었다. 이를 막기 위한 자구적인 방편으로 영화계 스스로 규제의 근거를 만든 것이다. 1930년에 만들어진 '헤이스 규칙'은 1934년부터 미국영화의 공식적인 심의 기준으로 채택되지만, 영화의 비윤리적 타락을 공격하는 사회 각계의 비난으로부터 영화계를 보호하는 효과를 거두었을 뿐 영화에 섹스가 확산되는 것을 막지는 못했다. 이후의 미국영화 중 성을 소재로 한 영화들에서 섹스의 묘사는 더욱 직접적이고 노골화되는데, 이에 따른 사회적 논쟁도 가열되었다. 그러나 논란을 불러일으키면서도 미국영화에서 성의 상품화가 가속되고 점차 대중적인 인기까지 얻게 된 것은, 영화에 대한 구체적 제약이 가해질 경우 이것은 헌법에 명시된 표현의 자유를 침해하는 위헌적 행위라는 점에서 강제적으로 제약할 수 없었던 점도 상당한 영향을 미쳤다. 영국의 검열제도를 원용한 관람등급 분류제도가 1968년부터 미국영화협회의 자율 결정에 따라 시행된 것은, 표현의 자유를 제약하지 않으면서 영화에서 묘사되는 성을 무분별한 사회 접촉과 격리시킨다는 두 가지 요소를 동시에 충족시키는 대안이었다. 단순히 섹스뿐만 아니라 폭력이나 대사까지 포함해 종합적으로 검토해 청소년의 관람 여부를 결정하는 이 제도에서 기본적으로 고려되는 사항은 노출 정도(Nudity), 성 묘사(Sex), 폭력(Violence), 대사(Language) 등 네 가지 요소다. 이에 따라 어린이가 보아도 좋은 영화는 G, 어린이가 보아도 괜찮지만 보호자를 동반하는 것이 좋은 영화는 PG(당초에는 M으로 분류되었다), 17세 이하의 청소년일 경우 부모나 보호자의 동반 없이는 엄격하게 관람이 제한되는 R, 17세 미만의 어린이나 청소년은 관람할 수 없으며 성인영화 전문영화관에서만 상영할 수 있는 영화는

X(No one under 17 Admitted)등급으로 분류되었다. 후에 청소년 영화 중에서도 폭력이나 성 묘사가 다소 강하다고 판단되는 영화에 대해서는 PG-13등급을 추가했고, X등급은 포르노영화만을 지칭하는 것이 아니라는 뜻으로 '17세 미만은 관람할 수 없는 등급'인 NC-17으로 대체했다.

영국의 경우는 미국보다 보수적인 입장에서 다소 강경하게 대응하고 있다. 업계 스스로의 자율 규제 대신 영국영화검열위원회의 결정에 따라 등급이 결정되는데. 입장 제한이 없는 U, 16세 이하는 보호자의 동반을 의무화한 A, 16세 이하의 청소년은 입장이 불가능한 X 등 3등급으로 구분했으나 1970년부터 등급 분류를 더욱 세분화시켜 누구나 보아도 좋은 영화는 U, 부모의 선별적 관람 지도를 필요로 하는 A, 14세 이하의 관객은 관람할 수 없는 AA, 18세 이하의 관객은 입장이 허용되지 않는 X 등 네 가지 등급으로 조정했다.

유럽의 여러 나라들도 대부분 이와 유사한 분류 기준을 적용, 노출이나 성 묘사가 심한 성인영화나 포르노영화의 제작을 막기보다는 소재 선택이나 표현은 영화인의 자율에 맡기되 관객의 관람 연령을 규제하는 방식으로 성인영화의 무분별한 사회적 노출을 억제하고 있다. 그러나 섹스의 사회적 수용에 대해 관용적인 자세를 보이고 있는 나라들에서도, 과도한 노출 중심의 포르노영화가 성행위의 실연이나 변태성욕, 미성년자의 출연, 폭력의 수반 등으로 표현 정도가 심해지는데다 비디오테이프나 케이블 TV 등의 매체를 통해 사회 확산이 심해지자 이에 대한 규제 강화 또는 억제 움직임을 보이기도 했다. 지난 1976년 프랑스 정부가 '푸와에 개정안'을 확정, 포르노성 영화들에 대한 제작 지원을 중단하고 세금 징수를 강화한 것이라든지, 1986년 미국 정부가 에드윈 미즈 법무장관 산하에 '포르노대책위원회'를 설치하고, 포르노의 현황에 관한 광범위한 조사와 함께 규제입법 제정과 추방 운동을 강력히 전개한 것은 그같은 움직임의 대표적인 경우라고 할 수 있다. 미국의 경우는 영화에 국한된 것이 아니라 영화를 포함한 사회적 실태에 대한 조사라고 할 수 있는데, 이 위원회가 평가한 포르노의 범위는 — 1등급(폭력이 동반된 성행위 실연 또는 연기, 강간 장면 유무 불문), 2등급(폭력이 배제된 성행위 실연 또는 연기로서 굴욕적이거나 품위를 떨어뜨리는 장면, 성기 노출 유무 불문), 3등급(굴욕적이거나 품위를 떨어뜨리는 장면이 배제된 성행위 실연 또는 연기, 성기 노출 유무 불문), 4등급(성행위나 폭력, 품위 없는 자세가 배제된 순수한 나체) 등 네 가지로, 이 중 사회적 문제가 된 것은 1등급과 그 등급의 범위였다.

그러나 이같은 제한으로 인해 프랑스의 경우는 오히려 자국영화의 제작 위축을 불러 미국영화에 관객을 빼앗기는 의외의 결과를 자초했고, 미국의 경우도 사회적 관심을 불러일으키긴 했지만 효과적인 대안이나 결과를 제시하지는 못한 채 유야무야 끝나고 말았다.

최근 미국에서 스탠리 큐브릭 감독의 〈아이즈 와이드 셧〉의 개봉 때 등급 문제로 논란을 빚었던 것이나, 오시마 나기사 감독의 일본영화 〈감각의 제국〉이 원형대로 일본 내에서 공개되지 못하고 있는 것도 결국은 에로티시즘을 수용하는 사회적 기준과 갈등하는 측면이면서 동시에 영화가 끊임없이 사회적 제한이나 금기를 넘어서려는 시도를 멈추지 않고 있다는 뜻이기도 하다. 그것이 순수한 예술적 표현의 요구이든, 정밀하게 계산된 상업적 연출이든, 또는 그 두 가지가 함께이든 간에……

영화와 담배
— 위험한 유혹의 역사

세계보건기구는 올해 캠페인의 표어를 '담배 없는 영화, 담배 없는 패션'으로 정하고, 영화를 비롯한 영상 매체와 패션 분야에서 흡연 장면을 비롯하여 담배와 관련한 이미지를 몰아내는 일을 대대적인 운동으로 펴나가고 있다. 영화나 패션 등의 분야가 흡연을 조장하거나 우호적인 인상을 갖도록 할 수 있다는 우려를 반영하고 있는 것이라고 할 수 있다.

007시리즈 첫번째 영화 〈살인번호〉(Dr. No, 1962)에 등장하는 주인공 제임스 본드는 카지노에서 "누구냐?"고 묻는 낯선 미녀에게 "본드, 제임스 본드"라고 말한다. 이때 주인공은 입에 담배를 물고 라이터 불을 붙인 다음 연기를 후욱 내뿜는다. '007' 영화가 인기 있는 스파이 시리즈로 오랫동안 만들어질 수 있었던 것은 어떤 이유로든 '재미있었기' 때문이다. 재미있었던 이유 중에는 주인공이 '멋있다'라는 부분도 들어 있다고 보아야 할 것이다. 영화배우는 특정한 영화의 역할을 할 때부터 영화 속의 캐릭터로 바뀐다. 스파이 제임스 본드는 누구도 따를 수 없을 만큼 매력적인 캐릭터로 관객을 사로잡았다. 제임스 본드는 영화보다 앞서 소설의 주인공으로 이미 유명인사가 되었다. 원작자 아이언 플레밍이 《카지노 로얄》(1953)이란 작품으로 007

시리즈를 발표하면서부터 소설의 주인공은 단숨에 특별한 존재로 주목받았다. 누구와 맞서도 결코 물러서지 않는 영웅적인 스파이 제임스 본드는 업무에 관한 한 타의 추종을 불허할 정도로 우수한 능력을 가졌지만 담배와 술에도 초인적인 존재였다. 그는 하루에 60개비 이상을 피우는 지독한 체인스모커였고, 술도 하루에 위스키 반병 이상을 마실 정도로 폭음가이기도 했다.

영화 속에서 제임스 본드가 자주 담배를 피우는 것은 이미 소설 속에서 형성된 그의 이미지를 시각적으로 표현한 것이다. 숀 코네리가 연기한 제임스 본드 캐릭터는 첫 작품 이후 선풍을 일으키며 세계 영화계의 스타가 되었다.

미국영화의 고전으로 꼽히는 〈카사블랑카〉(1942)의 남자 주인공 릭(험프리 보가트)도 손꼽히는 애연가 중의 한 명이다. 제2차 세계대전 당시 프랑스 파리가 독일군에게 함락되었던 무렵의 프랑스령 모로코. 항구도시 카사블랑카에는 나치스의 감시를 피해 숨어든 정치 망명자, 나치스에게 저항한 프랑스 레지스탕스, 이들을 감시하려는 스파이, 한몫 잡으려는 떠돌이 등등 온갖 종류의 사람들이 모여든다. 불안하면서도 떠들썩한 기운이 넘친다. 카페 아메리카의 주인 릭은 우연히 옛 연인 일자(잉그리드 버그먼)와 그녀의 남편을 만나면서 어쩔수 없이 위험한 상황에 빠져든다. 위기에 빠진 옛 연인을 도우면서 정작 자신은 위험을 감수하는 것이다.

릭의 손에는 거의 언제나 담배가 들려 있다. 이때 담배는 겉으로는 강하지만 내면은 부드럽고 다정한 릭의 캐릭터를 영웅화하는 데 중요한 역할을 한다. 가물거리며 피어오르는 담배 연기는 덧없는 세월의 허망함을 상징하기도 한다.

〈황야의 무법자〉(1964)에 등장하는 떠돌이 총잡이(클린트 이스트우드)가 질겅거리며 피우는 시가의 거칠고 투박한 이미지는 총 솜씨와 그날의 운에 모든 것을 맡기고 하루하루를 살아가는 무법자의 모습을 강렬하게 인상지었다. 영화 속의 등장인물들이 실제 카우보이들과는 다르게, 조직에서 이탈한 폭력단의 행동대원처럼 보이지만 권총과 시가·판초 재킷은 그들이 진짜로 존재했던 서부의 총잡이라는 환상을 갖도록 만들었다. 영화가 창조한 허구의 이미지이지만 마치 실존했던 인물인 것처럼 보이게 만든 것이다.

사회학자 아널드 하우저는 20세기를 '영화의 시대'라고 불렀는데, 이는 영화가 가진 시청각적 표현력과 이야기를 자연스럽게 전달할 수 있는 '사실성(리얼리티)'이 다른 어떤 매체보다도 강력하다고 보았기 때문이다. 영화가 가진 기계적 재현력과 똑같은 내용과 형태를 가진 이야기를 필요한 만큼 얼마든지 복제해 낼 수 있는 능력은 이전까지 어느 매체도 하지 못했던 문화적 패러다임의 변화를 일으킬 수 있다고 본 것이다.

1895년, 파리의 한 카페에서 시작된 영화 상영은 곧 오래지 않아 세계 각국으로 확산되었고, 미국은 세계영화의 중심지가 되었다. 영화는 보통 사람들이 주변에서 흔히 보고 듣고 경험할 수 있는 일들을 소재로 삼으면서도 현실보다도 아름답고 여유로운 판타지를 만드는 데 탁월한 능력을 발휘했다. 영화 속 주인공들은 현실의 보통 사람들보다 훨씬 더 잘생긴 미남미녀들이 등장했고, 그들이 보여주는 액션이나 로맨스는 보통 사람들이 동경하는 이상적인 모습이기도 했다.

결국 관객들은 영화 속 주인공들을 좋아했고, 부러워했으며, 동경하기도 했다. 스타는 그렇게 생겨났고, 스타들의 생활과 그들이 영화 속에서 보여주는 행동은 또다시 보통 사람들의 모방 대상이 되었다. 영화는 보통 사람들이 꿈꾸고 원하는 모든 것을 보여주면서 그들의 욕망을 자극했고, 많은 사람들이 영화 속 주인공처럼 행동하고 싶어 했으며, 스타들의 생활에 궁금해했다.

영화는 담배를 좋아했다. 행복하고 여유로울 때 담배를 피웠고, 불안하고 위태로울 때도 담배를 피웠다. 가늘고 짧은 담배(시가렛)는 경쾌하고 일상적인 감정이나 상황을 표현하는 데 즐겨 사용되었고, 크고 굵은 담배(시가)는 부유하고 권위적인 이미지를 표현하는 데 적당하다고 생각했다.

《담배와 문명》의 저자 이언 게이틀리는, 영화가 담배의 대중화에 미친 영향에 대해 다음과 같이 언급하고 있다.

영화는 역사상 처음으로 지역과 문화가 서로 다른 사람들이 동일한 시각 경험을 즐길 수 있도록 했다. 전 세계 수백만 인구가 스크린을 통해 보는 거대한 크기의 시가렛과 담뱃대, 그리고 시가는 흡연을 식사나 키스만큼 자연스럽게 만들었다. ……그러나 흡연 붐을 일으킨 것은 단순한 행위 묘사가 아니라 사람들을 사로잡는 영화 속의 흡연자였다. 처음으로 사람들은 숭배해야 할 지배자가 아닌 대중적 인물을 우상으로 삼기 시작했다. 또 과거와 달리 영화의 등장으로 외모가 우상의 가장 중요한 조건이 되었다. 영화 속 우상들은 움직였으며, 1927년 후로는 말과 노래를 하기 시작했다. 그들은 2차원 속의 대상에 불과했지만 매우 색달랐고, 지금까지 사람들이 숭배했던 초상화 속 우상보다 훨씬 매력이 있었다. ……팬들은 영화 스타를 우상으로 삼을 뿐 아니라 그들을 따라 했다. ……그런데 신체적으로 닮은 점이 없는 상황에서 영화 주인공을 따라 하는 가장 좋은 방법은 그(들)의 담배 습관을 통해서였다. 많은 사람들은 좋아하는 영화 스타를 따라 담배를 피우기 시작했다. 싸고 손쉽게 구할 수 있는 담배(시가렛)가 가장 적격이었다. 국제적인 수준까지 확산된 대공황으로 인해 보통 사람들은 그들의 우상이 영화 속에서 즐기는 저택과 요트·모피·다이아몬드를 살 돈이 없었다. 하지만 누구나 즐길 수 있는 담배를 피움으로써 이러한 욕구를 어느 정도 해결할 수 있게 되었다.

영화가 더욱 관객들의 관심을 끌었던 또 다른 이유는 담배가 지니는 성적 이미지 때문이라고 할 수 있다. 미국영화는 오랫동안 청교도적인 도덕성을 강조해 왔다. 음란하거나 지나치게 폭력적인 영화를 만드는 것에 대해 기피하고 경계하는 태도를 보였다. 한때 미국영화의 메카로 불리던 할리우드가 도덕적 타락이 난무하는 소돔의 도시 같다는 비난을 받은 이후로 미국영화의 자정 노력은 거대한 파도처럼 확산되었다. 미국영화협회는 '헤이스 규칙'으로 불리던 검열 규칙을 제정했고, 미국영화의 건강한 도덕성을 강조하기 위한 방법의 하나로 '아카데미'상을 제정해 시상하기도 했다. 오랫동안 미국영화에서 부부라 하더라도 같은 침대를 사용하는 장면을 표현하기 어려웠고, 외설스런 인상을 줄 수 있는 동작이나 대사들을 사용할 수 없었다. 그러나 담배를 피우는 것에 대해서는 특별한 제약이 없었다. 담배를 피우는 행동은 때때로 성적인 암시를 표현하는 방법으로 이용되었다. 여자가 남자에게 담뱃불을 붙여 달라거나 담배 연기를 상대방의 얼굴에 뿜는다던지 하는 도발적인 행동은 성적인 관심이나 유혹의 행위로 암시되기도 했다. 굵은 시가는 권력의 상징으로 쓰이기도 했고, 남성적 섹시함을 상징하는 표현으로 이용되기도 했다. 샤론 스톤이 주연한 〈원초적 본능〉에서는 살인 사건을 수사하는 경찰관들 앞에 앉은 여자 주인공이 담배를 피우며 짧은 스커트를 입은 채 다리를 꼬는 자세로 선정적인 시위를 하는 장면이 등장한다. 담배를 피울 수 없는 곳이라며 제재를 하는 경찰관을 향해 여자 주인공은 "그럼 벌금을 낼까요?"라고 반문하며 도도한 표정으로 담배를 피운다. 이때 여자 주인공이 보여주는 이미지는 당당함, 남자 형사들을 압도하는 파워를 상징하며 성적인 이미지를 당당하게 드러내는 인물로 비친다. 이 영화에서 여성은 더 이상 나약하거나 평범한 존재가 아니라 전문적인 직업인(소설가)으로서의 성공을 거둔 인물로 등장한다.

영화 속에서 등장인물들이 담배를 피우고, 담배가 특정 인물의 사회적 지위나 내면의 심리, 다른 인물들과의 관계 등을 표현하는 중요한 매개 수단으로 이용되는 경우는 흔하다. 전투 상황에서의 긴장감이나 휴식, 평화, 동료나 적에 대한 인간적·우호적 감정의 표현, 고뇌할 때의 심리를 표현하기 위해 담배를 피우기도 하며, 기발한 소도구(007영화에 등장한 '담배 폭탄'이나 라이터를 이용해 권총을 만든 경우 등)로 이용하기도 한다. 〈암흑가의 두 사람〉에서 사형집행장으로 들어가는 주인공에게 마지막 담배를 피우게 하는 장면에서는 연민을 느끼게 하거나, 〈아듀 라미〉에서처럼 친구를 대신해 체포되는 주인공에게 담뱃불을 붙여 주는 장면은 남자들의 우정을 상징하기도 한다. 〈빠삐용〉(1973)에서는 감옥 섬을 탈출하려는 주인공이 나병 환자들과 담배를 함께 피우는 행동을 보여줌으로써 그들의 신뢰와 도움을 받는 장면이 등장하며, 〈늑대와 춤을〉(1990)에서는 인디언 부족과 기병대 장교가 담배를 함께 피우는 것으로써 그들이 적대적이지 않으며, 서로의 존재에 대해 신뢰하고 있다는 것을 보여주기도 한다.

1996년 미국의 〈USA 투데이〉 신문이 그해의 흥행순위 상위 10위 이내에 든 영화를 포함해 18편의 최신영화를 대상으로 흡연 장면이 얼마나 많이 등장하는가를 조사한 자료에 따르면, 흡연 장면이 전혀 등장하지 않은 경우는 디즈니영화사가 제작한 애니메이션 〈마이티 덕〉 한 편뿐이었으며, 나머지 영화들은 어떤 형태로든 흡연 장면이 포함돼 있었던 것으로 나타났다.

또한 역대 베스트 250편을 대상으로 조사한 보고서에서는 대상영화의 87%가 담배를 등장시켰으며, 3분의 1이 특정한 장면이나 배경에서 담배 상표를 보여주었다는 사실을 밝히고 있다.

이같은 현상은 지금도 계속되고 있다. 대부분의 경우는 영화제작자가 필요에 따라 흡연 장면을 등장시켰지만, 담배를 생산하고 판매하는 회사 입장에서는 가능한 한 영화 속에 더 많은 흡연 장면이 등장하기를 원했으며, 더 나아가 자사에서 만드는 담배의 상표가 드러나기를 바랐다. PPL(Product Placement, 상품 배치)이라고 불리는 상품광고 기법은 특정한 상품이 영화 장면에 들어가기를 원하는 회사와 그에 따른 광고비를 제작에 활용하려는 영화사의 이익이 맞을 수 있다는 점에서 자주 이용하는 방법이다. 텔레비전이나 영화에서 직접 광고를 하기 어려운(많은 국가들에서 시청각 매체를 이용한 담배 광고는 법으로 금지하고 있다) 상황에서 영화 속 주인공들이 자연스럽게 자기 회사의 담배를 피우거나, 영화의 배경에 광고 간판이나 상표가 등장하도록 하는 것은 담배회사 입장에서는 유용한 광고 방식이 될 수 있다. 영화 속의 주인공이 특정한 상표의 담배를 관객들이 알아볼 수 있는 상태로 피운다든지, 시가지의 광고판 중에서 특별한 강조를 함으로써 관객들이 자연스럽게 그 대상에 주목하도록 하는 경우는 대개 PPL 방식에 의한 광고의 결과라고 할 수 있다.

우리나라의 경우 1989년부터 시행된 담배사업법(제25조 제2항, 시행령 제9조)과 1995년부터 시행된 국민건강증진법(제7조, 제9조 등) 등에 따라 잡지와 문화·스포츠 행사 등의 후원, 소매점 내에서의 광고 등을 제외하고는 영화나 텔레비전 등의 매체를 이용한 광고는 금지하고 있다.

필립 모리스사가 영화 〈슈퍼맨 2〉에서 PPL 방식으로 22회에 걸쳐 자사 상표가 들어간 담배를 화면에 노출시킨 사례는 광고업계에서는 시범적인 경우로 꼽히고 있다.

담배회사가 영화를 이용한 판촉 활동에 나선 역사는 오래다. 우리나라의 경우 1906년부터 영미연초회사(英米煙草會社, British American Tobacco)가 국내에서 영업 활동을 시작하면서 영화를 광고에 적극 활용했다. 1902년 9월 29일, 영국의 제국연초회사(Imperial Tobacco Company)와 미국의 미국연초회사(American Tobacco Company)가 합작하여 세운 회사인 영미연초회사는 중국 상해에 본사를 두었는데, 한국에서 담배 판매사업에 착수한 것은 러일전쟁 이후인 1906년(光武 10년, 明治 39년)이다. 당시 한국 내에서의 담배 판매는 민간사업으로 운영되고 있었으며, 권련담배(시가렛)가 새로운 상품으로 인기를 얻고 있던 무렵이었다. 한국에 입국하던 선교사나 외교관·상인 등을 통해 제한적으로나마 권련담배가 국내에 소개되자 잎담배를 주로 피우고 있던 한국인들의 끽연 기호가 권련담배를 선호하는 것으로 바뀌기 시작했으며, 이에 따라 권련담배가 새로운 교역 상품으로 등장했고, 한국 내에서 영업을 하고 있던 외국 상인들의 관심을 끌고 있을 때였다. 이 회사가 한국 내에서 영업을 시작하던 무렵에는 이미 일본인이 운영하던 광강상회(廣江商會, 히로가와쇼카이)와 촌정상회(村井商會, 무라이쇼카이) 등이 경쟁하고 있었다. 따라서 일본 상인들이 주도권을 장악하고 있던 한국의 담배시장에 뒤늦게 참여하게 된 영미연초회사는 판촉 수단의 하나로 영화를 이용하고자 했다. 자사가 판매하는 빈 담뱃갑 10개 또는 20개를 입장권 대신 받은 것이다. 영화의 인기를 이용해 담배 판촉에 나선 셈인데, 관객들 입장에서는 쉽게 영화를 볼 수 있다는 생각에 만족스러워했고 담배회사는 나름대로 판매량을 늘리는 효과를 거둘 수 있었기 때문에 또한 만족스러웠다.

❅ 특별광고

4월 30일(월요일)부터 동문 내 한미전기회사에서 하기(夏期) 활동사진을 완상하는데 하기간 우일(雨日)을 제외하고 매일 8시부터 두 시간 동안 설행하는데 날마다 각종으로 할 터이오니 조량 내림하시기 바랍니다. 단 완상금(玩賞金)은 매인(每人) 한화 10전으로 정하되 영미연초회사에서 제조한 권련 공갑으로 다음과 같이 영수함.

Old Gold	올드 꼴드	10갑
Hero	히로	10갑
Hallo	할노	10갑
Honey	호늬	10갑
Sweetheart	스위헛드	10갑
Drumhead	드람헤드	20갑
Goldfish	꼴드피쉬	20갑

-한미전기회사 고백-

(〈대한매일신보〉, 1906년 4월 29일)

이러한 영화 상영은 관객들로부터 상당한 인기를 얻었다. 〈만세보〉에 실린 다음과 같은 풍자기사는 관객들의 관심을 모으고 있었다는 사실을 보여주고 있다.

● 구경 가세 구경 가세 동대문 안 전기회사로 활동사진 구경 가

세. 전차표 한 장이요, 공권련갑 열 개만 하면 기기 괴괴 별별 구경이 다 있다네.

　▲ 응! 활동사진 구경 나도 하였다네. 일청전쟁(日淸戰爭)도 있고 일아전쟁(日俄戰爭)도 있고 서양 풍속도 있고 동양 인물도 있고 대도회(大都會) 번화한 수부(首府) 시가(市街)와 육종원(育種園), 박물관의 기형괴물(奇形怪物)도 있데마는.

　▲ 여보게, 자네 한가하고 무사(無事)한 사람일세. 주마등인지 환등회인지 활동사진인지 따로 구경할 것 무엇 있나. 목전(目前)에 나열하니 보기에 자네도 활동사진이요 자네 보기에 나도 활동사진이요, 십자 대로에 임림총총(林林叢叢)히 거거래래(去去來來)하는 인민사녀(人民士女)도 활동사진이요, 산천누대(山川樓臺)도 활동사진이요, 마역차륜(馬驛車輪)도 활동사진이라. 괴회(怪灰)한 안공(眼孔)에 들어오는 물물종종(物物種種) 형형색색(形形色色)이 무엇은 활동사진이 아니겠나.

　▲ 그 중에 신기하다 할 만한 것이 있데. 벼란간 있다가 벼란간 변하는 것은 우리나라 정부 일과 똑같데. 인물개환(人物改換)하는 것도 같고 사위변천(事爲變遷)하는 것도 같고 인심번복(人心飜覆)하는 것도 같고 유화무실(有華無實)하는 것도 같고 조변석개(朝變夕改)하는 것도 같데.

　▲ 구경이라는 말은 경(景)을 구(求)한다 함이니 경을 구할 때에 정(情)을 우(寓)하지 아니하면 맹자(盲者)의 단청(丹靑)과 같은지라. 활동사진을 구경하려거든 시국(時局)을 세찰(細察)하여 만사를 추측하면 활동사진이 안전에 나열하였데. 동대문 내 전기회사로 왜 차표와 공권련갑을 허비하고 노노(勞勞)히 간단 말인가.

〈만세보〉, 1906년 7월 29일〉

이같은 방식의 광고나 후원은, 자동차의 경우 F-1그랑프리 대회에 1968년부터 담배회사들이 후원을 한 경우나 KT&G(한국담배인삼공사)가 음악회를 개최하는 등의 문화행사를 통한 기업 이미지 광고를 하는 경우로까지 이어지고 있다.

영화가 흡연 인구의 증가에 얼마나 많은 영향을 미쳤는가를 계량적으로 판단하기는 어렵다. 또한 흡연 인구가 증가한다고 해서 그 이유가 반드시 영화 때문이라고 하기도 어렵다. 신문·잡지·텔레비전 드라마·뉴스·서적 등 여러 매체에서 담배와 관련된 기사나 사진, 시청각적 영상을 반복적으로 노출시키고 있으며, 담배에 관한 사회적·문화적 인식이나 환경도 영향을 미칠 수 있기 때문이다.

그럼에도 불구하고 영화에서의 흡연 장면이 흡연을 자연스럽고 멋있는 행동처럼 보이게 하거나 관객들의 모방 심리를 자극하는 데 영향을 미쳤다는 사실을 부인하기는 어렵다. 이로 인해 흡연 인구가 증가했을 수도 있고, 담배가 건강을 해치는 중독성 물질이라는 인식을 방해했을 수도 있다.

담배의 생산과 판매를 원천적으로 금지하지 않는 한 담배를 피우는 사람은 여전히 남을 것이고, 이들을 상대로 판매량을 늘리려는 담배회사들의 노력 또한 계속될 것이다. 영화는 기본적으로 다양한 사람들의 생활 양식과 문화를 극적으로 표현하는 것이며, 사람들의 다양한 행태를 모델로 삼기 마련이다. 그 중에는 담배와 관련된 표현도 포함되는 것은 물론이다. 담배는 다양한 상황에서, 어떠한 대사보다 다양하고 강렬한 표현으로 극적인 순간을 표현해 낼 수 있다. 영화제작자들이 스스로 담배의 해독을 염려하여 모든 장면에서 그같은 담배의 유혹을 빼버릴 수 있을까.

영화제작자들은 오히려 폭력이 사회적으로 나쁜 영향을 미친다는 이유로 영화에서 모든 폭력 장면을 빼라고 한다거나, 외설적인 장면이 청소년에게 비교육적이라는 이유로 모든 성적 장면을 빼라고 한다면 어떻게 영화를 만들 수 있느냐고 반박할지 모른다. 마찬가지로 담배가 건강에 나쁜 영향을 미친다고 모든 영화에서 담배와 관련한 장면을 뺄 수 있느냐고 항변할 수 있다. 실제로도 그같은 요소들의 표현이 명백한 범죄 행위가 아닌 한 강제로 규제한다는 것은 불가능하다.

결국 지속적인 캠페인과 제도를 통한 간접 규제 외에 더 나은 방법을 찾기는 어려워 보인다. 담배가 건강을 해칠 수 있는 물질이라는 의학적 확신은 점점 증대하고 있지만, 이를 전면적으로 금지하지 못하고 있는 이유도 마찬가지일 수 있다. 담배와의 전쟁은 여전히 계속되고 있는 셈이다.

최근 한국영화사 연구 경향에 대한 비판적 평가
- '아스터 하우스'의 영화상영설과
극영화 〈국경〉의 제작 주체 문제를 중심으로

1. 한국영화 연구의 최근 경향

한국영화사 연구는 한국에서 영화가 어떤 과정을 거쳐 오늘의 현상으로 정착하고 있는가에 대한 지난 궤적을 체계적으로 정리하고 평가하는 일이다. 그러나 우리가 '영화'라고 부르는 매체는 어느 일면만의 평가만으로는 온전하게 정의하기 어려울 만큼 다원화되어 있으며, 사회적 성격 또한 강하다. 미학적 평가나 기술적 변천, 제작 방식이나 표현 내용에 따른 사조적·경향적 특성을 분석의 대상으로 삼을 수 있으며, 사회적·정치적·문화적 환경과의 상관 관계에서 접근할 수도 있다. 그만큼 다양한 방법론과 주장이 제기될 수 있는 것이다.

최근 한국영화사 연구와 관련된 논문·저술들이 지속적으로 발표되고 있는 것은 이 분야의 중요성에 대한 인식과 관심, 실제적인 노력이 그만큼 확산되고 있음을 증명하는 것이다. 《한국영화 100년》(호현찬), 《우리영화 100년》(김종원, 정중헌), 《이야기 한국영화사》(김화), 《스크린 밖의 한국영화사》(김갑수) 등은 한국영화사를 주제로 한 저술들이다. 이밖에도 《한국영화쟁점1》(조희문)은 한국영화사 연구에서 논

란이 되는 여러 가지 사안들을 제시하고 있으며, 《춘사 나운규 전집-
그 생애와 예술》(김갑의 편저), 《춘사 나운규 영화 全作集》(김종욱 편저)
등은 무성영화 시대의 개척자였던 춘사 나운규(1902~1937)의 영화
활동을 조명할 수 있는 자료들을 모은 경우다.

비슷한 시기에 북한에서도 《라운규와 수난기 영화》(최창호, 홍강성)
가 출판되어 인물 연구의 단면을 보여주고 있다.

1960년대에 안종화·노만·이영일 등이 《한국영화측면비사》 《한국
영화사》 《한국영화전사》 등을 발표하며 한국영화사 연구가 잠시 활기
를 띠었던 이후 유례를 찾기 어려울 정도로 다양한 저작들이 나오고
있는 것이라고 할 수 있다.

그러나 이같은 연구의 외형적 활기에 비해 내용면에서는 몇 가지
우려할 만한 요소들을 드러내고 있다. 인용 자료의 정확성, 선행 연구
에 대한 인정과 평가, 연구 결과에 대한 검증 등이 제대로 이루어지지
않음으로 인해 한국영화사 연구가 다양성을 전제로 한 활력을 확장해
나가기보다는 학술적 성실함과 진지함을 잃어버린 채 표절이나 도용
에 가까운 자료의 무단 인용, 오류의 확대 재생산, 선행 연구에 대한
의도적인 배척이나 기피 등의 현상이 나타나고 있다. 한국영화사 연
구가 진전되고 확장될수록 성과의 축적을 이루는 것이라기보다도 혼
란을 더욱 가중시키는 것은 아닌가라는 우려를 갖게 한다. 구체적인
사례들을 통해 최근 한국영화사 연구 분야에서 나타나고 있는 몇 가
지 문제들을 살펴본다.

2. 인용의 한계와 정당성

한국영화사 연구는 특성상 과거의 자료를 바탕으로 접근할 수밖에 없다. 특히 해방 이전의 시기에 제작한 영화는 극히 일부를 제외하고는 남아 있지 않다. 한국영화계를 대표한다고 평가하고 있는 나운규의 영화조차 한 편도 전하지 않는다. 〈아리랑〉을 무성영화 시대의 최고 걸작이라고 평가하고 있지만 그것이 어떤 관점에서 어느 부분에 대한 것인지를 가늠하기 어렵고, 얼마나 사실에 접근하는지를 판단하기는 더욱 어렵다. 다른 영화와 비교할 만한 근거도, 방법도 없기 때문이다. 전하는 것은 당시에 그 영화를 보았던 영화인이나 관객이 느꼈던 감상이나 전문(傳聞) 등의 기록, 신문·잡지 등에 실린 제작 과정의 기사나 평이 전부라고 할 수 있다.

3. '아스터 하우스' 영화상영설

한국영화사 연구의 최근 작업 중의 하나인 《우리영화 100년》(김종원, 정중헌 공저, 현암사, 2002)은 구체적인 자료의 뒷받침 없이 일방적인 주장을 학술적 연구로 강변하는 구체적인 사례로 꼽을 수 있다. 저자 중의 한 명인 김종원은 이 책에서 "우리나라에서 처음 영화가 소개된 것은 1897년"이며, "소개자는 아스터 하우스"라는 주장을 제시하고 있다.

이같은 주장은 한국영화사 연구 분야에서 중요한 쟁점으로 남아 있는 '최초의 영화상영 시기' 문제에 대한 주목할 만한 경우라는 점에서 검증의 필요가 있다. 우리나라에 처음 영화가 들어온 시기에 관한 주장으로는 대체로 1903년설을 중심으로[1] 1901년설, 1897년설이 새롭게 대두되고 있는 상태였다. 1903년설은 "영미연초회사가 담배 선전의 수단으로 영화를 상영한 것으로, 그 시기는 1903년"이라는 주장이다. 1903년 6월 23일자 〈황성신문〉에 실린 영화 상영 광고를 근거로 내세우고 있는 이 주장은 임화·이청기·이영일·유현목 등이 지지했는데, 한국에서 첫 영화 상영과 관련된 주장 중에서 가장 일반화한 경우라고 할 수 있다. 이에 비해 1901년설은 조희문의 주장(초창기 한국영화사 연구, 1992)으로, 미국인 여행가 엘리어스 버튼 홈스가 1899년, 한국을 여행했을 때 고종 황제를 비롯한 황실 인사들 앞에서 영화를 상영한 것이 최초의 상영이라고 보는 것이다.[2]

1897년설은 심훈(조선영화총관, 1929)·이치가와 사이(市川彩, 조선영화사업발달사, 1941) 등이 주장했던 것이지만 1903년설에 묻혀 별다른 주목을 받지 못한 상태였다.[3] 김종원이 새롭게 지지하며 나섬에 따라 새로운 주목을 받게 된 경우라고 할 수 있다. 그러나 이 1897년설에 대해 심훈은 구체적인 증거를 제시하지 않은 채 전문(傳聞) 정도로 취급하고 있으며, 이치가와 사이 역시 구체적인 증거가 없다며 다소 회의적인 입장을 보이고 있다.[4]

심훈의 주장을 새롭게 주목한 김종원은 한국의 영화 전래 시기를 1897년으로 보고 있지만, 심훈의 주장을 인용하면서도 그것을 뒷받침할 만한 추가적인 자료를 제시하지는 못했었다.

따라서 《우리영화 100년》에서 "1897년, 아스터 하우스가 영화를 처

1) 1903년 6월 23일자 〈황성신문〉에 실린 영화 광고를 근거로 하는 주장이다. 〈황성신문〉의 영화 광고는 한성전기회사에 고용된 미국인 사업가 헨리 콜브란과 H. R. 보스트위크가 영화 흥행사업을 시작하면서 낸 것이지만, 이영일·임화 등 한국영화사 연구자들의 대부분은 담배회사인 영미연초회사가 광고를 낸 것으로 보았다.

2) 미국인 여행가 Elias Burton Holmes(1870~1958)의 여행기 *Elias Burton Holmes Lectures*(Preston company, 1901)의 출판 연도와 저술 기간 등을 감안하여 1901년으로 추정한 것이다.

음 상영"했다는 주장은 이전에 자신이 제시한 주장을 거듭 확인하는 것이며, 구체적인 자료를 뒷받침하는 것이기도 하다. 그가 새롭게 제시하고 있는 것은 '런던 타임스 1897년 10월 19일자 기사'다. 이를 근거로 김종원은 한국 내에서 영화가 처음 상영된 것은 '1897년 10월 10일 무렵'이라고 주장하고 있다. 김종원이 제시한 자료를 인용하면 다음과 같다.

---

3) 심훈이 〈조선일보〉에 발표한 '조선영화총관'의 내용은 다음과 같다. 이 주장은 일본인 영화연구가 市川彩가 인용하고 있다.

初輸入時代: 조선(경성)에 활동사진이라는 것이 맨 처음 수입되기는 1897년(光武 1년 丁酉), 즉 지금으로부터 33년 전에 이현(泥峴: 남산정 마루턱)에 있었던 '본정좌(本町座)'라는 조그만 송판쪽 바라크 속에서 일본인 거류민들을 위해서 실사(實寫) 몇 권을 갖다가 놀린 것으로 효시를 삼는다고 한다. 그후 1년이 지나서 광무 2년 늦은 가을에, 옮겨가기 전의 남대문통 상업은행 자리에 있던 중국 사람의 창고를 빌려 가지고 서대문 밖에서 '애스터, 하우쓰'라는 회사를 경영하던 불란서 사람(?)이 『파테-』회사에서 박은 사진 몇 권을 가지고 와사등(瓦斯燈)을 사용하여 영사를 하였는데, 사진은 대개 천연색이요 정거장에서 승객이 오르고 내리는 광경이며, 협곡의 급류를 작은 배를 타고 거슬러 올라가는 장면이나 또는 개하고 사람이 격투를 하는데 '테-불'이 쓰러지고 가구가 흐트러지고 하는 따위의 100척도 못 되는 단편이었다고 한다. 입장료는 백동(白銅: 새로 나온 동전) 한 푼이나 그렇지 않으면 새로 나온 '북표' '새표' 같은 궐련(卷煙: 담배)갑을 모아다 주고 들어갔다고 한다. (〈朝鮮日報〉, 1929년 1월 1일)

4) 市川彩, アジア映畵の創造及建設, 國際映畵通信社 出版部, 1941, pp.99~100.
조선에 처음으로 영화가 소개된 것은, 전하는 바에 의하면 메이지(明治) 30년 가을, 경성 이현(泥峴: 진고개)에서 영화가 공개되었을 때 이현의 가운데 있던 본정좌가 그 장소로 이용되었다고 하지만 유감스럽게도 정확히 판단하기는 어렵다. 그후 메이지 31년 10월, 경성 서대문 밖에서 어떤 회사를 경영하고 있던 영국인 아스터 하우스가 남대문통에 있던 한 중국인 창고를 빌려 프랑스 파테사의 단편영화를 와사등으로 영사하고 입장료로는 백동 1편(枚)을 받거나 신발매한 담배 빈갑 10개를 가지고 오는 사람은 무료로 관람시켜 주었다는 기록이 있다.

에스터 하우스 '진고개'에서 활동사진 틀다

극동 조선에서도 어느새 활동사진이 들어왔다. 1897년 10월 상순경 조선의 북촌 진고개의 어느 허름한 중국인 바라크 한 개를 3일간 빌려서 가스를 사용하여 영사(瓦斯燈射)하였는데, 활동사진을 통해 비춰진 작품들은 모두 불란서 파테 회사의 단편들과 실사 등이 전부였다. 에스터 하우스는 이전에도 한성 서대문에서 단 하루 동안 실사회를 가진 적이 있다고 하는데 확실한 것은 알 수가 없다. 입장료를 받았으나 조선인들은 매우 가난하여 구경을 하고 싶어도 돈이 없어 바라크 밖에서 어정대곤 했는데 그 모습들은 측은해 보였다. 에스터 하우스는 자신과 직·간접적으로 관계가 있는 조선연초주식회사의 비교적 저렴한 일본 담배를 헐값에 조선인들에게 팔면서 빈갑 몇 개를 가지고 오는 사람에겐 무료로 관람을 시켰다. 아울러 에스터 하우스는 컬러로 찍은 예쁜 기생 사진 카드 7매씩을 모든 관객에게 나눠 주기도 했다. 그 이후엔 에스터 하우스 외의 어느 사람도 조선 안에서 활동사진을 공개 상영하지는 않았다. 일본은 이미 1년 전인 1896년에 활동사진이 들어와 지금까지도 성황리에 관객들의 환호를 받고 있는 바 조선에서 일본과 같은 활동사진이 널리 보급되리란 매우 어려울 것 같다. 이 토막 사진은 에스터 하우스와 조선 연초주식회사의 공동 구매 방식으로 이루어진 것이다. (기사 작성: 에스터 하우스 객원기자)

자료의 내용만으로 본다면 '아스터 하우스'가 영화를 상영하는 과정을 비교적 자세하게 확인할 수 있다. 아스터 하우스라는 인물이 어떤 경로를 통해 영화를 상영했는가에 대해서 이보다 더 직접적이며 구체적으로 설명한 경우는 없다. 더 나아가 김종원은 다음과 같은 설명을 덧붙이고 있다.

이 기사는 진고개(泥峴)에 임시 활동사진 공개 장소로 제공된 가건물(바라크, barrack)과 조선 기생들의 모습을 찍은 컬러 엽서 7매를 부채꼴로 펼쳐 놓은 사진을 위아래로 함께 싣고 있다. 1897년 10월 10일을 전후한 3일 동안 에스터 하우스라는 영국인이 조선연초주식회사와 공동 구매 방식으로 프랑스 파테사의 단편 실사 필름을 들여다 충무로 진고개에 있는 중국인 소유의 가건물에서 상영했는데, 빈 담뱃갑 일정량을 가져오는 사람에게는 무료 입장시켰고 모든 관람객에게 기생 사진 카드 7장씩을 기념으로 나눠 주었다는 것이 핵심 내용이다. 아울러 그 이전에도 한 차례 영화를 보여준 적이 있긴 하나 의미를 두고 있지는 않다.

아스터 하우스가 영화를 상영했다는 사실을 소개한 기사에는 활동사진 공개 장소로 제공된 '가건물'과 '엽서 7매'를 담은 사진을 싣고 있다고 밝힌 대목은 특히 주목할 만하다. 사실이라면 우리나라에서 처음으로 영화가 상영된 장소를 살펴볼 수 있는 자료이기 때문이다.

뿐만 아니라 김종원은 영화를 상영했다는 '아스터 하우스'의 존재에 대해서도 다음과 같이 언급하고 있기도 하다.

에스터 하우스는 여명기의 우리나라 영화사를 얘기할 때 자주 거론되는 사람이다. 언급자에 따라 '미국인 아스터 하우스'(일본인 이치가와 사이(市川彩)), '영국인 아스터 하우스'(金正革), 심지어는 '서대문 밖에서 애스터 하우스라는 회사를 경영하던 불란서인(沈熏)' 등 국적과 이름에 혼선을 주며, 사람이 회사로 바뀌었던 당사자이다. 그런데 〈런던 타임즈〉는 그의 존재와 역할을 확인해 주고 국적과 이름·신분을 바로잡아 주었다.

그동안 그의 신분과 행적에 대해서는 무역상사 주재원·외교관·선교사 등으로 추측이 엇갈려 왔다. 앞의 보도 기사에서도 알 수 있듯이, 그는 처음엔 연초회사와 손을 잡고 사업을 했다. 이때 그는 새로운 발명품으로 등장한 활동사진을 재빠르게 담배의 선전에 활용하는 상혼과 기획력을 보여주었다. 그의 문화에 대한 인식과 감각의 일면을 보여주는 대목이다. 에스터 하우스는 대한제국 초기에 우리나라에 들어와 한일합방 이후까지 국내에 머물며 영국 공사관의 법무사를 지내기도 했다. 그의 임기에 대해서는 알려진 게 없다. 그가 우리나라에 오게 된 것이 외교관의 임무 때문인지, 아니면 사업을 목적으로 왔다가 방향을 바꾸었는지, 또는 〈런던 타임즈〉의 객원기자인 경우처럼 이 모두 자유스러운 입장에서 겸직하고 있었던 것인지 알 수 없다. 1917년에는 독일의 바이올리니스트 모리비아 헌트를 초청하여 우리나라 최초의 양악(洋樂) 연주회를 열기도 했다. 이처럼 그는 경제·외교·문화·언론 등 여러 분야에서 의욕적인 활동을 벌였다.

김종원의 주장처럼 그동안 '아스터 하우스'의 존재를 언급한 자료는 여러 편 있었지만 이를 인명으로 보아야 하는지, 회사 이름으로 보아야 하는지에 대해서는 명확한 판단을 하기 어려울 정도로 혼란스러운 부분이 있었다. 그런데 김종원은 '아스터 하우스'가 '영국 공사관 법무사' '담배 광고 수단으로 영화를 이용한 인물'

로 정리하고 있다. 이같은 주장이 사실이라면 우리나라에서 처음 영화가 상영된 경과와 '아스터 하우스'의 존재에 대하여 중요한 단서를 제공하는 것이라고 할 수 있다.

그러나 김종원의 주장은 그 근거를 찾기 어렵다. 자료만으로 본다면 기사가 실린 신문의 날짜까지 제시하고 있지만 그 실체를 확인할 수 없는 상태이기 때문이다. 당시의 영국 런던에서 발행되던 신문 가운데 〈런던 타임즈〉라는 제호의 신문은 존재하지 않으며, 단지 〈더 타임스(The Times)〉가 있을 뿐이

'아스터 하우스'의 존재에 대한 언급을 다룬 글과 출처

연구자	상영 시기	상영 장소	상영 목적	상영 성격	상영 주체	출 전
沈 薰	1897	진고개(泥峴)의 본정좌	일본 거류민을 위한 소개	소 개		조선영화총람(조선일보, 1929. 1. 1)
市川彩	1897 ~ 1898	경성 泥峴의 本町座 남대문通 중국인 창고	담배 선전	소 개	英國人 아스트하우스	조선영화사업발달사(1941)
金正革	1897	남대문통 중국인 창고	담배 선전	소 개	英國人 아스트하우스	조선영화사 (1946)
李英一	1898	남대문의 중국인 창고		흥 행	미국인 아스트하우스	한국영화입문 (1990)

다. 그러나 같은 날짜의 〈더 타임스〉에는 영화 상영을 언급한 어떠한 기사도 실려 있지 않다. 뿐만 아니라 당시에는 지면에 사진을 싣지 않았다. 김종원의 주장이 영화가 처음 상영되던 시기의 상황을 정리하기보다는, 오히려 사실과 다른 오류를 일으키고 있다는 의구심을 갖게 하는 것이다. 근거로 제시하고 있는 자료의 실체가 불명인데다 '아스터 하우스'의 존재 또한 사실과 다르기 때문이다.

4. '아스터 하우스'의 실체

'아스터 하우스(Astor House)'는 인명이 아니라 1900년대 초반, 서울에 세워진 서양식 호텔 이름이다. '아스터 하우스' 호텔은 1831년 미국 콜로라도주 제퍼슨 카운티의 골든 마을에 처음 세워졌고, 현재

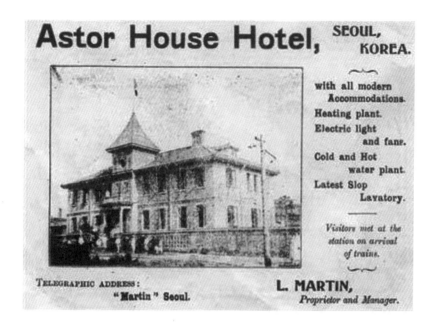

는 당시의 풍물을 보여주는 생활박물관으로 사용되고 있다.[5] 그러나 아스터 하우스 호텔은 일리노이주를 비롯하여 여러 곳에 체인을 형성하고 있다.[6]

우리나라에 아스터 하우스 호텔이 세워진 연도는 명확치 않다. 그러나 1908년, 서울에서 발행된 영자 신문 〈서울 프레스(Seoul Press)〉에는 영업 광고가 여러 차례 실려 있는데, 처음 광고가 등장하는 시기가 1908년인 것을 근거로 한다면, 아스터 하우스 호텔의 설립 연도도 그 무렵이라고 보아야 할 것이다. 아스터 하우스 호텔은 현재의 서울역 부근에 위치하면서 인천(제물포)에서 기차를 타고 서울로 오는 외

---

5) http://www.smethporthistory.org/mainwest/700.block/astor/astorhouse. htm

6) http://www.1340astor.com/

국인 입국자들을 주고객으로 삼았던 것으로 추측되는데, 손탁 호텔과 더불어 1900년대 초반, 서울에 세워진 서양식 숙박 시설로 운영된 것이다.

이같은 사실을 근거로 할 때, '아스터 하우스'를 미국인(이치가와 사이) 또는 영국인(김정혁)으로 지칭했던 경우는 사실을 제대로 확인하지 않은 오류라고 할 수 있으며, '런던 타임즈의 객원기자'라고까지 언급한 김종원의 주장은 의도적인 왜곡이라고 할 수 있다. 그보다는 "서대문 밖에서 애스터 하우스라는 회사를 경영하던 불란서 사람"이 중국인 창고를 빌려 영화를 상영했다고 주장한 심훈의 언급이 오히려 사실에 근접한다고 할 수 있다. 당시의 서울역 부근은 지리적으로 서대문과 근접한 곳이었기 때문에 "서대문 밖에서 애스터 하우스라는 회사"를 경영했다는 표현은 무리가 없기 때문이다. 서울 프레스에 실린 광고 내용에는 아스터 하우스 호텔의 소유자 겸 매니저(Proprietor and Manager)가 프랑스인 루이 마르탱(L. Martin)이라는 점을 밝히고 있다는 점에서 심훈이 언급하고 있는 내용은 사실과 부합한다.

그러나 심훈의 주장 또한 일본 거류민을 위해 진고개 본정좌에서 처음 영화를 상영한 1년 후에 "에스터 하우스라는 회사를 경영하던 불란서 사람"이 남대문의 어느 중국인 창고를 빌려 영화를 상영했다는 부분은, 앞에서 살펴본 바와 같이 이 호텔의 영업 시기가 1908년 무렵부터라는 점과 비교하면 사실과 다르다는 점을 확인할 수 있다.

이같은 사실에서 드러나는 문제점은 자료 인용의 진실과 정확성이다. 위에서 살펴본 바와 같이 〈런던 타임즈〉와 '에스터 하우스'에 관한 주장을 제시하고 있지만, 현재로서는 그것을 뒷받침할 수 있는 구체적인 자료를 제시하지 않고 있다. 진실에 대한 의구심을 완전히 해소하지 못하고 있는 것이다.

만약 김종원이 자료를 분명하게 확인하지 않은 상태에서 그같은 주장을 했거나, 아예 존재하지 않는 자료를 근거로 주장을 편 것이라면 이는 고의적인 조작이라고 하지 않을 수 없다. 특정한 사실이나 자료에 대한 평가를 다르게 하는 경우와는 분명하게 다르기 때문이다.

이같은 문제는 2003년 4월, 한국영화사학회 주최로 열린 세미나에서 공개적으로 제기되었으나 공식적인 답변은 없는 상태다.

5. 도야마 미츠루(遠山滿)의 활동과 영화 〈국경〉의 관계

김종원은 《우리영화 100년》에서 또 한 가지 중요한 사실을 언급하고 있는데, 극영화 〈국경〉의 상영과 관련한 부분이다. 〈국경〉의 존재에 관해서는 1960년대에 노만·이청기 등의 연구자들에 의해 산발적으로 언급되다 조희문의 새로운 평가(1992)를 계기로 '최초의 극영화' 논란의 중심에 서는 현상을 맞이했다. 이영일은 〈국경〉의 존재를 부인하거나 '일본 영화'라는 입장을 보인 데 비해, 김종원은 그 존재를 인정하는 입장을 보였다.

그러나 여러 논란에도 불구하고 〈국경〉의 제작에 참여한 영화사 및 스태프·캐스트 등은 물론 영화의 내용에 대해서는 여전히 미흡한 상태로 남아 있다. 그런데 김종원은 〈국경〉의 제작 주체와 내용을 확인할 수 있는 자료를 발굴했다며 이를 책에서 소개하고 있는 것이다. 관련 부분을 인용하면 다음과 같다.

김종원·김종욱 공동편찬 《한국영화 100년 작품 총람》에는 〈국경〉의 실체를 완벽하게 드러내는 중요한 사료가 수록되어 있다. 1923년 1월 4일자 〈조선일보〉 별지 전면광고가 바로 그것이다. 여기에는 제작·감독을 비롯하여 스태프·배역들이 아주 소상하게 나타나 있다.

국경(國境)
제작사: 송죽키노드라마주식회사
제작: 도오야마 미츠루(遠山滿)
원작·각본·감독: 원산만
촬영: 미야시타 요시카쓰(宮下吉藤)
출연: 데라오 아키라(寺尾瑛), 유금수, 박순일, 김영덕, 변기종
개봉관: 단성사

그동안 〈국경〉은 조선과 접경을 이루는 안동현(중국 丹東)에서, 독립군으로 여겨지는 폭력집단과 일본군 사이에서 벌어지는 싸움을 담은 내용으로 추정해 왔다. 그런데 이 자료에는 중국과 인접 지

역인 신의주에 출몰하는 마적대를 일본군이 국경 밖으로 물리치고 평화를 찾게 한다는 줄거리가 담겨져 있다. 내용이 좀 더 구체화되었을 뿐 소재는 큰 차이가 없다. '송죽회사'로만 밝혀 해석이 구구했던 제작의 주체도 '송죽키노드라마주식회사'로 명시되어 있다.

〈국경〉의 실체를 파악하는 데 더 이상 필요 없을 만큼 완벽한 이 광고에는 제작 주체는 물론 편집·현상·무대미술·연출보좌·제작 주임 및 고증까지 일본인 일색으로 나타나 있다. 조선 사람이 한 역할이라곤 주연배우(寺尾瑛) 한 명을 제외한 박순일 등 23명의 신극좌(新劇座) 단원이 대거 출연한 연기뿐이다. 그런데 여기서 풀리지 않는 의문은 "연쇄활동사진을 유감으로 여겨 모 문학사의 걸작인 〈국경〉이란 소설을 각색했다"는 기사 내용과, 새로 밝혀진 '원산만'이 상충된다는 점이다. 도오야마 미츠루(遠山滿)는 '일본의 유명한 무대극 배우'인데, 기사에는 "모 문학사의 걸작"으로 되어 있기 때문이다. 대학에서 전문적인 교육과정을 마친 사람을 문학사라고 한다면, 그도 원작자의 범위에 포함시킬 수 있을지 모른다. 그런데 '걸작'이란 표현이 걸린다. 그렇다면 도오야마 미츠루가 〈국경〉이라는 걸작을 썼다는 얘기인데, 지금으로서는 확인할 길이 없다.

중요한 것은 송죽키노드라마주식회사와 송죽키네마주식회사는 어떤 관계냐 하는 것이다. 먼저 두 회사의 관계를 알기 위해서는 유사한 이름의 차이를 따질 필요가 있다. 연극과 영화를 결합시킨 연쇄극이라는 의미의 '키노드라마(Kino drama)'와 영화 또는 영화관을 의미하는 '키네마(Kinema)'는 엄연히 다르다는 점을 염두에 두어야 한다. 1902년 설립된 송죽합명회사(松竹合名會社)가 다른 회사와 합병하면서 송죽키네마주식회사로 출발한 이래 이름이 바뀐 적이 없음을 여러 자료들은 확인해 주고 있다. 따라서 '송죽'이 앞에 붙었다는 이유만으로 일본의 '쇼지쿠키네마'로 단정하는 것은 잘못이다.

송죽키노드라마와 쇼지쿠키네마(약칭)가 어떤 관계인지에 대해서는 세 가지로 나누어 생각해 볼 수 있다. 첫째는 송죽 본사가 식민지인 한반도에 진출 교두보를 마련하기 위해 대리인을 내세웠을 가능성이고, 둘째는 이와는 상관없이 독자적으로 유사한 간판을 걸어 사업에 나섰으리라는 추론이다. 그러니까 조선의 송죽이 쇼지쿠의 위탁을 받아 만들었는지, 아니면 비슷한 간판 아래 독자적인 제작을 한 것인지의 여부에 따라 이 영화의 주체가 달라질 수 있다는 말이 된다. 만일 일본의 쇼지쿠가 대타를 내세워 제작한 것이라면 조선영화라는 해석의 명분이 없어진다.

그런데 쇼지쿠가 키노드라마라는 간판으로 사업을 한 기록이 없고, '송죽영화 80년'에도 〈국경〉에 대한 언급이 없는 것으로 알려져 있어 두번째 경우, 즉 원산만이 유사한 상호를 내걸고 독자적으로 활약했다고 봐야 할 것이다. 만일 출연진을 제외한 모든 역할을 일본인이 수행했으므로 조선영화로 볼 수 없다고 한다면, 기존의 영화사는 처음부터 다시 고쳐 쓰지 않으면 안 되는 모순에 빠진다. 〈국경〉의 제작 주체가 일본인임을 들어 우리 영화가 아니라고 주장하는 당사자들에게도 곤혹스런 부메랑이 아닐 수 없다. 왜냐하면 일본인 하야카와 고슈(早川孤舟)가 주도한 동아문화협회의 〈춘향전〉(1923년) 등은 물론 왕필렬(王必烈)로 활동한 다카사 간초(高座貫長)의 부산 조선키네마주식회사가 만든 〈해의 비곡〉 등 대부분의 작품을 조선영화 명단에서 파기시켜야 하기 때문이다. 이들 작품은 출연자를 제외하고는 제작·각본·감독·촬영·편집 등 모든 기술과 자본, 기능 인력이 일본인의 제공으로 이루어졌다.(pp.77~81)

이 자료에서 보듯 김종원은 〈국경〉의 제작 주체에 대해 자세하게 언급하고 있다. 제작사는 송죽키노드라마주식회사이며, 제작자는 도야마 미츠루, 원작·각본·감독은 원산만이라고 밝히고 있다. 도야마 미츠루는 원산만(遠山滿)의 일본식 호칭이므로 두 사람은 동일인물이다. 결국 이 영화에서 도야마 미츠루는 제작은 물론 원작·각본·감독까지 담당한 것이라는 결론에 이르게 된다.

김종원의 주장은 두 가지 점에서 의문의 대상이다. 도야마 미츠루란 인물이 언제부터 한반도(조선)에서 활동했는가 하는 점이고, 또 하나는 제작사라고 언급한 송죽키노드라마주식회사의 실체 여부다. 한국영화사에서 '원산만'이란 이름이 등장하는 것은 1930년 〈금강한〉이란 영화를 제작하면서부터다.

일본 시대극 배우로 이름이 있는 원산만(遠山滿) 씨를 중심으로 자본금 10만 원의 대일본영화흥업주식회사(大日本映畵興業株式會社)를 경성에 창립하고, 제1회 작품으로 현대극 〈금강람〉(金剛嵐, 全八卷)이라는 영화를 촬영케 되었다는데 동 회사의 취지는 조선의 남녀 영화인을 채용하여 순전한 조선영화를 제작한 후 경성을 비롯한 조선의 각 지방은 물론이요, 잘하면 동경(東京), 대판(大阪) 등지에까지 배급을 해볼 작정이라는데 불일간 촬영을 개시한다는 〈금강람〉의 캐스트를 소개하면 다음과 같다. (〈매일신보〉, 1930년 11월 22일)

〈금강람〉이란 제목으로 기획한 이 영화는 개봉 단계에서는 〈금강한〉이란 제목으로 바뀌었으며, 1931년 1월 13일 단성사에서 개봉했다. 이 영화에서 도야마 미츠루는 원산만이란 이름으로 주연, 제작을 겸했다. 이후 그는 〈남편은 경비대로〉와 〈룸펜은 어디로?〉라는 영화를 잇달아 제작했다.

도야마의 존재는 〈금강한〉의 제작을 계기로 당시 영화계에 알려지는데, 신문기사는 '일본 시대극 배우'로 소개하고 있다. 하지만 그밖의 이력이나 활동에 관해서 알려진 바는 없다. 당시 영화계에서는 도야마에 대해 어떤 평가와 대우를 했는지 가늠하기도 어렵다.

그러나 후세의 평가는 지극히 부정적으로 나타나는데, 다음과 같은 이영일의 평가가 대표적이다.

원래 원산만이라는 사람은 일인의 활극배우이면서도 극우파의 폭력배로 이름 높은 자인데, 이자가 한국에 나와서 푸로덕션을 차리자 은연중 중인들의 적의를 집중시켰다.[9]

당시 영화계의 대표적 배우이자 감독이었던 나운규(1902~1937)가 원산만 프로덕션에서 제작한 〈금강한〉에 출연한 이후 여론의 비난을 받은 것은 그같은 일본인과 함께 작업을 했기 때문이며, 영화에서의 역할이 윤리적으로 비난받을 만한 인물을 연기했기 때문이었다. 일본인에게 명예와 자존심을 팔았다는 정서적 거부감이라고 할 수 있다.

원산만은 1930년부터 일제강점기 시대의 한국(조선)에서 활동하지만 신상에 대한 구체적인 자료는 부족한 상태다. 그러나 단편적인 자료를 통해서나마 그의 행적을 살펴보면, 그는 1893년 5월에 출생했으며, 본명은 시마다 미도리(島田綠)이다.[7]

---

7) 田中則廣, 在朝日本人の映畫製作硏究─劍戟俳優 遠山滿の活動をめぐって, メディア史 硏究, メディア史硏究會編, 2004, p.125.

그는 1920년에 쇼치쿠 영화사가 설립한 '키네마 배우학교'를 거쳐 '쇼치쿠 키네마 연구소'에 입사한 뒤, 도야마 미도리(遠山綠)라는 이름으로 배우 활동을 시작했다. 영화에도 출연했지만 주로 검극(劍劇) 분야에서 활동했다. 무대 배우로 일본 내에서 상당한 인기를 얻은 그는 1927년 무렵에 만주와 서울에서 순회공연을 했는데,[8] 이때 처음 서울을 방문한 것으로 보인다. 도야마 일행은 〈경성일보〉의 후원을 받아 5월 1일부터 경성극장에서〈어느 날의 곤도오토코〉(或日の近藤男), 〈애욕〉(愛慾), 〈금악어〉(金鰐), 〈지로쵸와 이시마츠〉(次郎長と石松)라는 시대극과 현대극을 섞은 공연을 무대에 올렸다.[9] 이때의 공연은 상당한 인기를 모았으나 공연 도중 일본 천황을 모독했다는 이유로 도야마가 경찰에 연행되는 사건이 일어나기도 한다. 5월 7일 경찰에 구금되어 일본으로 돌아간 그는 잠시 검극 배우로 활동하다 공연단을 조직해서 미국으로 순회 공연을 떠났다. 도야마는 같은 달 17일에 석방되었으며, 예정된 공연을 마친 뒤 그해 일본으로 돌아갔다.[10]

이같은 자료를 근거로 본다면, 도야마의 한국(조선) 공연은 순회 공연을 위한 일정에 따른 것일 뿐 정착하지는 않았다. 그가 본격적으로 한국에서 활동을 시작한 것은 1930년부터다. 영화 제작과 연출 활동에 나서게 된 것도 이때부터다. 그런데 김종원은 1923년에 제작한 〈국경〉의 제작자와 원작·각본·감독이 도야마 미츠루라고 주장하고 있는 것이다. 근거를 찾기 어려운 대목이다.

---

8) 앞의 책, p.113.

9) 〈京城日報〉, 1927년 4월 29일.

10) 〈中外商業新報〉, 1927년 5월 9일 在朝日本人の映畫製作硏究-劍戟俳優 遠山滿の活動をめぐって p.127에서 재인용.

김종원의 주장에 의구심을 갖는 또 다른 대목은 이 영화의 제작 주체에 관련한 내용이다. 김종원은 영화를 제작한 회사가 '송죽키노드라마주식회사'라고 밝히고 있는데, 일본에서 '키노드라마'란 용어가 처음 사용된 것은 1937년 이후부터다. '연쇄극'의 다른 표현이라고 할 수 있는 '키노드라마'는 1917년에 일본 흥행법이 공포되면서 연쇄극 공연을 금지하게 되었고, 이에 따라 '연쇄극'이란 용어도 별로 쓰이지 않았다. 그러다가 신츠키지게키단(新築地劇團)이 신주쿠 다이이치게키조(第一劇場)에서 〈바람의 편지〉라는 작품을 공연하면서 '키노드라마'라는 용어를 처음 사용하게 된 것이다.[11]

그런데 영화 〈국경〉이 국내에서 처음 개봉된 것은 1923년 1월의 일이다. 이때는 '연쇄극'이란 용어를 쓰고 있을 때였고, '키노드라마'라는 말은 사용되지 않을 때다. '송죽키노드라마주식회사'라는 표현에 의구심을 갖는 이유다. 이 부분과 관련하여 김종원은 '송죽키노드라마주식회사'의 일본 내 기록이 확인되지 않는다는 점에서, 도야마가 독자적으로 사용한 영화사 명칭일 것이라 추정하고 있다. 실체가 확인되지 않은 사실을 근거로 또 다른 추정을 더하고 있는 경우다.

그런데 〈국경〉의 제작 주체와 관련하여서는 〈경성일보〉의 다음과 같은 기사를 참고할 수 있다.

國境活劇
『國境を護る人々』
撮影準備着手
淺岡信夫主演映畵『最後の一擊』を完成せる若山監督は本年道

---

11) 連鎖劇에 관한 내용은 〈연쇄극연구〉(조희문, 영화연구, 한국영화학회, 1999) 참조.

第一回超特作品の爲着々準備中なるが愈々渡邊黙禪氏の傑作愛國
悲活大活劇『國境を護る人々』映畫化と決定した。本映畫は朝鮮滿
洲の大舞臺を背景となす波瀾曲折を極めたる大ストリにて特に朝
鮮總督府の後援を得て撮影を開始すべく，渡鮮の爲鴨綠江方面
の天候を照會中なり。(〈京城日報〉, 1922년 2월 8일)

　이미 소설로 알려진 작품을 같은 제목의 영화로 만들겠다는 사실
을 전하고 있는 이 기사는, 영화 〈국경〉의 제작과 관련한 몇 가지
사실을 확인할 수 있다. 《국경을 지키는 사람들》이란 제목의 원작
을 영화로 만드는 것이며, 감독은 와카야마라는 사실을 전하고 있
다. 조선총독부가 조선과 만주의 국경 상황을 홍보하기 위해 후원
에 나섰다는 사실도 함께 확인할 수 있다. 모두 김종원의 주장과는
차이가 있다. 따라서 그가 〈국경〉과 관련하여 제시하고 있는 '조선
일보 별지 광고'의 존재에 대해서도 그 실체에 대해 의구심을 갖게
되는 것이다. 자료가 실제로 존재하는 것인지, 있다면 시기적으로
일치하는 것인지에 대해 밝혀 주기를 바라는 것이다. '아스터 하우
스'와 관련한 경우처럼 의도적인 왜곡이 아니기를 바란다.

6. 인용과 표절의 경계

　북한 평양출판사가 1999년에 발간한 《라운규와 수난기 영화》는
근래 북한에서 나온 영화 관련 자료라는 점에서 주목받았다. 나운규
의 성장과 영화계 활동을 서술한 이 책은 1962년 《라운규와 그의 예
술》이라는 단행본을 발행한 이후 37년 만에 나온 단행본이며, 북한측

의 나운규 연구가 어떤 수준에 있는가를 확인할 수 있는 구체적인 자료이기도 하다.

그러나 이 책은 북한에서 발행된 영화 연구의 최근 성과이기는 하지만, 자료의 인용과 해석·평가 측면에서 독자적인 연구라기보다는 이전의 연구들을 바탕으로 재편집한 수준을 넘지 못한다. 여러 자료들을 차용하고 있기 때문이다.

이 책이 크게 의존하고 있는 자료는 《나운규》(조희문, 한길사, 1997)다. '우리나라에 처음 영화를 소개한 사람은 미국 시카고 태생의 엘리어스 버튼 홈스'(p.9)라는 부분을 비롯하여 성장기의 나운규를 평가하는 '밉지 않은 장난군'(p.36), '호기심 많은 문제아'(p.38), '학구파가 아닌 나운규'(p.43) 같은 표현들은 《나운규》에서 언급하고 있는 내용들이다.

특히 《라운규와 수난기 영화》에서 두드러지게 인용하고 있는 부분은 특정한 영화에 대해 당시 신문 중에 실린 평을 소개하는 대목이다. 조선키네마주식회사가 제작한 〈운영전〉(1924)의 제작 과정에서 일어난 소동과 영화평(pp.61~62), 〈심청전〉(1925)에 대한 평(pp.68~69), 〈농중조〉(1926)에 대한 평(p.73), 〈아리랑〉(1926)에 대한 평(pp.91~93), 〈사랑을 찾아서〉(1928)의 검열 과정(pp.125~126), 〈금붕어〉(1927)의 스토리(pp.128~129), 〈옥녀〉(1928)의 제작 과정과 평(pp.130~131), 〈개화당 이문〉(1932)의 제작 배경(p.135), 나운규가 영화계를 떠나 극단 활동을 하게 된 과정에 대한 소개(pp.147~148), 나운규의 타계 소식(p.180) 등은 모두 당시의 신문이나 잡지 기사 등을 인용하고 있다. 그러나 이 책에서 인용하고 있는 자료는 모두 서울에서 발행한 《나운규》에 수록된 내용을 그대로 전재한 것이다. 이들 자료가 남한측의 자료를 전재한 것이란 사실을 뒷받침하는 것은 인용 단락, 현대어 표기 등이 대부분 일치하고 있기 때문이다. 당시 신문이나 잡지 등에 실렸던 원문은 한자, 고어 표기가 많은 상태여서 이를 현대어로 바꾸었고, 전체 자료 중에서 필요한 일부분을 인용한 경우가 많았는데 북한측 자료는 그같은 내용을 그대로 수록하고 있기 때문이다. 뿐만 아니라 남한측 자료 중에서 오류를 보이고 있는 부분(〈아리랑〉의 평을 소개한 신문 자료의 날짜(〈조선일보〉, 1926년 10월 1일은 〈매일신보〉, 1926년 10월 9일의 착오임)까지 그대로 수록하고 있다.

또한 책의 후반부에 수록한 '사진 특집' 부분에서는 전체 61장의 사진 가운데 43장의 사진이 남한의 《나운규》에 실린 사진을 전재한 것이다.

이같은 사실은 북한측의 나운규 연구가 가능한 한 구체적인 자료에 근거한 실증적 단계로 전환하고 있다는 사실과 남한측 연구 결과에 대해 어떤 형태로든 관심을 갖고 접근하고 있다는 것을 드러내고 있다는 점에서는 주목할 만한 부분이라고 할 수 있다.

그러나 자료에 대한 아무런 협의나 양해 없이 무단으로 자료를 인용하고 있다는 것은 정당한 행위라고 할 수 없다.

하지만 자료의 무단 인용이나 전재는 여기에서 그치지 않는다. 한국문화사라는 남한측 출판사는 북한의 《라운규와 수난기 영화》를 그대로 영인하여 발행하였으며(2002년 4월 30일), 국학자료원에서 발간한 《춘사 나운규영화 전작집》(김종욱 편저, 2002)은 《라운규와 수난기 영화》 중 일부분을 제외한 상태에서 그대로 전재하고 있다. 이보다 앞서 북한에서 발행된 《라운규와 그의 예술》(1962, 조선문학예술총동맹출판사)의 일부도 그대로 전재하고 있다. 편저자는 일러두기에서 북한에서 발행된 두 책의 내용 중 필요한 부분을 선별적으로 전재한다는 언급을 하고 있으나, 실제 편집 결과에서는 인용 부분이 어느 책 어느 부분에 해당하는가를 구분하기가 어려운 상태다. 《춘사 나운규영화 전작집》 또한 북한의 《라운규와 수난기 영화》와 마찬가지로 《나운규》에 실린 사진을 아무런 인용 표시 없이 그대로 전재하고 있다.

7. 결론을 대신하며

위에서 언급한 몇 가지 사례는 구체적인 경우를 적시하면서 부분적으로 검증한다는 의도를 담고 있다. 이들 경우에 대해서는 여러 경우를 통해 직·간접으로 당사자들에게 문제점을 전달한 바 있다. 그러나 공개적인 해명이나 설명을 아직까지 보지 못했다. 이같은 사실을 포함하여 최근의 한국영화사 연구 분야에서 나타나고 있는 문제점에 대해 몇 가지를 정리해 보기로 한다.

첫째는, 한국영화사에 대한 연구가 절대적으로 부족하다는 점이다. 위에서 나열한 것처럼 몇몇 연구들이 나온 것은 이 분야에 대한 관심이 증대하고 있는 것을 보여주는 부분이지만 지속적으로 연구를 계속하는 연구자의 수는 소수에 지나지 않으며, 새로운 연구 인력의 유입도 특별히 드러나지 않는 것이 현실이다. 새로운 연구가 발표되거나 특정한 이슈에 대해 문제제기를 하더라도 학계 차원의 검증이나 논의가 제대로 이루어지지 않는 현실은 한국영화사 연구의 현황을 반영하는 것이라고 할 수 있다.

둘째는, 그런 가운데서 이루어지는 연구 성과에 대해서도 인정과 평가가 부족하다는 점이다. 한국영화사 연구는 특성상 과거의 자료나 기록에 의존하는 경우가 대부분이다. 그런 점에서 오랫동안 관련 자료를 발굴하고 정리 작업을 하고 있는 김종욱의 노력은 주목할 만하다.

그러나 최근의 연구들에서 나타나는 경향은 선행 연구자들이 정리한 자료나 작업의 결과를 정당한 절차를 거치지 않은 채 일방적으로 무단으로 전재하거나, 마치 자신의 노력인 것처럼 오용하는 사례가 늘고 있는 추세다. 특히 해방 이전의 자료는 시대적 여건으로 인해 한자와 고어가 많이 섞인다. 이를 어떻게 표기할 것인가라는 문제는 연구 과정에서 제기되는 또 다른 과제이지만, 점차 추세는 내용을 훼손하지 않는 범위 내에서 현대어 표기로 바꾸는 것으로 변하고 있다. 하지만 일부 논문이나 단행본 등에서는 이에 대한 구분을 하지 않은 상태로 선행 연구자의 자료나 결과를 마치 자신의 연구인 양 인용하고 있는 사례들이 자주 나타나고 있다. 연구자의 윤리에 관한 문제다.

셋째는, 자료에 대한 해석과 평가 과정에서 드러나고 있는 의도적인 왜곡 문제의 심각성이다. 특정한 자료나 경향을 해석하고 평가하는 과정에서 나타날 수 있는 불가피한 실수나 오류와는 달리 특정한 사실에 대하여 의도적으로 왜곡하는 것은 한국영화 역사를 치명적으로 훼손시킬 개연성이 크다. 이를 피할 수 있는 방법은 연구자들 간의 지속적인 논의와 검증을 계속하는 것이다. 본 연구가 그같은 작업의 일부가 되기를 기대한다.

참고 자료

김종원·정중헌, 《우리영화100년》, 현암사, 2001.
김종욱 編, 《실록한국영화총서》, 국학자료원, 2002.
　　　《춘사 나운규영화 전작집》, 국학자료원, 2002
이영일, 《한국영화전사》, 한국영화인협회, 1968.

조희문, 《위대한 한국인 나운규》, 한길출판사, 1997.

　　　〈초창기한국영화사연구〉, 중앙대학교대학원 박사학위 논문,
　　　중앙대학교대학원, 1992.

　　　〈극영화 〈국경〉의 영화사적 위상에 관한 연구〉, 한국영화사
　　　연구 제1집, 한국영화사학회, 2003.

《라운규와 그의 예술》, 조선문학예술총동맹출판사, 1962.

최창호·홍성강, 《라운규와 수난기 영화》, 평양출판사, 1999.

市川彩, 《アジア映畫の創造及建設》, 國際映畫通信社出版部, 1941.

田中則廣, 《在朝日本人の映畫製作研究－劍戟俳優 遠山滿の活動を
　　　めぐって》, メディア史研究, メディア史研究會 編, 2004.

〈京城日報〉

〈朝鮮日報〉

〈每日申報〉

[09]
북한영화에 나타난 애정과 풍경들

북한영화에도 '사랑'은 등장하지만 우리처럼 구구절절히 가슴 태우고, 때로는 살냄새 풍기는 경우는 없다. 반가운 표시라야 겨우 손잡고 웃는 표정 정도가 최고다. '어버이 수령' 김일성과 '위대한 지도자' 김정일 동지의 가르침과 지도에 따라 맡은 바 일을 열심히 하는 혁명전사로서의 책임과 노력은 찬양의 대상이지만, 개인적 감정을 드러내는 일은 금기로 취급되기 때문이다.

〈서두른 결혼〉(1989, 조선예술영화촬영소, 시나리오 김국성, 연출 김길하·이명준, 출연 김선옥 등)은 개인의 행복을 찾아 가정에 안주하려는 태도를 노골적으로 비판한 경우다. 미란은 대학까지 졸업한 인텔리. 그러나 낡은 생활 관습에 젖은 어머니는 도시의 유복한 신랑감을 찾아 딸을 시집보내려 한다. 미란 역시 그런 어머니의 생각에 별로 반대하지 않는다. 그러나 대학 친구들은 한창 일할 나이에 시집이나 가겠다는 미란의 행동을 안타까워하지만 당사자의 뜻을 돌리지는 못한다. 결국 미란은 시집을 가고 평범한 주부로 생활한다. 아이 셋을 낳았을 때 대학 시절의 단짝 친구 영심을 만난 미란은 그가 어느 공장의 책임기사가 되어 열심히 일하는 모습을 보고는 자신의 경솔한 행동을 후회하지만 이미 때늦은 뒤다.

이 영화에서 미란의 행동, 즉 결혼을 신분 상승의 기회로 생각하며 자신의 행복만을 좇으려는 행태를 이기적 개인주의로 치부하며 비판의 대상으로 삼는 것은 결혼조차도 '혁명을 위한 동지적 결합'으로 규정하려는 북한 당국의 이념적 교시를 반영하고 있는 셈이다. 젊은 남녀들은 결혼 문제에 대해 조급해서는 안 되며, 결혼보다는 조국에 봉사할 기회를 가져야 한다는 점을 강조하고 있는 것이다.

〈내가 사랑하는 처녀〉(1992, 평양연극영화대학 청소년영화창작단, 시나리오 김국성, 연출 박승복, 홍경란·함기섭 주연)는 북한식 사랑이 어떤 것인가를 보여주는 경우다. 북한영화 중에서는 드물게 청춘남녀의 사랑을 소재로 삼고 있는 이 영화는, 조직생활을 싫어하며 건달처럼 말썽만 부리던 청년 창남이 인순이라는 처녀를 만나면서 새롭게 태어나는 과정을 그리고 있다. 사로청 초급단체 위원장인 인순은 갖은 노력을 기울이며 창남을 설득하고 교양한다. 조직과 집단 속에서만이 청춘의 참된 삶이 빛나고, 희망과 미래도 꽃필 수 있다는 것을 깨우치게 하는 것이다. 마침내 인간적 감화를 받아 자신의 잘못을 반성하며 새로운 출발을 다짐하는 창남은 인순을 조직의 책임자로서뿐만 아니라 처녀로서도 사랑하게 되었다는 것을 혼자 고백한다.

이들 영화들은 북한에서도 청춘남녀가 '사랑'을 주고받으며 결혼이 신분 상승의 수단으로 이용되고 있다는 것을 역설적으로 보여주고 있지만, 개인적 관념이 아니라 당과 인민을 위한 봉사와 헌신을 제일의 덕목으로 강조하고 있는 북한사회에서 공개적인 소재로 등장하기는 좀 더 시간이 걸려야 할 것 같다.

세대간 갈등

귀순자들이 전하는 북한 청소년들의 모습은 점차 '자본주의 문화'에 물들어 가는 것처럼 보이고, 사회 분위기도 조금씩 바뀌고 있다고 한다. 전쟁을 경험한 원로 세대와 고생 모르고 자라는 젊은 세대의 감성적 격차는 북한이라고 예외가 아닌 모양이다. 영화 속에 비치는 세대간 모습에도 갈등은 배어들고 있다. 나이든 노인들이라도 젊은이를 가르치고 지도하며 보다 나은 세상을 만들기 위해 애쓰는 모습은 여전히 '혁명전사'의 전형처럼 보이기는 하지만, 권위의 무게는 예전 같지 않다.

〈아버지의 마음〉(1990, 조선2·8예술영화촬영소, 시나리오 문관, 연출 채풍기, 출연 곽원우·안창순)에 등장하는 아버지와 딸은 사사건건 부딪치며 갈등한다. 송희의 아버지 학철은 빈틈없는 원칙주의자다. 그는 딸이 근무 조건이 좋은(부수입거리가 많은) 직장으로 자리를 옮기자 그것을 못마땅하게 여기고, 선물(뇌물?)이라며 들고 오자 직장에 찾아가 돌려주기까지 한다. 본인도 나이가 들어 사회보장 혜택을 받을 처지가 되었는데도, 해방 전에 일자리를 얻기 위해 나이를 올렸다며 이를 되돌리겠다며 곳곳에 해명을 하고 다닌다. 아버지의 이런 행동에 대해 딸은 도무지 이해할 수 없다며 원망과 불만을 갖는다. 쉽고 편하게 살 수 있는데도 굳이 유난스러울 필요가 있을까.

곡절 끝에 아버지가 원하는 것은 나이든 사람의 까탈스런 투정이 아니라 개인의 이익과 만족을 추구하기보다는 사회의 이익을 먼저 생각하는 사람이 참된 생활을 누릴 줄 아는 올바른 자세라는 점을 실천하는 것이며, 아버지의 행동을 이해하지 못했던 딸도 점차 아버지의 깊은 속마음을 알고는 자신 또한 개인의 이익보다는 사회를 먼저 생각하는 책임 있는 인물로 행동할 것을 다짐하는 것으로 마무리한다. 오해 때문에 생겼던 아버지와 딸 사이의 갈등은 눈녹듯 사라지는 것은 물론이다.

결론은 원로에 대한 이해와 존경을 유지하며 다함께 '사회주의 낙원 건설에 헌신하자'는 것이지만, 이것저것 따지고 드는 딸 앞에서 아버지의 절대적인 권위는 불안하게 흔들린다. 변화의 바람은 북쪽에도 분다.

도농 갈등

도시 사람들은 잘살고 농촌으로 갈수록 힘들게 살아야 하는 것은 북한이라고 다를 바 없다. '사회주의 낙원'에서도 가능하다면 도시, 그 중에서도 평양에 사는 것을 간절히 소망하는 모습은 영화 속에 자주 보인다. 〈이삭이 여물어 간다〉(92)의 주인공 현아는 고등학교를 졸업한 뒤 어느 농장에서 일자리를 얻는다. 농촌에서 일하겠다는 것이 아니라 2~3년 일을 하면 대학 입학에 필요한 추천 자격을 얻을 수 있기 때문이다. 결국 뜻대로 원하는 대학에 가게 되었지만 농촌을 버리는 것 같아 양심의 가책을 받는다. 그러나 친구 미향은 손에 흙 한 번 묻히지 않고 편안히 사는 사람들도 얼마든지 많은데 무슨 걱정이냐며 오히려 핀잔한다. 그래서일까. 역설적으로 농촌에서 청춘을 바쳐 헌신하는 젊은이의 모습은 찬양의 대상이자 영화에 자주 등장하는 소재다.

〈도시 처녀 시집 와요〉(93)는 모내기철에 도시 처녀가 농촌 지원을 나왔다가 마을 청년과 사랑에 빠져 결혼하는 과정을 그리고 있다. 잘 사는 농촌을 만드는 일은 젊은이의 몫이자 책임이라는 주장을 반영한다.

〈고마운 처녀〉(95)의 주인공 영심은 어느 지방 공장의 촉망받는 방송요원. 소원은 평양에 가서 보란 듯이 번듯하게 일하는 것이다. 그의 부모가 사업의 공로로 평양에 배치받은 덕분에 영심이도 평양에서 살 수 있는 기회를 잡지만 끝내 고향에 남기로 한다. 자신의 출세만을 위해 도시로 가는 것보다 시골에서라도 보람 있는 일을 하는 것이 위대한 지도자 동지의 시름을 덜어 주는 것이라고 다짐하면서.

그렇다고 도시를 향한 꿈이 사라질까. 〈서두른 결혼〉(89)의 어머니는 도시의 유복한 신랑감에게 딸을 시집보내려 안달하는 모습으로 등장한다. 그 어머니는 〈생활의 보람〉(92)이란 영화의 주제가 〈평양은 사랑의 요람〉의 가사 내용을 마음속으로 외고 있는지도 모른다.

> 이 세상 어디를 가봐도 다시없는 락원의 도시
> 안기면 만시름 풀리고 가슴 가득 행복 넘치네
> 평양 평양 내 사랑 정다운 품아
> 너와 함께 내 조국 온 세상에 더욱 빛나네.

관료주의

북한사회는 당의 교시와 지도자의 가르침이 지극히 원활하게 각 부문에 전달되고 있는 것처럼 강조하지만, 심각한 '피로 현상'은 그림자처럼 여러 영화에서 드러난다.

〈고향땅〉(90, 연출 장길현, 주연 전재연·김봉삼)은 나태한 관료주의와 이기주의에 젖은 북한사회를 비판한다. 어느 도 농촌경리위원회 간부로 있던 서준호는 휴가차 고향에 왔다가 농장 관리인들이 땅을 제대로 가꾸지 않아 황폐화하는 것을 걱정한다. 농장 관리책임자는 맡은 바 일에는 책임감도 없이 적당히 되는 대로 눈가림을 하려 하고, 농장 일꾼들은 경작지에 함부로 목장을 지으며 잇속만 챙기려 드는 것을 보고는 만사를 제치고 이를 바로잡는 일에 나선다. 나태와 이기에 흔들리는 북한사회의 단면을 비판하며 새로운 각오로 사회주의 농촌 건설에 앞장서는 인물의 대조를 강조한 경우다.

〈심장에 남는 사람〉(90, 연출 고학림, 주연 김용린·홍영희) 제1부 '언약'편에서 나타나는 형식적 관료주의의 팽배에 대한 질타는 더욱 직설적이다. 초급 당비서 원학범은 어느 타이어 공장에서 일하면서 조직 전체가 관료주의적 타성에 젖어 사업의 효율은 물론 제품의 품질도 형편없이 저하하는 것을 목격하고는 분노한다. 고급 간부들은 의욕이나 책임감도 없이 수년째 똑같은 결정만 반복할 뿐 현장의 문제점들을 점검하고 개선하려는 노력은 뒷전이다. 탁상행정의 폐해와 문제점을 비판하며 당의 결정을 어떻게 집행하며 생산 현장과 연결시켜야 하는가를 역설하는 주인공의 모습은, 북한사회에도 구조적 비효율성이 얼마나 널리 퍼져 있는가를 반증하고 있다. 지난날의 과오를 반성하며 주인 의식을 갖고 매사를 해나가기로 다짐하는 〈주인된 마음〉(97, 연출 고학림·백현구, 주연 최창수)의 주인공 최학민의 모습은, 관료주의의 문제점을 극복하는 과정에서 새롭게 제시하는 인물이라고 할 수 있다.

북한사회의 변화

겉으로는 모두가 평등하고 행복해 보이는 북한사회에도 신분간 격차나 도시화에 따른 생활 환경 변화, 체제에 충격을 줄 만한 개인주의의 확산과 같은 현실 문제들이 엄존한다.

〈자매들〉(94)은 직업 때문에 겪는 고민을 보여준 경우. 평양의 은하수 신발수리소에서 일하는 향순은 우연한 계기로 로봇연구사 철규와 만나게 된다. 철규도 향순의 아름다운 외모와 마음씨에 끌려 결혼까지 생각하지만, 향순의 직업이 신발수리공이라는 사실을 알고는 주저한다. 과학자의 신분으로 신발수리공과 결혼한다면 자신은 물론 부모와 동창생들의 체면을 구기는 일이라고 생각하기 때문이다. 직업을 바꾸라는 남자의 권유에, 가업처럼 대를 이어 온 가족이 참여하고 있는 신발수리공 일을 자랑스럽게 생각하는 향순은 사랑을 잃더라도 끝까지 직업을 지켜 나가겠다고 다짐한다.

〈주인된 마음〉(97)에는 농촌에서 살자는 남편과 도시에서 살겠다는 아내가 결국 별거하는 모습도 보인다. 남편 성철은 농촌 생활을 원하지만, 아내 혜정은 모든 것이 불편하고 희망도 없는 곳에서는 살지 못하겠다며 투정한다. 끝내 두 사람은 별거까지 하게 되는데, 아내는 남편의 태도가 세상물정 모르는 행동이라고 불평하며 남편은 여자를 잘못 만나 괜한 고생이라며 역정낸다.

〈내가 사랑하는 처녀〉(92)는 조직 생활에 순응하지 못하는 '말썽꾼' 청년의 행동을 심각하게 제시한다. 어느 조선소에서 일하는 창남은 말썽꾼으로 소문난 친구. 오토바이를 몰고 다니며 마음에 드는 처녀들을 희롱하고, 직장일보다는 개인적 취미나 호사를 더 재미있어한다. 다른 직원이나 간부들이 핀잔하고 야단을 쳐도 들은 척도 않는다.

이런 영화들도 결론은 온갖 문제와 고난을 극복하고 당과 인민을 위해 새로운 각오로 헌신하겠다는 다짐으로 마무리짓기는 한다. 그러나 '해피엔딩'의 결말까지 이르는 과정에서 나타나는 문제와 갈등은 오늘의 북한사회 역시 말 못할 고민을 안고 있으며, 변화의 바람에 직면하고 있다는 것을 역설적으로 드러낸다. 그 바람이 찻잔 속의 미풍으로 그칠지 거대한 회오리바람으로 이어질지는 두고보아야 알 것이지만······.

'영상산업' 시대의 한국영화
- 기대와 현실

'영상산업' 시대?

영화 "〈쥬라기 공원〉 한 편이 벌어들인 수익이 국산 자동차 100만 대를 수출해서 벌어들이는 규모와 맞먹는다"는 말은, 막연하게만 들리던 '영상산업'의 크기와 중요성을 실질적인 수치로 전환시킨 화두였다. 전통적인 영화 제작 중심지로 맥을 이어 오던 충무로 영화판에 대기업들이 뛰어들어 자본과 유통 부문에서 지각 변동을 일으키고 있을 때 나온 이 말은, '영상산업'의 시대적 위상을 보증해 준 격이 됐다. 더불어 영화의 산업적 가치가 얼마나 큰 것인가도 확신시켜 주었다. 그때부터 나타나기 시작한 변화와 약진은 실로 눈부시다. 정부는 영화를 비롯한 영상산업 진흥을 위한 일이라면 무엇이든 할 각오가 되어 있다는 것을 증명하려 애썼고, 민간 분야도 경쟁하듯 뛰어들었다. 영화법 대신 영화진흥법을 새로 만들었고, 영상산업진흥기본법이라는 것도 만들었다. 영화진흥공사가 있었지만 제대로 '진흥'을 하기 위해서는 체제를 바꾸어야 한다며 영화진흥위원회를 새로운 진흥기구로 출발시켰다. 문화관광부는 물론이고 산업자원부·정보통신부 등 정부 부처마다 관련 분야의 사업을 찾아내고 지원하겠다고 나섰고,

국무총리실이나 청와대에서도 산업의 미래가 영상 분야에 걸려 있는 것처럼 발벗고 나섰다.

삼성·대우·현대·LG·SKC·제일제당 같은 유수의 기업(당시의 기준으로)들이 앞서거니 뒤서거니 영화 제작이나 수입·배급 또는 비디오사업·케이블 방송 등에 뛰어들었고, 주도권을 잡기 위한 경쟁을 치열하게 벌였다. 국제영화제가 몇 개씩 열리고, 웬만한 대학에는 영화나 방송·애니메이션 등을 가르치는 영상 관련학과가 다 있을 정도로 인력 교육은 늘어났고, 연간 1천여 명의 졸업생이 쏟아지다시피 배출되고 있다. 호화찬란한 시설을 갖춘 멀티플렉스 극장은 경쟁하듯 시설을 넓히고 있는 중이다.

〈쉬리〉가 한국영화사상 최고의 흥행기록을 돌파하는 기염을 토하더니 〈공동경비구역〉이란 영화가 '나라고 못할쏘냐'며 파죽지세의 기세를 올리고 있다. 그 사이에 〈주유소습격사건〉이니 〈반칙왕〉〈비천무〉 같은 영화들이 사이사이 돌풍을 일으켰다. 오랫동안 외국영화의 개봉 일정에 맞추어 눈치보듯 시간표를 짜던 한국영화는 어느 사이 외국영화가 오히려 눈치를 보아야(!) 하는 정도가 되었다. 20% 내외에 머물던 한국영화의 시장점유율이 지난해에는 40%까지 육박할 정도로 급증했다.

이 정도면 우리나라는 세계에 유례가 없을 정도로 영상산업 분야의 모범 사례이자 조만간 세계시장의 주역으로 등장할 수도 있을 것 같다는 기대도 든다. 실로 엄청난 변화다.

그렇다면 모든 것이 순조로운가. 낙관해도 좋은가. 우리는 정말로 영상산업 시대에 제대로 적응하고 있는가.

기대와 현실

한국영화가 호황이라고 하지만 제 모습을 지키고 있는 영화사는 찾기 어렵다. 〈장군의 아들〉〈서편제〉 등으로 한때 한국영화 판세를 주도했던 태흥영화사는 잇단 흥행 부진으로 곤란을 겪고 있다. 최근작인 〈춘향뎐〉은 한국영화사상 처음으로 칸영화제 경쟁부문 본선에 올랐지만, 흥행에서는 참패를 면치 못했다. 한국영화계에서 첫손에 꼽는 임권택 감독 연출에다 칸영화제 본선 진출이라는 엄청난 '쾌거'를 거두었지만, 흥행에서는 별다른 도움을 주지 못했다.

영화계의 판도를 바꿀 정도로 막강한 자본과 유통망을 앞세워 제작과 수입·유통을 장악했던 삼성·대우 같은 대기업 업체들은 대부분 영상사업 분야에서 손을 털었다. 흥행 돌풍을 일으키며 한국영화의 자신감과 가능성을 동시에 보여주었던 〈쉬리〉의 제작자였던 삼성영상사업단조차 사업에서 손을 뗀 것은 '영상산업은 돈이 쏟아지는 신천지'라는 기업들의 판단이 얼마나 불안했던 것인가를 실증한 경우다. 케이블 텔레비전의 영화전문 채널이었던 '캐치원'은 사라진 이름목록에 들어갔다. 대우의 영화전문채널 DCN도 같은 운명을 겪었다. 제일제당에서 분리된 CJ엔터테인먼트가 제작과 투자·유통 부문에서 큰손 역할을 하고 있지만, 대기업들의 흥망은 허탈할 정도다.

호사스러운 시설을 갖춘 멀티플렉스 극장이 속속 늘어나면서 관객들은 영화보기가 훨씬 고급스러워졌을지 모르나 극장들 입장에서는 시설비·운영비 등을 계산하면 속으로 멍드는 경우가 한둘이 아니다. 관객을 끌어들일 만한 영화가 적은 상태에서의 멀티플렉스 극장은 그 자체가 엄청난 짐이기 때문이다. 필연적으로 흥행이 될 만한 대작·화

제작을 필요로 하지만, 일 년에 한두 편 정도의 흥행작이 나오는 수준으로는 버티기 어렵다. 〈쉬리〉나 〈공동경비구역JSA〉의 성공이 고무적이기는 하지만 지속적인 공급이 뒤따르지 못하면 '황금알'에 대한 기대는 언제든 악몽으로 바뀔 수 있다.

이런 모습은 국내 기업들에만 한정된 일이 아니다. 1989년, 일본의 소니사가 미국의 컬럼비아 영화사를, 이듬해에 마쓰시타사가 게펜 레코드와 유니버설 영화사의 소유주인 엔터테인먼트 기업 MCA를 인수한 일은 세계 영상업계가 다국적 거대 기업간의 영토전쟁 대상에 들어가 있다는 것을 보여주는 구체적인 선언이나 다름없었다. 더구나 영화산업은 의심할 바 없이 미국이 주도하고 있다고 자부하던 미국인들에게 전통 깊은 유수의 영화사가 외국 기업, 그것도 하필이면 일본 기업에게 넘어갔다는 것은 자존심을 크게 상하는 일이었다. '제2의 진주만 공습'이니 하는 과민반응을 보인 것도 무리가 아니었다.

소니나 마쓰시타가 영화사나 음반을 포함한 엔터테인먼트 사업에 손을 뻗친 것은, 각종 기기를 생산하는 기업과 프로그램을 가진 영상기업 간의 결합을 통해 영상시장의 주도권을 선점하겠다는 전략의 한 단면이었다. 이른바 하드웨어와 소프트웨어의 결합을 통한 시너지효과를 거두겠다는 기어 전략이다. 그러나 결과는 시너지 효과를 일으키기보다는 경영방식·성과 등에서 진땀만 흘리게 하는 '골칫덩이' 사업으로 둔갑해 버렸다. 자칫하다가는 모기업까지 흔들 수 있는 위협적 존재로 돌변한 것이다. 결국 마쓰시타는 시그램사에 MCA를 매각했고, 소니는 컬럼비아사의 경영을 사실상 독립시켰다.

위성방송 '스타채널' 등을 사들이며 '미디어의 제왕'으로까지 불리고 있는 영상미디어업계의 거물 루퍼트 머독의 사업도 붕괴의 위기를 맞고 있다는 관측이 나올 정도로 곤란을 겪고 있다. 영상업계의 천

재들이라 불리던 영화감독 스티븐 스필버그와 디즈니영화사의 애니메이션 경영의 귀재 제프리 카첸버그, 레코드업계의 데이비드 게펜이 손을 잡고 야심차게 출발했던 드림워크스는 당초 기대와는 달리 그저 그런 정도의 영화들만 내놓고 있는 수준이다. 영화계의 판도에 충격을 주리라던 전망은 시큰둥한 실망으로 바뀐 지 오래다.

1990년대 엔터테인먼트업계를 뜨겁게 달구었던 관련 기업들의 인수·합병은 당시의 떠들썩했던 분위기와는 다르게 시간이 지날수록 시너지효과는 기대에 훨씬 미치지 못하며, 시장의 주도권 장악 또한 기존의 상황과 별로 달라진 것이 없다. 손만 대면 돈이 쏟아질 것이라고 믿었던 인터넷 사업 분야에서 유망한 선두기업들이 문을 닫거나 고전하고 있는 현상도 다를 바 없다. 누군가 카지노에서 잭폿을 터뜨리는 모습에 모두 흥분하고, 나도 그 기회를 잡을 수 있을 것이란 기대를 갖지만 시간이 지날수록 돈만 날린 채 길거리를 헤매는 꼴이다.

이런 일들은 영상산업 또는 뉴미디어산업이 황금알을 낳는 첨단 미래산업이 될 것이라는 예측이 상당한 과장을 담고 있거나, 특정한 성공 사례를 일반적인 상황으로 지나치게 빨리 강조한 것은 아니었는가라는 의문을 던진다.

변화의 양상들

최근 영상산업 분야의 변화 양상은 세 가지 측면에서 분석할 수 있는데, 첫째는 매체 환경의 변화를 주목할 수 있다. 디지털 기술의 보편화와 쌍방향 소통의 확산, 인터넷 등을 통한 유통방식의 개인화는 매체 변화와 더불어 나타나고 있는 특징적 요소다.

디지털 기술은 새로운 형태의 이미지를 만들어내는 것을 가능케 하며 유통과 저장, 재현 능력을 혁명적으로 바꾸고 있다. 오늘날의 영화들에서 보여주지 못하는 것이 없게 된 것은 바로 디지털 기술의 발전 결과이며, 게임이나 그밖의 영상 프로그램들도 다양한 기술을 응용하고 있다. 〈쥬라기공원〉의 공룡이나 〈타이타닉〉의 호화여객선 타이타닉의 침몰도 디지털 기술이 만든 빛나는 결과였다.

쌍방향 소통, 즉 인터렉티브 유통은 영상미디어에 접근하는 방식과 형태를 바꿔 놓고 있다. 최근의 게임 소프트들은 게임자가 주인공이나 상황을 마음대로 선택할 수 있다. 같은 게임을 하더라도 사람마다 서로 다른 내용을 즐길 수 있는 것이다. 〈스타크래프트〉나 〈디아블로〉 같은 게임은 대표적 사례다. 지금까지 우리가 영화를 보던 방식, 즉 하나의 이야기를 중심으로 정해진 과정을 따라 일방적으로 전달하고 수용하는 한 방향 소통은 빠르게 사라지거나 약화되고 있다. 과거의 산업혁명이 대량생산과 소비를 유도한 대형화였다면, 오늘날의 디지털 환경은 대량생산과 소비라는 틀은 그대로 유지한 채 그 안에서 다시 개인적 기호와 취향을 반영하며 소비자와 제안자가 서로 소통하는 형태로 변모하고 있는 것이다. 여기에다 비디오·DVD 등의 가전영상이나 휴대전화·컴퓨터 등 통신매체들은 대부분 개인을 상대로 소비시장을 형성하는 것을 가능케 한다. 이러한 변화는 특히 영화의 제작과 유통에 심각한 영향을 미칠 수 있다.

영화가 독자적인 특성을 유지하면서도 새롭게 나타나고 있는 추세를 반영하지 못한다면, 영화의 운명은 예측하기 어려운 지경에 몰릴지도 모른다.

두번째 양상은 영화의 내적 경쟁력이 계속 유지될 수 있는가에 대한 의문이다. 탄생 이후부터 현재에 이르기까지 영화의 발전은 형식적 정형화와 기술적 진보가 중심을 이루었다. 코미디·액션·멜로드라마 등의 장르는 관객들의 영화 선택을 쉽게 했고, 이는 다시 영화산업의 확대를 유도하는 요인이 되었다. 또한 토키(발성장치)와 컬러 화면의 개발, 대형 화면의 등장, 트릭 촬영이나 스크린 프로세스와 같은 특수효과의 지속적인 개발은 영화 표현의 사실감을 극대화시켰다. 컴퓨터 그래픽을 이용한 디지털 기술의 확산은 영화 표현의 물리적 제한을 사실상 극복했다고 할 만큼 놀라운 수준을 보이고 있다. 〈스타워스〉 〈터미네이터 2〉 〈쥬라기 공원〉 〈타이타닉〉이나 애니메이션 〈다이너소어〉 같은 영화들은 중요 장면을 디지털 기술로 처리함으로써 이미지 표현의 새로운 가능성을 제시했다.

그러나 기술 발전이 영화 표현의 수준을 비약적으로 발전시킨 것은 분명하지만, 그것이 영화의 경쟁력을 보장해 줄 것이라고 보기는 어렵다. 새로운 기술이 곧 영화의 전체적 완성도나 품질을 보장해 주는 것은 아니기 때문이다. 기술 개발의 초기단계에서 발성장치나 컬러 화면 같은 기술들이 새롭게 등장했을 때, 그것이 영화의 표현 영역을 확장시키는 데 중요한 기여를 한 것은 분명하지만, 그 기술이 보편적 요소로 확장되었을 때는 더 이상 경쟁 요소로 활용되지 못했던 데서도 기술 개발의 가능과 한계를 읽을 수 있다.

디지털 기술에 크게 의존하고 있는 오늘날의 영화제작 경향은 새로운 소재와 볼거리를 개발해 내지 못하는 한 머지않아 유사한 이미지의 반복 재생산에 그칠 가능성이 크고, 이는 게임이나 다른 오락과의 경쟁적 차별화에서도 부담이 될 수 있다. 영화의 미래를 불안하게 만드는 중요한 요인 중의 하나다.

세번째 요소는 영화의 국가간, 지역간 편중이 쉽게 개선되지 않을 것이란 점이다. 영화제작을 주도하고 있는 나라(들)과 그렇지 못한 나라들과의 불균형은 갈수록 심화되고 있으며, 선두그룹을 형성하고 있는 국가들간에도 주도적 입지를 확보하기 위한 긴장관계가 유지되고 있다. 상업적인 측면에서만 본다면 세계 영화는 '미국 영화'와 '비미국 영화'로 양분할 수 있다. 그만큼 세계시장의 주도권은 미국이 장악하고 있는 것이 현실이다.

자본이나 기술적인 측면에서는 미국에 비해 크게 밀리지 않을 것 같은 일본영화가 국제시장에서는 전혀 상품성을 인정받지 못하고 있는 것이나, 칸·베니스·베를린 등 유수한 국제영화제가 행사 자체로는 주목받고 있음에도 세계 영화시장의 판도에는 별다른 영향을 미치지 못하고 있을 뿐 아니라 프랑스·이탈리아·독일 등 개최국의 영화조차 불안하게 허덕이고 있는 사실은 영화시장의 냉혹한 현실을 반증하는 것이다. 부산국제영화제가 50여 개국에서 200여 편의 영화를 불러모았고, 20여만 명의 관객이 몰렸다고 하지만 엄밀하게 보자면 마이너들끼리의 축제이거나 우리들끼리의 잔치를 넘어서지 못하는 것도 다를 바 없다.

이같은 현상은 더욱 고착하거나 악화될 가능성이 더 크다. 미국의 영상기업들은 경쟁력 있는 소프트는 물론 자본과 유통까지 장악하는 공룡으로 버틸 것이기 때문이다.

한국영화의 선택

이같은 몇 가지 요소를 전제한다면 한국영화가 처한 상황은 여전히 불안하다. 외형적으로는 한국영화에 대한 관객의 신뢰는 빠르게 개선되고 있는 덕분에 투자자본은 영화계를 주시하며 기회를 찾고 있고,

극장의 설립도 경쟁적으로 이루어지고 있다. 제작과 배급·유통도 나름의 체계를 잡아가고 있는 것처럼 보인다. 한국영화의 시장경쟁력이 상대적으로 살아나고 있다는 평가가 가능한 대목이다.

그러나 연간 제작편수에 비한 흥행 성과는 상위 4~5편 정도를 제외하면 참담할 정도의 결과에 그치는 수준이다. 제작비 규모가 커질수록 흥행에 대한 부담도 비례적으로 증가할 수밖에 없지만, 국내시장의 크기를 늘리는 일은 쉽지 않다. 해외시장을 상대로 전략을 세우는 것도 만만한 일이 아니다. 언어 제약이나 문화적 이질성, 배우나 감독의 국제적 지명도, 배급망의 사업력 등 여러 가지 요소를 고려하면 경쟁력은 일정한 한계를 지니기 때문이다. 20억 원의 제작비를 들인다면, 흥행수입을 제작자와 극장측이 5 대 5로 배분한다고 전제하고 6천 원 입장료를 기준으로 할 때 어림계산으로 친다면 최소 70만 명 정도의 관객이 들어야 손익을 맞출 수 있다. 50억 원의 제작비를 들인다면 손익분기점은 훨씬 더 높아진다. 비디오 판권 등을 계산한다면 그 수치가 다소 가변적이기는 하지만 제작비 규모를 무턱대고 키우기도 쉽지 않다. 외형적 팽창에도 불구하고 한국영화의 구조적 한계와 부담은 여전히 해결해야 할 과제로 남아 있는 것이다. 영화 제작에 관심을 갖고 있는 투자자본은, 이윤이 보장되지 않는다면 언제 철수할지 모른다.

그렇다면 보다 근본적인 의문을 던져야 한다. 영상산업은 정말로 황금알을 낳을 수 있는 첨단 미래산업인가, 투자에 비해 효율은 형편없이 낮은 대상에 대해 과도하게 집착하고 있는 것은 아닌가. 선두의 성공이 모든 영화의 일반적인 사례로 와전되고 있는 것은 아닌가, 우리가 목표하는 것은 국내시장의 안정을 지키는 것인가, 세계시장을 상대로 도전하는 것인가.

누구도 쉽게 대답하기 어렵고 그 결과도 단언할 수 없는 일이지만, 간절히 기대하는 것은 제발 국내시장에서만이라도 한국영화가 일정한 규모로 시장을 지켜주는 것이다. 그것만으로도 우리는 '영상산업' 시대를 최선의 힘으로 맞고 있다고 자부해도 좋을 것이기 때문이다. 해외시장을 뚫는 것도 그 위에서야 가능한 일이 아닌가.

[11]

영상산업 진흥과 법

'하면 된다'는 식의 열풍이 영화계에 불고 있다. 좀 더 정확히는 문화체육부를 비롯한 정부 쪽의 태도가 그렇다. 영화를 비롯한 영상산업 전반을 진흥하겠다는 분위기가 의욕 수준을 넘어 뭔가 당장 결판을 내겠다는 듯한 비장감마저 들 정도이기 때문이다.

영상산업 진흥 기본법이 제정되고, 영화진흥법이 국회 통과를 기다리고 있다. 영화업을 제조업에 준하는 금융 세제 혜택을 주겠다는 조치도 발표되었다. 영상산업 진흥을 위한 이런저런 조사와 보고서가 중간고사 리포트처럼 여기저기서 만들어지고 있다.

영화 만드는 일이라면 천덕꾸러기 취급을 하던 60~70년대나 미국영화 직배를 아무런 조건 없이 쉽게 동의해 버리던 80년대와 비교하면 사뭇 달라진 태도다. 영상산업이야말로 첨단산업이며, 이것이 제대로 되지 않고서는 아무것도 되는 일이 없을 것 같은 분위기다.

지난핸가 어느 위원회에서 미국영화 〈쥬라기 공원〉 한 편이 벌어들인 돈이 우리나라 소형자동차 150만 대 수출한 것과 맞먹는다는 보고를 내놓은 뒤로 영화를 비롯한 영상산업이 국가 주력산업인 것처럼 급작스럽게 부각되었다.

물론 정부 차원에서 영화 사업을 비롯한 영상산업의 중요성을 인식하고 필요한 부분에 대해 적극 지원하겠다는 의지 자체는 탓할 일이 아니라 환영할 만한 일이다. 문제는 단기 승부를 하겠다는 듯 지나치게 서두르는 것이며, 정부가 해야 할 일과 민간이 해야 할 일에 대한 정확한 역할 분담에 대한 정리가 명확하게 이루어지고 있는가라는 점이다.

오늘날 세계 각국이 영화산업을 운영하는 형태는 크게 두 가지 유형으로 나눌 수 있다. 미국이나 일본·홍콩처럼 민간 자율로 운영하는 형태가 그 하나이고, 프랑스나 호주·영국·독일처럼 정부가 적극 지원하는 형태가 그 하나다.

민간 자율로 운영되는 나라들은 '최소의 정부가 최선의 정책'이라는 식으로 제작에서 부터 배급, 해외 마케팅에 이르기까지 정부의 개입은 가능한 한 배제하고 있다. 민간업계는 스스로 시장을 확보하고 자생력을 키우지 않는 한 정부의 보조나 보호를 바라기란 애초에 불가능하다.

이에 비해 정부가 보호정책을 펴고 있는 나라들은 제작비 지원에서부터 시장 보호, 해외 마케팅 지원에 이르기까지 세세한 부분까지 보호정책을 마련하고 있다. 프랑스의 경우 영화사 설립 허가에서부터 영화인들의 직업 등록이나 제작 신고까지 정부가 관장한다. 제작에서부터 극장 상영에 이르는 모든 과정에 정부의 지원이 광범위하게 이루어지는 탓에 관리의 정확성을 기할 필요가 있기 때문이다.

그러나 아이러니컬하게도 앞의 두 가지 유형 중 정부의 개입이 적은 나라들의 영화가 경쟁에서 앞서고 있다. 미국영화는 프랑스영화 시장을 위협하고 있으나, 홍콩영화는 국내시장에서 미국영화를 누르고 있다. 정부의 지원이 항상 최선의 결과를 보장하는 것은 아니라는 사실을 증명하고 있는 현상이다.

정부 지원에 관한 한 우리나라도 그 범위가 만만치 않은 경우에 든다. 우수영화 제작을 유도하기 위해 각종 보상 제도를 마련한 것은 50년대 후반부터이며, 세계에서 가장 강력한 시장보호제도라고 할 수 있는 스크린 쿼터제를 지금까지 고수하고 있다. 비록 충분한 액수는 아니더라도 제작비 융자나 '좋은 영화' 보상제 같은 직접지원도 실시하고 있다. 정부 예산으로 운영되는 영화진흥공사도 있다. 지원제도로 보자면 어느 나라와 비교해도 빠지지 않을 정도다. 하지만 그 결과로 한국영화가 경쟁력을 충분히 확보했다는 증거는 미약하다. 보호와 진흥제도의 내용이 어떻게 채워졌는가에 대한 평가도 중요한 문제이지만, 정부 주도의 진흥정책이 과연 실효성이 있는가에 대한 근본적인 물음을 제기하고 있는 부분이다.

그런데도 최근의 분위기는 지원제도만 마련하면 한국영화는 갑자기 미국영화와 경쟁할 수 있으며, 해외시장을 주도하는 일도 금방 가능할 것 같은 분위기다. 좀 더 침착하고 분석적인 평가가 있어야 하는 대목이다.

'심형래식' 영화만들기
– 한국영화의 새로운 대안

　시대적 환경이 바뀌면 인식도 달라야 한다. 사업이든 예술이든 강하고 우수한 품목만이 생존을 유지하는 것은 야생세계와 다를 것 없다. 한국영화계에서 심형래의 존재는 특이하다. 〈영구와 땡칠이〉〈우뢰매〉 등의 영화에 출연하며 10여 년 이상 '배우'로 활동해 온 그는 그간의 경험을 바탕으로 93년부터 영화사 영구아트무비를 설립, 제작자 겸 감독으로 활동하고 있다. 그러나 그를 '영화인'으로 인정하는 사람들은 많지 않다. 대중적으로 알려진 이미지는 '웃기는' 사람쯤으로 그친다. 개그맨으로서의 활동 경력이나 인기가 더 강하기 때문이다. 그의 영화 활동이 개그맨의 엉뚱한 취미나 한때의 호기심에 기댄 우스운 행동이 아닌가라는 평가를 받는 것은, 그를 바라보는 사람들의 선입견이나 편견이 그만큼 크다는 것일 수도 있다.

　하지만 뒤집어 보면 또 다른 면이 보인다. 그를 영화인이라고 인정하는 사람들이 적은데도 그렇게 오랫동안 꾸준하게 영화에 출연하며 제작자나 감독으로까지 활동을 이어가고 있는가라는 점은 주목의 요소다. 본인의 집념이나 의지가 그만큼 크기도 하겠지만, 배우로서의 심형래 또는 '심형래식 영화'가 상품성을 유지하고 있다는 평가가 가능한 부분이다.

그가 출연했거나 제작(감독)한 영화들은 전부 어린이를 겨냥한 가족영화다. 웃고 즐길 수 있는 오락영화가 중심을 이루는 것은 당연하다. 〈영구와 공룡 쭈쭈〉〈티라노의 발톱〉〈파워 킹〉〈드래곤 투카〉 등 그가 제작한 영화들은 공룡을 주제로 하거나 특수효과를 이용한 SF 영화가 대부분이다.

그가 만든 영화들을 이해하지 못한다면 세상의 어느 영화도 이해하기 어려울 정도로 쉽고 단순하다. 영화의 완성도 문제를 논외로 미룬다면, 그가 만든 영화는

분명한 관객층을 겨냥하며

특수효과를 이용한 오락영화를 지속적으로 개발하며,

주인공 이미지를 이용한 캐릭터를 상품화하며

해외시장 개발에 진지한 관심을 두고 있다는 점이다. 그간에 특수효과의 기술개발이나 마케팅 능력, 특정한 장르의 개발 같은 성과를 거둘 수 있었던 것도 그런 이유다. 〈용가리〉는 그같은 작업이 어느 정도 수준까지 이르렀는가를 재는 바로비터였다.

〈용가리〉는 단연코 올해 최대의 화제작이다. 제작자가 '개그맨 심형래'라는 사실부터 흥미의 대상이었고, 한국영화사상 최대의 제작비, 이례적인 사전 판매, 작품의 수준, 흥행 성과 등 여러 가지 요소가 모두 어떤 의미로든 관심의 대상이었다. 특히 제작자 겸 감독인 심형래가 '신지식인'으로 선정되자 쏟아진 논란도 한몫을 더했다. 한국영화의 산업적 성패가 〈용가리〉 한 편에 걸려 있다는 듯한 모습을 보이기도 했다. 지난 7월 17일부터 상영을 시작한 이 영화는 한국영화의 여름 흥행 선풍에 주도적인 역할을 했다. 영화계가 냉랭하게 무시하거나 인정조차 하지 않으려는 '심형래 영화'는 어느새 한국영화의 판도에 영향을 미치는 중요한 상품으로 성장하고 있음을 보여준 것이

다. 심형래식 영화 만들기를 주목하는 것은 한국영화의 새로운 가능성에 대한 도전이기 때문이다. 1923년부터 시작된 한국의 영화 제작 역사는 80여 년을 헤아리지만 산업적으로나 문화적으로 제대로 대우를 받은 적은 없었다. 부족한 자본, 빈약한 기술, 미숙한 인력은 영화 제작의 현실적 장애였고 일제의 식민지 통제, 남북 분단으로 인한 이념적 대립과 긴장, 권위주의 정권의 통제 같은 사회적 환경 또한 각박했다. 외국영화 수준에 눈익은 관객들은 한국영화를 인정하지 않았으며, '한국영화'는 질 낮은 싸구려 상품의 상징처럼 비쳤다.

그러나 국내 영화계의 사정과는 상관없이 뉴미디어와 결합한 영상산업의 규모와 영향력은 급속하게 팽창했다. 영상산업을 미래의 첨단 산업이라고 평가하는 것은 부가가치의 창출이 클 뿐만 아니라 산업적 파급효과도 크기 때문이다. 최근 몇 년 사이 영상산업 진흥이 중요한 국가적 과제로 떠오르고 있는 것은 산업적 환경과 인식이 그만큼 변했다는 것을 뜻한다.

〈쥬라기 공원〉 한 편이 벌어들인 돈이 국산 자동차 100만 대 수출한 것과 맞먹는다는 말은 영상산업의 실물적 가치를 간결하게 납득시키는 화두였지만, 문제는 그런 영화를 누가 만들 수 있는가라는 점이다. 성급하게 말한다면 〈쥬라기 공원〉을 만들 수 있는 나라는 미국뿐이다. 영화 제작에 필요한 자본과 기술, 유능한 인력을 갖추고 있어야 하며, 흥행에 필요한 시장과 유통망을 갖추고 있어야 한다. 미국영화가 세계 영화시장의 80% 이상을 장악하고 있는 현실은 미국영화계가 그같은 조건을 두루 갖추고 있다는 것을 뜻한다. 영상산업 시대가 도래하고 있는 것은 분명하지만, 그것을 누가 주도하고 있는가라는 점을 주목한다면 실상은 미국영화를 위한 '그들만의 잔치'가 계속되고 있는 것이다. 미국영화와 정면으로 대결할 수 있는 영화를 만들기에는 기반 여건이 턱없이 모자라고, 경향이 다른 것을 만든다면 우리끼리는 이해할지 모르지만 국제적 보편성을 갖는 것은 요원하다. 한국영화가 극복해야 할 가장 큰 과제다. 내부 경쟁력이 충분히 갖추어지지 않은 상태에서 외국영화, 특히 미국영화와 경쟁해야 하는 것이다. 국내시장은 물론이고 국제적 유통 또한 마찬가지다. 지금까지 한국영화 중에서 두 가지 일을 만족스럽게 해낸 경우는 없었다. 간혹 국내 흥행에서 기대 이상의 성공을 거두었다 하더라도 해외시장을 돌파하기에는 어림없이 미치지 못했다. 흥행 기록을 세웠던 〈서편제〉나 〈쉬리〉가 해외시장에서 어느 정도의 성과를 거두었는가를 돌아보면 결과는 자명하다.

심형래는 이 부분에 도전하고 있다. 그가 신봉하는 핵심적 가치는 '영화는 재미있어야 한다'는 것이다. 영화가 자기 만족을 위한 개인 작업이 아닌 한 관객의 기대를 충족하지 못한다면 소용없다는 믿음이다. 그의 영화는 모든 관객을 겨냥하지 않는다. 어린이 관객을 중심으로 한 '가족영화'가 주요한 타깃이다. 〈드래곤 투카〉나 〈파워 킹〉 〈티라노의 발톱〉 같은 영화들은 그러한 인식이 반영된 경우다. 〈용가리〉는 '심형래 영화'가 기존의 경험을 바탕으로 국제시장을 겨냥한 새로운 도전이다. 상품성을 높이기 위해 컴퓨터그래픽을 앞세운 특수효과를 과감하게 도입했고, 외국배우를 고용했으며, 영어로 대사를 처리하고 있다. 해외시장을 노리려면 시장에 내놓을 수 있는 조건을 갖추어야 한다는 인식이다. 개봉에 앞서 캐릭터를 개발하고 사전 판매로 자본을 끌어들인 부분도 홍보 효과와 더불어 유통과 판매에 새로운 접근을 시도한 것이다. 〈용가리〉를 인식의 전환을 앞세운 새로운 시도이자 전략이며, 그것을 실현하는 일 또한 가능하다는 것을 확인시켜 준 중요한 사례로 보는 이유다.

그러나 보다 엄밀히 말하자면 심형래의 영화적 의미는 인식의 전환 또는 가능성에 대한 도전이라는 점에서 중요한 것이지 '결과'로도 만족스럽다는 것은 아니다. 새로운 접근에도 불구하고 보완해야 할 부분은 여전히 남아 있기 때문이다.

우선 영화의 완성도와 격을 높이는 일이다. 그가 만든 영화는 사실상 기획·제작·연출 등을 혼자 감당하고 있다. 아무래도 무리가 따르고 완성도에도 영향을 미친다. 〈용가리〉가 기술 수준의 놀라운 성과에도 불구하고 완성도 측면에서는 논란의 대상이 되었던 것은, 역할 분담이 이루어지지 않았을 때 생길 수 있는 문제를 드러낸 것이다. 제작자로서의 역할과 감독으로서의 역할을 나눌 필요가 있는 부분이다.

이 점은 경영에 있어서도 마찬가지다. 〈용가리〉 제작과 판매를 계기로 영구아트무비는 영화의 제작과 판매는 물론 캐릭터 사업이나 투자자본 관리까지를 감당해야 할 정도로 규모가 커지고 있다. 좋은 영화를 제작한다 하더라도 경영 부문에서 예상외의 데미지를 입을 가능성도 그만큼 커지는 것이기 때문에 전문적인 경영시스템과 능력이 필요한 단계로 전환하고 있는 것이다.

또 다른 문제는 영화에서 기술의 가능과 한계를 보다 명확하게 인식하는 것이다. 그동안 한국영화 제작에서 기술 부문이 얼마나 취약했는가는 새삼스럽게 말하지 않아도 누구나 알 정도다. 특히 컴퓨터 그래픽 같은 첨단기술 분야는 아예 무인지경이나 다름없었다. 그 부분에 들인 노력과 성과가 더 빛나 보이는 것은 영화의 상품화 또는 경쟁력 개발이라는 측면에서 중요한 기반을 다지는 것이기 때문이다.

그러나 기술은 어디까지나 기술일 뿐이다. 기술 개발은 좋은 영화를 만드는 데 필요한 조건을 갖추는 것이지 그 자체가 목표는 아니며, 기술만으로 영화를 완성시킬 수는 없다. 최근의 미국영화가 놀라운 기술 수준에도 불구하고 화제작을 만드는 데 고심하고 있는 것은 기술이 곧 영화의 품질을 보증하는 것은 아니라는 바를 뜻한다. 지속적인 투자로 자체 기술을 개발하고 영화 제작에 응용하는 것은 중요하지만, 그것을 적절하게 활용하는 문제에 대해 더 많은 고민을 해야 한다.

앞으로 그가 얼마만큼의 성공을 거둘지는 아무도 모른다. 과도한 의욕 때문에 오히려 역풍을 맞을 수도 있다. 분명한 것은 그의 인식과 전략이 한국영화의 새로운 미래와 연결되어 있다는 것이다. 계속 그를 주시해야 하는 이유다.

[13]
대학으로 옮기는 영화인들

영화판에서 가장 큰 재산은 사람이다. 아무리 좋은 첨단장비가 있더라도 그것을 움직이는 것은 사람이고, 새로운 아이디어를 찾아내는 것도 기계는 할 수 없는 일이다. 능력과 의지를 가진 영화인이 얼마나 있는가는 영화계가 어느 정도 자생력을 갖추고 있는가를 가늠할 수 있는 평가의 기준이다. 특히 요즘처럼 영화계가 '총체적 위기'에 직면한 상황에서 그래도 기대를 걸 수 있는 부분은 사람이다.

그러나 현장에서 영화를 만드는 일에 땀을 쏟아야 할 영화인들이 어디에 있는가를 돌아보면, 본말이 뒤바뀐 것이 아닌가라는 생각이 들 정도다. 영화계 현장에서 작업을 하는 모습을 찾기보다는 대학 강단에서 강의하는 영화인들이 줄을 잇고 있기 때문이다.

'임권택 감독' 하면 한국영화계를 대표하는 인물이다. 〈만다라〉〈아제아제 바라아제〉〈아다다〉〈티켓〉〈길소뜸〉〈장군의 아들〉〈서편제〉〈태백산맥〉〈축제〉〈창〉 등 그가 감독한 영화들은 그대로 80~90년대 한국영화 대표작 리스트와 함께한다. 한국영화에 대한 국내외적 인식과 위상이 달라진 부분이 있다면 그같은 결과를 이끌어내는 데 상당한 기여를 했다는 사실 또한 분명하다. 영화계의 원로이자 대가로 평가받는 것은 당연한 일이다. 더구나 그는 아직도 꾸준히 영화를 만들고 있는 현역 감독이다. 영화계를 지탱해 주고 있는 얼굴이자 버팀목인 셈이다.

그런 그가 이번 학기부터 서울 모대학의 '교수'로 강의를 시작했다. 산학협동이라는 차원에서 보면 나름대로 뜻있는 일이기는 하다. 미래의 영화 인력을 키우는 또 다른 '현장'에서 자신의 경험과 기대를 전해 주는 일은 그것대로 의미를 둘 만한 일이기 때문이다. 학생들 입장에서 본다면 한국영화를 대표하는 감독의 생생한 지식과 경험을 직접 들을 수 있는 점에 기대를 걸 만하고, 학교 당국으로서도 대외적 이미지를 높이는 데 도움이 될 수 있을 것이란 점을 크게 볼 수도 있을 것이다.

그러나 영화계 전체로 본다면 '임권택 감독마저……'라는 아쉬움을 드러낼 만한 일이다. 대학에서 강의를 한다는 사실 자체가 '있을 수 없는 일'이어서가 아니라 영화 만들기에 전념해야 할 영화인들이 본업과는 다른 일에 정열을 분산시키는 것이 안타깝다는 뜻이다.

하지만 임권택 감독 같은 '외도'나 '겸업'은 영화계에서 결코 새로운 일이 아니다. 웬만큼 이름이 있다 싶으면 영화계에서 활동하기보다는 대학 강의나 영화 관련행사의 기획이나 프로그래머 등으로 이름을 내세우는 일이 갈수록 많아지고 있기 때문이다.

이번 학기만 하더라도 임권택 감독 외에도 정지영 감독도 모대학의 전임교수로 강의를 시작했다. 박종원·홍상수·이장호 감독 등이 그보다 앞서 대학에 몸을 담았고, 박광수·장길수·이광훈·김영빈·김홍준·배창호 등도 강단에 섰다. 편집의 박곡지나 촬영의 박현철, 고 유영길까지 더한다면 그 숫자는 더욱 늘어난다. 면면에서 드러나듯 막 영화계에 발을 들여놓은 신인급에서부터 영화계 최고의 대가로 평가받는 중견에 이르기까지 범위가 넓고, 분야 또한 다양하다. 최근 몇 년 사이 대학에 영화 관련학과가 급작스럽게 늘어난 데 따른 현상이다.

영화를 포함한 영상산업이 고부가가치를 보장하는 첨단산업이라는 평가가 등장하면서 우리 사회에서는 다투어 투자를 서둘렀다. 대기업들은 경쟁하듯 영상산업 분야에 뛰어들었고, 정부 또한 정책적으로 그것을 뒷받침하려고 했다. 외국영화 수입이나 유통·제작을 포함한 영화 분야는 물론이고 비디오나 케이블 텔레비전 분야까지 투자 대상으로 떠올랐다. 〈쥬라기 공원〉 한 편이 거두어들인 수익이 국산 자동차 100만 대 수출로 번 돈과 맞먹는다는 어느 보고서의 카피는 타오르기 시작한 불에 기름을 뿌리는 역할을 했다. 각 대학들이 영화 관련학과를 설립하기 시작한 것도 비슷한 시기였다. 기존 몇몇 대학들에 설치돼 있던 학과의 경쟁률이 수십 대 일을 넘을 만큼 인기학과로 떠오르는 몇 년 사이 영화 관련학과는 서른 곳이 넘었다. 영화 현장을 누벼야 할 인력들이 학교 쪽으로 자리를 옮겨앉은 것도 불가피한 일이기는 했다. 갑작스레 늘어난 학과만큼 교수 인력 또한 필요했지만, 이론과 실기를 고루 갖춘 인력을 급히 구하기 어려운 상황에서 현장 경험을 가진 영화인들을 주목하는 것은 손쉬운 선택이었다. 현장에서 쌓은 다양한 실무경험을 강의에 반영하는 것은 자칫 현실과 무관한 이론 속에 빠지기 쉬운 대학 교육의 취약 부분을 보완해 줄 수 있다는 점에서 긍정적인 효과도 결코 간과할 수는 없다.

그러나 작금의 현상은 산학협동의 차원을 넘어 영화계의 중심 인력이 영화판을 떠나고 있는 것처럼 보인다. 대학 교육이 오히려 한국영화를 죽이고 있다는 말이 나올 정도다. 올해 영화계 사정은 유례를 찾기 어려울 만큼 어렵다. 지난 몇 년간의 한국영화계 사정이 편안하고 넉넉했다는 뜻은 아니지만, 그래도 지금처럼 총체적 위기감에 빠진 적은 없었다. 새로운 투자자 역할을 하리라던 대기업은 심각한 적자와 부진 속에서 주춤거리고 있으며, 제작은 눈에 띄게 줄어들고 있다.

텔레비전은 케이블이나 공중파 가릴 것 없이 위기상황과 직면하고 있는 중이며, 광고시장 또한 생존을 보장할 수 없는 상태나 다름없다. 영상산업 전반이 생존을 검증받는 처절한 위기이자 난국이라고 할 만하다.

이런 처지에서 영화계의 중심 인력들이 영화판을 떠나 있다는 것은 난파선을 구하기보다는 오히려 발을 빼고 있는 것이라는 생각이 더 크게 든다. 강의를 하고 다른 일을 찾아나선다고 영화판을 떠났다고 단정할 수도 없고, 영화작업을 못한다고 단언할 수도 없다. 개개인의 입장에서 본다면 영화계의 일거리가 줄어드는 마당에 그나마라도 일을 할 수 있다는 것은 다행이라고 생각할 수도 있다.

하지만 아무리 입장을 이해한다고 하더라도 영화계 전체로 봐서는 전력을 쏟아도 어려운 처지에 이 일 저 일을 병행한다는 것이 결코 최선이라고 할 수는 없다. 강의도 나름대로 준비와 노력이 필요한 영역이다. 현장경험이 많다 하더라도 정해진 시간에, 필요한 내용을 제대로 전달하기 위해서는 그만큼의 준비가 있어야 하는 것이다. 강의 준비에 시간을 많이 들일수록 강의 내용은 그만큼 충실해지겠지만 에너지가 분산되는 것은 피하기 어렵다. 그렇다고 준비 없이 나섰다가는 기대한 만큼의 성과도 거두지 못한 채 시간과 노력만 들이는 결과로 그칠 수도 있다. 어떤 생각과 입장으로 시작했던 일단 강의나 그밖의 일에 손을 댔다면 그것에 따르는 책임과 의무를 다해야 하는 것은 새삼 말할 필요도 없다. 물론 강의와 현장 일을 모두 잘해 낸다면 아무런 문제가 없겠지만, 어느 한 가지에 집중한다면 좋은 결과를 낼 수 있는 사람조차 그렇지 못하다면 본인을 위해서나 영화계나 학교를 위해서나 바람직스럽지 못하다.

또 한 가지 걱정스러운 부분은 영화계 밖의 일을 하는 것이 당연한 것처럼 받아들여진다면 영화계에서 일하는 것이 경력을 쌓기 위한 중간 과정처럼 가벼워지는 것은 아닐까라는 점이다. 한 가지 일에 집중하는 경우보다 이것저것 두루 하는 것이 더 능력 있는 것처럼 비친다면, 본업에만 정열을 쏟는 영화인들을 곤란하게 만들 수도 있기 때문이다.

결국 어느 면으로 보더라도 현장을 지켜야 할 영화인들이 무더기로 다른 분야에 시간과 정열을 쪼개고 있는 것은 바람직스럽다고 하기는 어렵다. 더구나 어느 때보다도 영화인들이 힘을 합쳐 위기 극복에 나서야 할 처지에 현장을 떠나 있거나 에너지를 분산시키고 있는 것은 영화인들 스스로 위기를 외면하는 것이거나 모른 척 회피하고 있는 것이란 지적을 받아도 할 말이 없을 정도다.

무엇보다도 영화계의 가장 큰 재산은 사람이다. 어려움을 겪고 있는 영화계 현실을 뒤에 둔 채 영화인들이 이런저런 일에 열정을 분산하는 일은 영화계의 힘을 더욱 약화시키는 것과 다름없다. 유능한 영화 인력을 키우기 위해 교육을 펴고 있는 대학이 현장의 영화 인력을 끌어들이는 흡입구 역할을 하고 있다는 것은 무어라고 설명하기 어려울 만큼 역설적이다. 부실한 기반 위에서 서둘러 시작한 일의 대가를 치르고 있는 것이기도 하면서, 오늘의 우리 영화계가 서 있는 현실이 어디쯤인가를 되돌아보게 하는 일이기도 하다.

[14]
영화로 보는 정치권력

영화는 무엇을 할 수 있는가/하여야 하는가?

〈도가니〉나 〈부러진 화살〉은 2012년 한국영화 중에서 유별나게 사회적 논란의 대상이 되었다. 흥행적인 면에서는 그보다 더 큰 성과를 거둔 경우도 있고, 작품적인 평가에서 다른 영화들이 앞선 경우가 있었지만 이들 영화는 특정한 사실을 소재로 다루었고, 감독(또는 제작자)의 주장이 지극히 정치적이었다는 점에서 특별한 관심을 받았기 때문이다.

〈도가니〉는 어느 장애인 교육시설에서 벌어진 학대 사건을 소재로 다루었고, 〈부러진 화살〉은 모대학의 재임용 과정에서 탈락한 교수가 석궁으로 담당 판사를 위협한 사건의 진행을 재현하고 있다.

〈도가니〉는 해당 사건을 소재로 한 소설을 바탕삼아 영화로 재구성했다. 학교 안에서 은밀하게 진행된 가학적 성폭력, 사건이 드러난 뒤 가해자들을 문책하는 과정에서 경찰·법원 등 각계의 담당자들이 보여주는 권력적 결탁을 비판한다. 등장인물, 상황의 재구성, 사건을 무마하는 비리의 카르텔은 객관적인 사실을 재현한 것이 아니라 소설로 재구성된 것이며, 영화는 다시 그것을 가감하며 각색했다. 특정한 사건에서 모티프를 차용하기는 했지만, 영화는 '사실처럼 보이는 픽션'을 구성한 것이다.

그러나 영화가 상영된 이후 원래 사건이 재조명되고, 사건 관련자들의 처벌이 미약했다는 여론이 일었다. 사건의 진원이라고 알려진 학교의 운영에 대해 감사가 진행되고, 관련자들은 다른 혐의로 처벌받았다. 결국 학교가 폐쇄되는 과정을 겪었다. 사건이 발생한 지 수년이 지난 뒤 만들어진 영화가 과거의 사건을 다시 조명하게 만들고, 결국 응징자의 역할을 한 경우다.

〈부러진 화살〉은 더욱 논란의 대상이다. 이 영화 역시 구체적 사건을 다루고 있기는 하지만, 재판 과정 또는 해당 사건의 재판관에 대한 비난을 핵심적인 주장으로 표현한다. 재판부가 사건의 경과를 의도적으로 왜곡했거나 피의자에게 감정적인 제재를 하고 있다는 주장이다. 결과적으로 해당 사건의 재판은 정당하지 않으며, 법원의 권한이나 권위가 함부로 남용되고 있다는 것으로 귀결된다. 따라서 소송 당사자의 권리나 법 정의는 사라졌다고 비난하는 것이다.

이런 식의 비판 또는 비난은 한국영화, 특히 2000년대 이후 영화들에서 자주 나타난다. 그 대상은 폭력화된 국가권력이거나(〈실미도〉 〈태극기 휘날리며〉 〈작은 연못〉) 정당성을 잃어버린 국가권력을 방조하거나 지원하는 외부권력(〈괴물〉 〈웰컴 투 동막골〉)으로 등장하기도 한다. 국가지도자의 도덕적 타락(〈그때 그 사람들〉 〈효자동이발사〉)을 조명한 경우도 있다. 〈화려한 휴가〉나 〈박하사탕〉 같은 영화들은 정당성을 잃어버린 권력, 그들의 통제하에 있는 군대가 무고한 시민을 학살했다는 주장을 담았다. 남파간첩 등으로 활동하다 체포된 뒤 사상전향을 거부한 채 오랫동안 수감생활을 하고 있거나 출소한 비전향장기수들의 존재를 다룬 다큐멘터리 〈송환〉도 결론적으로는 이념적 갈등을 조장하며 반인권적 행동을 계속하는 남한정부의 완강함을 비난한다.

〈도가니〉나 〈부러진 화살〉은 경찰·법조 또는 학교 등 제도화한 권력이 선량한 개인을 유리한다는 주장을 제기하고 있다는 점에서 그같은 경향의 연장선에 놓을 수 있다.

이런 영화들에서 드러나는 소재의 선택과 재현은 진실을 향한 접근인가, 아니면 영화 구성을 위한 편의적 활용인가? 진실을 향한 주장이라면 생략과 왜곡·변형이 과다하고, 극적인 과장을 위한 수단으로만 한정한다면 오히려 사건을 극적으로 과장함으로써 사실을 왜곡하고 선동한다는 지적을 피하기 어렵다.

결국 이같은 의문은 영화가 무엇을 할 수 있는가, 또는 영화는 무엇을 하여야 하는가라는 문제로 연결할 수 있다.

정치적 변혁과 한국영화의 산업화

한국영화는 2000년대에 접어들면서 비약적인 발전을 이룩했다. 〈쉬리〉가 새로운 흥행기록을 세우면서 한국영화를 바라보는 인식과 평가는 크게 달라졌다. 흥행은 크게 증가했고, 비평적 평가도 우호적으로 변했다.

〈쉬리〉가 흥행기록을 돌파한 뒤 〈공동경비구역 JSA〉가 다시 흥행기록을 갈았고, 또다시 뒤를 이어 〈친구〉가 새로운 기록을 만들었다. 〈실미도〉는 한국영화사상 처음으로 1000만 명 관객기록을 세웠다. 전국 관객 1000만 명은 당시까지 한국 내에서 상영된 모든 영화의 흥행기록 중 최고의 숫자였다. 이전까지는 한국영화나 외국영화를 막론하고 그만큼의 흥행을 한 경우는 없었다.

'1000만' 명의 흥행기록은 한국의 영화시장이 급속하게 팽창하고 있다는 것을 증명하는 상징처럼 보였다. 관객들의 열광적인 지지가 없다면 실현 불가능한 숫자였기 때문이다.

그러나 〈실미도〉의 놀라운 기록은 〈태극기 휘날리며〉가 뒤를 이으면서 곧 바뀌었다. 이때 한국영화 흥행은 거대한 화산이 분출하듯 폭발하는 분위기였다. 〈왕의 남자〉 〈괴물〉이 잇따라 새로운 기록을 갈아치웠다. 새로운 기록은 또 다른 기록에 묻히면서 순위가 바뀌는 일이 거듭되었다.

한국영화가 가시적인 성장과 변화를 보인 시기는 정치적 측면에서도 큰 변화를 보인 시기와 겹친다.

1998년, 권위주의 시절부터 한국 민주화 운동의 상징처럼 통하던 김대중이 대통령에 당선되면서 한국의 정치적 상황은 크게 바뀌었다. 통치권력으로부터 극심한 견제와 박해를 받던 인물이 선거를 통해 대통령이 됨으로써 한국 내의 정치상황이나 국가적 민주주의 상황은 획기적으로 변화했다는 평가를 받은 것이다.

한국은 군국주의 일본의 식민지 지배를 거쳐 해방을 맞은 후 남북한으로 분단되었다. 남한에는 자유민주주의를 기본으로 하는 대한민국 정부가 수립되었고, 북한에는 공산정권인 조선민주주의인민공화국이 등장했다. 남한과 북한은 이념체제가 달랐고, 대립과 긴장이 계속되었다. 소련의 지원을 받은 북한의 남침으로 시작한 6·25전쟁은 수많은 희생자와 파괴를 남긴 채 휴전 상태를 유지하고 있다.

이같은 갈등과 긴장은 남북한 간의 정치적 대결과 체제경쟁의 요인이 되었다. 산업화는 중요한 국가적 과제로 설정되었다. 대통령에게 권력이 집중되는 권위적 체제가 등장했다. 경제적 성장과 산업화는 빠르게 진행되었지만 정치 분야에서는 저항과 반발이 빈발했다. 그같은 시대에 김대중·김영삼 같은 야당 인사들은 민주화 운동의 대표적인 지도자로 주목받았다.

이 시기 한국영화는 현실을 직시하며 반영하는 것을 주저하는 경향을 보였다. 특히 1970년대 영화의 대체적인 경향은 정부의 정책을 지지하는 내용을 담거나 소프트한 멜로드라마가 주류를 이루었다.

영화정책을 주도하고 있던 문화공보부는 '우수영화'의 개념을 정부 정책의 취지에 부응하는 영화로 설정하고, 대종상 시상식 등을 통하여 공개적으로 유도하는 정책을 펴기도 했다.

〈바보들의 행진〉처럼 당시 한국사회의 억압적이며 우울한 분위기를 반영하며 소극적으로나마 비판하고 저항하는 경우도 있었지만 대체로는 정치적 현실에 대해서는 무관심하거나 외면했다. 이른바 '호스티스영화'니 '하이틴영화'로 불렸던 멜로드라마, 청소년 영화가 유행했던 현상이다.

1980년대, 대통령의 시해와 정치적 혼란, 권위주의 정권의 등장 등 일련의 격변이 잇달았던 시기의 영화들도 현실을 반영하는 경우를 찾아보기 어려웠다. 〈애마부인〉으로 상징되는 성애영화들은 보다 자극적인 성적 이미지를 드러내며 관객들에게 호소했고, 큰 흐름을 이루었다. 이런 흐름들은 1990년대에도 상당한 수준으로 이어지며 한국영화의 경향은 오락화하는 추세를 보였다.

〈그들도 우리처럼〉이나 〈구로아리랑〉〈칠수와 만수〉 같은 영화들은 노동현장의 비인간적 현실을 조명함으로써 노동현장에 접근하거나 여전히 권력화한 정권의 어두운 그림자를 노출하려는 시도가 있기는 했지만 주류 영화계에서는 위험한 시도로 비치는 정도였다.

특히 80년대 후반부터 가시화된 대기업의 영화(영상)산업 분야의 참여 확대는 기존의 행정적 통제와는 성격을 달리하는 '자본의 통제'가 가시화하기 시작했다. 영화 제작 규모가 커지고, 미디어의 다양화 현상이 현실화함에 따라 사회적 논란을 일으킬 만한 소재나 주제에 대해서는 암묵적인 기피 대상이 되었다.

영화 제작 입장에서는 행정적 통제가 완화되거나 폐지되는 경향이 가시화함으로서 소재 선택이나 표현의 강도 등에서 훨씬 자유로워졌지만, 투자자본의 동의와 지지를 끌어내는 일은 상대적으로 점점 어려워지는 경향을 보이게 된 것이다.

자유로운 영화 제작이라는 점에서는 자본의 통제가 더욱 민감하고 대응하기 어려웠다. 행정적 통제는 그 대상이 명확하며, 관리자와 수용자의 관계를 대립적인 구도로 설정하는 것도 그리 어렵지 않은 반면, 자본적 통제는 그 대상도 분산적이어서 특정한 표적을 지정하기가 어렵고, 규제 또한 가시적으로 드러나는 경우가 드물기 때문이다.

한국영화, 권력을 심판하다

〈쉬리〉의 놀라운 흥행 성공은 2000년대 한국영화의 사회·문화적 위상을 새롭게 정립하는 계기가 되었다. 한국영화가 주도적인 입장에 서는 계기가 되었다는 평가도 가능하다. 한 편의 영화가 거둔 상업적 성공과 사회적 반향은 영화가 문화산업의 새로운 중심이 될 수 있다는 것을 실현한 것이며, 제작과 유통 과정에서 1차적 결과물로서의 영화 제작이 중요하다는 사실도 보여주었다.

이때부터 오히려 영화제작의 여건은 훨씬 자유스럽게 확대되었다. 유통(극장)이나 자본이 상당한 영향력을 장악하고 있었음에도 불구하고 제작자의 입지가 확대되었다고 보기 때문이다.

정치적 민주화의 진행과 새로운 정권의 등장, 자본에 대한 이념적

우위 등이 결합하면서 영화 제작 경향은 이전에 경험하지 못했던 새로운 단계를 맞은 것이다. 환경적인 측면에서 본다면 한국영화는 문화적 변방에서 맴도는 것이 아니라 주도권을 차지한 문화적 강자의 위치를 차지한 것이라고 할 수 있다.

적어도 한국영화는 2000년대에 들면서 처음으로 산업화 단계에 진입했으며, 문화적 주도권을 회복함으로써 제약 없는 자기 주장을 표현할 수 있는 단계로 전환한 것이다. 한국영화가 경험하지 못했던 새로운 단계다.

이전의 영화들이 정부 또는 제도화된 권력과의 관계에서 피통제적 입장에서 관리의 대상이었다면, 2000년 이후에는 독립적인 주장과 행동을 드러낼 수 있는 능동적 집단 또는 평가를 결정하는 판관(Judge)의 입장으로 전환하게 된 것이다. 경우에 따라서는 한국영화가 권력의 입장에 서된 것이라고 할 수도 있다. 이 시기에 등장한 영화들에서 나타나는 권력에 대한 입장, 관계의 표현에 주목하게 되는 이유다.

2000년대, 한국영화가 산업적 부흥을 이끌던 시기에 등장한 영화들 중에서 국가적 권위나 정치권력을 비판적으로 다룬 경우들은 쉽게 찾을 수 있다.

〈공동경비구역 JSA〉은 남북한의 분단과 대립의 책임이 남한 정부에 있다는 주장을 담고 있으며, 〈실미도〉〈태극기 휘날리며〉 같은 경우는 개인이나 가족의 행복을 위협하는 것은 적이 아니라 오히려 제도화된 국가권력이라는 주장을 드러낸다. 〈화려한 휴가〉에 이르러서는 정치적 혼란기에 권력을 장악한 집단이 광주에서 일어난 민중봉기 사태를 무력으로 진압함으로써 국민의 권리와 평화·행복을 무참하게 유린했다는 비판을 제기한다.

국가권력의 정당성에 대한 비판도 새로운 경향 중의 하나다. 〈그때 그 사람들〉은 박정희 전 대통령이 측근에게 시해당하던 전후의 상황을 재현하고 있지만, 역사적 사건의 맥락에 대한 고려는 관심 대상이 아니다. '대통령 박정희'의 방탕과 위선, 친일적 이미지를 과장하며 희화화하고 있다. 그가 대한민국의 정치지도자가 된 것은 역사에 대한 반역이며, 그가 통치했던 시대는 불우한 악몽의 세월이었다는 것처럼 조롱하고 모욕한다. 특정한 사건을 재현하면서도 필요하다면 가공의 상황까지 배치함으로써 감독의 주장을 강조하기까지 한다.

박정희 대통령 시대가 어두운 폭력의 시대였다는 주장은 〈효자동 이발사〉에도 등장한다. 청와대와 가까운 효자동의 작은 이발소를 운영하고 있던 이발사 가족은 우연히 시대적 폭력의 한가운데 갇힌다. 아들은 불구가 되고, 가족의 행복은 이유도 제대로 모르는 채 산산조각난다. 감독은 박정희 대통령 시대의 어두운 풍경과 그림자를 영화 내내 배경처럼 비춘다.

이보다 더 강경하게 발언한 경우는 〈실미도〉다. 북한에 비밀스럽게 침투시키기 위해 조직했던 '실미도 부대'의 설치와 훈련·소멸까지의 과정을 그린 이 영화는, 사건의 모든 원인과 책임을 '부도덕한 권력'의 책임으로 돌린다. 훈련부대의 교관이 잔혹한 이유도, 훈련 도중 대원들이 죽어가는 것도, 살인병기로 훈련시켰다가 정치적 상황이 변하면서 역할이 사라지자 가차없이 흔적을 지워 버리라고 명령하는 것도 모두 어두운 권력 때문이라고 보는 것이다. 부대원들의 '처리'를 거부하는 부대장에게 권총을 들이대며 위협하는 정보기관의 고위간부는 권력의 집행자 역할을 한다. 이 영화 역시 실제 사건을 모티프로 삼고 있으면서도 등장인물, 사건의 경과 등에서 픽션을 가감한다.

멜로드라마-선악의 대비와 과장

〈괴물〉은 미군부대에서 방류한 독극물 때문에 생긴 돌연변이 괴물이 치명적인 악역을 맡는다. 엄청난 양의 독극물을 버리라고 명령하는 미군 군의관과 무단 방류하면 심각한 오염을 유발할 것을 알고 주저하는 한국인 군의관의 관계는 정치적 함의를 표현하는 것처럼 보인다. 미국의 판단과 결정에 어쩔 수 없이 따라야 하는 한국의 국가적 위상을 상징하는 표현으로 설정하고 있기 때문이다. 군의관은 독극물인 줄 알면서도 한강에 버리라 명령하고, 한국인 군의관은 자신의 판단과 의지와는 다르게 괴로운 표정으로 하수구에 쏟아붓는다. 얼마간의 시간이 지난 후 한강에는 돌연변이 괴물이 등장하고, 서울 시민들을 닥치는 대로 공격한다. 매점 운영으로 소박하게 살아가던 박강두 일가족의 일상도 무력하게 찢긴다. 딸은 괴물에게 납치되어 생사가 모호하고, 아버지는 처참한 죽음을 맞는다. 괴물과 접촉한 서울 시민을 격리 수용한 의료시설의 관계자들, 위험지역을 관리하는 경찰, 행정관리들은 아무런 역할도 하지 못한다. 긴급한 상황 중에서도 자신들의 주머니 챙기는 일에 더 신경을 쓸 정도다. 가족을 지키는 것은 오로지 가족뿐이다. 우리 사회의 평화를 위협하는 진짜 괴물의 정체는 무엇인가라는 적개심을 바탕에 깔고 있다.

〈웰컴 투 동막골〉도 미군이나 국군을 적으로 묘사한 경우다. 6·25 전쟁중의 강원도 산골 마을의 평화를 깨는 존재는 미군이 중심이 된 연합군이다. 남한의 국군과 북한의 인민군 낙오병들은 우연히 동막골에서 조우하지만 곧 경계심을 걷어 버린 채 형제들처럼 어울린다. 전쟁의 원인이나 책임에 대한 고민은 없다. 마을의 평화가 깨지는 것은 조난당한 미군 조종사를 찾으려는 국군 수색대가 등장하면서부터다. 그들은 마을 주민들을 위협하고 협박한다. 이어지는 미군의 공습으로 마을의 모든 것은 산산조각난다. 결국 미군은 모든 비극의 배후이며, 증오의 대상처럼 비친다. 적과 아군, 동지의 개념은 멀리 날아간다.

〈작은 연못〉은 더 직접적으로 국군과 미군의 무자비한 학살이 발생하는 과정을 다룬다. 6·25전쟁중에 발생한 비극적 사건이기는 하지만, 영화 속에서 재현되는 사건의 구성은 극단적인 선악의 대비 구조를 드러낸다. 주민들은 저마다 삶과 사연을 가진 선량한 주체들인데 비해 미군이나 국군은 단지 명령만을 수행하는 폭력화된 집단으로 설정된다.

이같은 모습은 〈화려한 휴가〉에서도 마찬가지다. 1980년, 광주에서 일어난 사건을 재현하는 과정에서 시민과 진압군의 대조는 극단적으로 강조된다. 택시운전사 형과 그의 동생, 연인, 그리고 주변을 이루는 여러 사람들의 모습은 지극히 소박하고 선량한 모습으로 등장한다. 그들의 평화로운 일상은 진압군이 등장하면서 무참하게 무너진다. 진압군은 무자비하게 시민들을 폭행하고 총까지 겨눈다. 나라와 국민을 지키는 군인이 아니라 시민을 학살하는 폭력집단, 무자비한 권력의 하수인으로 전락한다.

이 시기에 등장한 영화들 중 역사적 사실을 재현하거나 권력의 존재를 조명하는 영화들은 대체로 과거의 권력은 정당성을 갖추지 못한 상태의 폭력적·비도덕적 독재로 설정하거나, 또 다른 권력의 비호를 받거나 조종당하는 하수인으로 비친다. 더 나아가서는 우리 사회에 각계에서 나타나는 여러 가지 문제들은 정당성을 갖추지 못한 권력이 빚어 놓은 어두운 유산처럼 설정하기도 한다.

영화가 다루는 사건은 우리 사회의 그같은 모순 또는 원천적 왜곡의 결과로 발생한 것이라는 주장으로 연결되는 것이라고 할 수 있다.

세상을 선과 악의 대립과 대결 구도로 설정하는 것은 이야기의 극적 긴장감을 조성하기 위한 일반화된 방식이다. 50여 년을 이어가고 있는 007 시리즈의 기본 구성은 악당을 징벌하는 슈퍼 영웅의 활약이다. 주인공 제임스 본드는 어떤 상황에서도 악당의 위협에 맞서고, 결국 정의와 평화를 지킨다. 악당들은 극단적인 집착과 분노·증오를 드러낸다. 성장기의 트라우마가 영향을 미쳤을 수도 있고, 특별한 조직 훈련의 결과로 그렇게 되었을 수도 있다. 어쨌든 악당은 정형화된 인물로 등장한다. 더구나 극단적인 야심을 실현하는 데 필요한 조직, 시설, 자본, 시스템 등 모든 것을 갖추고 있다. 심지어는 각국의 정보조직이나 전문가들이 감당하기 어려운 수준에 이르는 경우도 흔하다.

007류의 액션영화뿐만 아니라 대중적인 멜로드라마에서도 선인과 악인은 구분된다. 주인공은 대체로 유능하고 선하다. 한두 가지 약점이 있을 수 있지만 그것은 주인공의 존재적 가치를 강화하는 요인으로 작용한다.

2000년대 한국영화들 중 권력의 실체와 운영에 대한 비판을 담은 영화들이 대부분 선악적 이분화를 주요 구성 방식으로 차용하고 있다는 점은 놀랍기까지 하다. 선악의 구분이 명확하며, 악에 대한 비난과 응징이 강조될수록 왜곡과 과장도 강화되기 때문이다.

결론을 대신하며

〈쉬리〉이후의 한국영화는 산업적으로나 정치적으로나 가장 풍요롭고 자유로운 시대를 구가했다/하고 있다.

산업적인 측면에서는 제작과 유통·배급 등 각 부문에서 고도화된 수준을 맞았고, 정치적 측면에서는 영화에 대한 제약이나 차별 등 어떠한 종류의 억압도 찾아보기 어려운 상태다. 영화인들이 힘들어하는 부분이 있다면 창작적 열정이나 투자자의 동의 또는 지원을 확보하는 것이며, 경쟁 구조 속에서 스스로의 자립을 확보하는 일이다. 문화적인 면에서도 영화에 대한 이헤와 지지는 최고의 수준이다.

어떤 종류의 영화를 만들든, 어떤 수준으로 표현하든 영화의 선택이다. 강압적인 외부의 힘이 작용하는 구조는 아니라는 것이다.

이 시기의 영화들 중에서 한국의 현대사 속에서 드러나는 역사적 사건이나 권력을 소재로 삼은 경우들은 자주 나타나지만, 대부분은 선악적 이분화 구조로 설정하며, 비판하거나 비난하는 수준에 그치고 있는 것으로 보인다. 권력과 권위를 비판하거나 부정하면서, 한국영화 스스로도 그 프레임에서 벗어나지 못하는 것은 아닌가라는 평가도 가능하다.

[15]
판결로 밝힌 '표현의 자유'와 책임

'표현의 자유는 최대한 보장해야 하지만 그에 대한 책임도 함께 져야 한다.' 박정희 전 대통령 시해 사건을 묘사한 영화 〈그때 그 사람들〉은 한국영화사에 중요한 기준을 남기게 되었다. 영화가 특정한 소재를 다룰 때 어디까지 가능한지, 그렇게 만든 영화를 상영하는 데 아무런 문제가 없는지, 의도적이든 아니든 그 영화로 인해 직·간접의 피해를 당했다고 주장하는 경우가 있다면 그것을 어떻게 보호해야 하는가라는 문제에 대해 기준이 될 만한 선례를 만들었기 때문이다. 이 영화의 상영 금지 여부를 둘러싸고 진행된 소송 과정에서 해당 재판부는 영화는 원본대로 상영하되, 당사자의 명예를 훼손한 부분에 대해서는 배상을 해야 한다고 선고했다. 표현의 자유와 책임을 동시에 요구하는 결정을 내린 것이다.

〈그때 그 사람들〉은 제작 과정에서부터 영화계 안팎의 눈길을 모았다. 소재가 박정희 전 대통령의 시해 사건을 직접 다루는 첫번째 영화인데다가 생존인물들이 여러 명 남아 있고, 이런저런 이유로 희생된 인물들의 유족도 당사자 입장에 있기 때문이었다. 유족측에서는 심각하게 고인의 명예를 훼손했다며 영화 상영 중지와 배상을 요구하는 소송을 제기했고, 영화사측은 표현의 자유를 침해하는 행동이라며 원형대로 영화를 상영할 수 있어야 한다며 물러서지 않았다.

영화의 내용이 특정 개인이나 집단의 명예를 훼손한다는 시비에 말린 경우는 여러 번 있었다. 〈비구니〉 〈성철〉 같은 영화들은 불교계의 반대에 부딪쳐 제작 과정에서 중지된 경우이고, 시내버스 안내원들의 실태를 그린 〈도시로 간 처녀〉라는 영화는 상영 도중 간판을 내린 경우였다.

〈여고괴담〉은 변태적인 교사를 등장시켰다가 한국교원총연합회의 반발을 불러왔고, 〈공동경비구역 JSA〉는 휴전선 공동경비구역 내에 근무하는 군인들이 남북한 경계를 비밀스럽게 오간다는 묘사가 사실을 왜곡시켰다며 JSA전우회 회원들의 비난에 직면했다. 〈실미도〉는 인천 연안 실미도에서 비밀리에 북한 침투 훈련을 받았던 '실미도 부대' 대원들과 그 유족들이 영화사를 상대로 상영 중지를 요구하는 사태의 빌미가 되었다.

해방과 6·25전쟁에 이르는 시기를 배경으로 대한민국 건국 과정을 다룬 〈서울 1945〉라는 TV드라마 또한 이승만 전 대통령, 장택상 전 수도청장의 유족들이 사실 왜곡으로 고인들의 명예를 훼손했다며 검찰에 고발하거나 손해배상을 요구하는 소송을 제기함으로써 논란의 대상으로 떠올랐다.

그러나 명확한 결론을 내린 경우는 없었고, 자유와 책임 간의 균형 문제도 각자의 입장에 따라 엇갈렸다. 제작자 입장에서는 논란을 무시하고 제작이나 상영을 강행해 봐야 유리할 게 없다고 판단해 적당히 협상하거나 아예 포기하는 태도를 보이는 경우가 잦았고, 문제를 제기하는 당사자들은 시간과 비용을 들여 언제 끝날지 모르는 소송을 시작하기가 쉽지 않았다. 혹시 소송을 시작하더라도 반론을 제기하는 주체가 당사자가 아니거나 대표성이 없다는 이유로 기각되는 경우도 있었다.

이번 판결이 중요하게 보이는 이유는 어느 한쪽의 일방적인 우세를 단정한 것이 아니라, 영화를 만든 쪽이나 피해를 받았다는 측을 모두 보호하며 자유와 책임을 동시에 존중해야 한다는 것을 명확히 했기 때문이다. 영화사는 온전한 모습으로 영화를 상영할 수 있는 길이 열렸고, 피해 당사자에게는 적절한 수준의 배상을 함으로써 영화가 특정 인물의 명예를 훼손했다는 사실을 인정받는 보상을 받은 것이다. 괜한 논란을 피하겠다며 유야무야하지 않은 채 끝까지 시시비비를 법리적으로 계속한 제작자나 박 전 대통령의 유족측 모두 대단한 의지를 보인 것이라고 할 수 있다. 상급심에서 최종적으로 어떤 결론으로 마무리될지는 좀 더 지켜보아야 하겠지만, 이번 결정만으로도 의미있는 기준이 될 만하다. 영화제작자나 감독 입장에서는 원형대로 상영은 하되 배상하라는 결정이 불만스럽고, 유족측에서는 명예훼손을 인정하면서도 왜 그대로 상영을 계속하도록 두느냐며 아쉬워할 수 있지만 양측 모두를 승자로 만들었다고 하기에 충분하다. 〈그때 그 사람들〉은 소란스런 논란을 의미 있게 만든 것이다.

지상파 방송의 연예오락 독과점과 연예권력

젊은 탤런트의 자살

싸움, 간통, 살인, 도둑, 징역. 이 세상의 모든 비극과 활극의 근원지인 칠성문 밖 빈민굴로 오기 전까지는, 복녀의 부모는 농민이었다. 복녀는 원래 가난은 하나마 정직한 농가에서 규칙 있게 자라난 처녀였다.

(중략)

사흘이 지났다. 밤중, 복녀의 시체는 왕서방의 집에서 남편의 집으로 옮겼다. 그리고 시체에는 세 사람이 둘러앉았다. 한 사람은 복녀의 남편, 한 사람은 왕서방, 또 한 사람은 어떤 한방 의사…….왕서방은 말없이 돈주머니를 꺼내어 십원 지폐 석 장을 복녀의 남편에게 주었다. 한방 의사의 손에도 십 원짜리 두 장이 갔다. 이튿날 복녀의 시체는 뇌일혈로 죽었다는 한방의 진단으로 공동묘지로 갔다.

김동인의 단편소설 〈감자〉(1925)의 앞부분과 결말 부분이다. 작품에 등장하는 인물 복녀는, 착실한 삶을 꿈꾸지만 가난에 몰린 끝에 결국 쉬운 방법을 선택한다. 필요할 때마다 치마끈을 푸는 것이다. 그후 나름대로 풍족한 생활을 누리던 복녀는 비극적인 죽음을 맞는다. 하지만 누구도 그녀의 죽음을 애도하지 않는다. 이해관계로 얽힌 주변 인물들에 의해 거래의 대상이 될 뿐이다.

2009년 3월 7일, 한 여자 탤런트의 자살 소식이 전해졌다. 한창 인기를 잃고 있던 드라마 〈꽃보다 남자〉에 출연중인 장○○ 씨였다. 분당의 자택에서 목을 매 숨져 있는 것을 지인이 발견하고 병원으로 옮겼다는 내용이 뒤따랐다. 스물일곱의 젊은 연기자, 한창 인기를 얻고 있는 드라마에 출연하고 있던 미모의 연기자가 자살했다는 소식은 많은 사람들을 안타깝게 했다. 최근 들어 갑작스러울 정도로 연예인들의 비극적인 소식이 빈발하던 터에 터져나온 또 하나의 우울한 소식은 뒤숭숭하던 연예계의 분위기를 더욱 우울하게 했고, 시청자들 역시 멈추지 않는 슬픈 소식에 놀라워했다. 고인과 가까웠던 지인은 "최근 고인이 소속사와 재계약 문제, 드라마 비중 문제 등으로 많이 괴로워했다"고 밝혔지만, 내용을 자세히 알지 못하고, 알 수도 없는 시청자들은 그만한 일로 목숨까지 버릴 수 있는가라는 생각이 더 많았다. 더러는 늘어나는 자살 문제의 사회적 원인과 대안에 대하여 고민하기도 했고, 연예인들의 내면이 겉보기와는 다르게 힘든 부분이 있는가 보다라는 생각을 하는 경우도 있었다. 여기까지는 그런 정도의 사건에 그쳤다. 사건의 당사자가 연예인이었다는 점, 그래도 인기 있는 드라마에 출연중인 연예인이었다는 사실로 인해 좀 더 눈길을 끌기는 했지만 여느 자살 사건과 비교해서 특별히 다른 사건이라고 볼 만한 이유는 드러나지 않았기 때문이다.

예상하지 않았던 반전은 시간이 지나면서 나타났다. 주변 인물의 이상한 행적과 그녀가 남겼다는 문건이 등장하면서, 젊은 연기자의 죽음이 개인적 고민으로 일어난 자살 사건이 아니라 연예계의 복잡한 이해 관계와 추잡한 스캔들이 얽힌 사회적 사건으로 변모시켰다. 고인의 매니저였던 모 매니지먼트회사의 대표 유모 씨는 자신의 홈페이지에 장씨의 자살이 단순히 개인적 비극이 아니라는 취지의 글을 올렸다.

"……〈공공의 적〉이란 영화가 생각납니다. ○○이를 아는, 아니 연예계 종사자는 ○○이가 왜 죽었는지 알고 있을 겁니다. 단지 ○○이가 단 한 명의 공공의 적을 싸울 상대로 저를 선택한 것입니다. 공공의 적은 너무나 많은 사람에게 고통을 주고 피해를 주었기 때문입니다. 공공의 적의 말을 믿고 지키려는 사람들에게 말하고 싶습니다. 더 이상 공공의 적을 지키려 하지 말 것을. ○○아, 내가 절대 이 싸움을 포기한 건 아니다……."

무슨 뜻인지 정확하게 지칭하지는 않았지만 사건 뒤에는 더 깊은 내막이 있다는 취지처럼 보였다. 더불어 고인이 연예 활동중에 겪었던 여러 가지 일들과 심경을 적은 A4 용지 12장 분량의 문건이 있다는 풍문이 떠돌기 시작했다. 시간이 지나면서 그 풍문은 구체적인 내용으로 나타났다. 언론을 통해 조금씩 알려진 내용에는 "이 고통에서 벗어나고 싶습니다. 저는 나약하고 힘 없는 신인 배우입니다"라는 대목이 들어 있었고, 2월 28일이라는 날짜와 전화번호, 본인의 서명과 지장이 찍혀 있는 사진도 공개됐다.

의혹과 스캔들

사건을 담당한 경찰은 당초 고인의 죽음을, 심한 우울증에 의한 자살이라고 판단하고 종결하겠다는 입장을 밝혔으나, 일부 매체에 의해 이같은 문건이 계속 공개됨에 따라 원점에서 다시 수사할 수밖에 없는 입장으로 바뀌었다. 시간이 지나면서 양파 껍질을 벗기듯 한 토막씩 드러나는 내용 중에는, 고인이 소속했던 기획사 대표 등이 사회 각계의 유력인사들을 상대로 술자리를 만들고, 술시중과 성상납을 하도록 강요했다는 대목도 포함되어 있었다.

유모 씨는 다시 홈페이지에 올린 글을 통해 "○○이를 아는, 아니 연예계 종사자는 ○○이가 왜 죽었는지 알고 있을 겁니다"라고 적어, 그의 죽음에 배후가 있다는 것을 보다 강한 어조로 암시했다. 유모 씨를 만난 한 언론매체는 그가 "신변에 위협을 받을 수 있는 상황이며, 목숨을 걸고 이 사실을 이야기하는 것"이라고 밝히며, 사건의 배후와 관련해 '공공의 적'을 지명하며 그의 말을 믿고 그를 몰아내야 한다고 호소했다는 사실을 공개했다.

한동안 고인이 남긴 문건이 공개되는 것을 부담스러워하는 듯하던 유족측은, 언론 보도를 통해 문건의 내용이 부분적으로 드러나고, 고인이 모욕적인 대우를 받았다는 부분이 세간의 논란거리로 떠오르는 상황에서 문건 중에 언급된 7명을 성매매특별법위반 등의 혐의로 경찰에 고소하는 것으로 대응했다. 언론과 세간의 관심은 피고소된 7명의 명단, 이른바 '장○○ 리스트'로 명명된 각각의 인물들에게 집중했다. 고인의 오빠 명의로 경찰에 고소한 인물 중에는, 유력 신문사 사장 A씨와 IT업계 대표 B씨, 금융계 회장 C씨가 포함되었다는 풍문이 돌면서 일파만파로 퍼져나갔다. 그 중에서도 유력 신문사 사장이라는 인물에 대한 비난은 태풍의 눈처럼 떠올랐다.

그러나 수사가 진행되면서 사실이 규명되기보다는, 연예계의 치열한 생존 경쟁과 그뒤에 연결된 복잡한 내막의 일부가 드러났다. 매니저 유모 씨와 기획사 대표 김모 씨의 행적이 의심스럽다는 정황을 드러냈고, 문건 역시 고인이 자살하기 전보다 최소한 1주일 이상 미리 만들어졌고, 매니저 유모 씨가 가지고 다니며 PD 등 주변 인물들과 접촉했다는 사실도 드러났다. 고인이 자필로 작성한 문건이라는 사실에 대해서는 누구도 부인하지 않았지만, 문건 작성의 시점과 의도, 내용의 진위 여부에 대해서는 의구심이 증폭됐다. 오히려 고인의 죽음이 문건 유출로 인한 정신적 압박 때문이었다는 주장도 나왔다. 매니저 유모 씨의 행적도 의심을 받았다. 기획사 대표 김모 씨는 유모 씨를 출판물에 의한 명예훼손혐의로 고소했고, 수사가 진행되는 동안 일본에 체류하고 있다. 조사를 피하기 위해 도피한 인상을 주고 있지만 정확한 의도와 과정에 대해서는 드러난 게 없다. 경찰의 조사는 받지 않았다.

경찰이 본격적인 수사에 착수한 지 한 달을 넘겼지만, 사건의 실체는 아직 모호하다. 경찰이 고인의 자살 사건을 전담하는 수사본부를 꾸린 것은 3월 14일. 이후 경기경찰청 핵심 수사 인력 41명을 투입해 장씨와 주변 인물들의 휴대폰 통화 내역 13만 건을 분석했다. 또 장씨의 소속사와 전 매니저 사무실 주변의 폐쇄회로TV, 술 접대업소 9곳과 관계자들의 카드 사용 내역들도 샅샅이 뒤졌다. 참고인 조사를 받은 사람만 60명에 달한다. 하지만 수사본부가 지금까지 밝혀낸 내용은 '강요 혐의를 받고 있는 수사 대상자는 9명'이라는 것을 제외하고는 진전된 내용이 거의 없다. 관련자 가운데 유일하게 경찰 출석이 공개된 전 매니저 유모 씨의 경우 4차례나 소환조사했지만, 문건 작성 경위나 배후, 장씨 자살 전 문건 유출 여부 등을 제대로 밝혀내지 못했다. 강요 혐의를 받고 있는 9명에 대한 조사도 가시적인 성과를 내지 못하기는 마찬가지다. 수사담당 경찰은 "9명 가운데 6명에 대한 1차 조사를 마쳤고, 나머지 3명은 최대한 이른 시일 내 조사를 마칠 것"이라고 밝히는 것으로, 공식적인 입장을 한정지었다. 조사가 이뤄지지 않은 3명이 누구인지는 밝히지 않았고, 조사를 받은 인물의 신분에 대해서도 함구하고 있다. 수사본부측은 "이번 수사는 피해자가 고인이 됐고, 핵심인물이 일본에 있는 등 정말 하기 어려운 수사"라고 밝혔다. 또 "일본에 체류중인 김씨의 신병이 확보되지 않을 경우 일부 수사대상자에 대해 참고인 중지에 들어간다"고 말하기도 했다. 김모 씨의 신병이 확보될 때까지 수사를 중단할 수밖에 없다는 입장을 드러낸 것이다.

수사가 계속 진행되어 사건의 경과를 명확하게 드러낼 것인지, 유야무야로 마무리될지는 현재 단계에서는 판단하기 어렵다. 시간이 지날수록 사건의 실체는 모호해지고, 사건을 임의로 판단하며 추측성 보도 경쟁을 벌이는 언론, 특정한 대상을 공격하려는 기회로 활용하려는 각종 단체와 정치권, 언론의 매도와 비난이 난무하는 양상을 드러내는 양상으로 바뀌어 가고 있을 뿐이다.

미디어와 여론

사건이 일어나기 전까지는 별다른 주목을 받지 않았던 여자 탤런트였지만, 그녀의 죽음으로 인한 충격파는 컸다. 인터넷 매체를 비롯한 대부분의 언론은 저마다의 입장과 주장을 드러내며 경쟁하듯 기사를 내보냈다. 단일 사건으로 구성된 기사 중에서 이번만큼 오랫동안, 많은 기사를 만든 경우가 있었는가 싶을 정도다. 그러나 많은 기사량에도 불구하고, 내용은 경찰측에서 발표하는 수사 내용과 미확인 풍문, 그것을 교묘하게 활용한 공격성 발언 등으로 채워졌다.

젊은 죽음을 애도하고 안타까워하던 분위기는 간데없이 '술시중 강요, 성상납 의혹' 같은 말초적 흥밋거리들이 기사의 주요 관심으로 부각됐다. 강남의 고급 술집 몇 곳이 후보지로 알려지기도 했고, 기획사 사무실 건물의 일부가 '접대' 장소로 사용되었다는 추측성 보도도 쏟아졌다.

특히 술시중 강요 등의 과정에 개입되었다는 '리스트'가 부각되면서 논란의 중심은 그들이 누구인지 당사자의 실명을 밝히는 문제로 옮아갔다. 유력 신문사의 대표가 리스트에 포함되어 있다는 주장이 등장하면서, 문건의 내용은 분명한 사실처럼 인용되는 양상이 벌어졌다. 시정의 소문으로만 돌았을 뿐 공식적인 확인이 없었고, 더구나 내용의 진위, 거명되는 인물들의 구체적 행적 등이 드러나지 않은 상태에서 특정 언론사의 임원을 지명하는 일이 국회 안에서 벌어졌다. 민주당 이모 의원은 4월 6일 국회 대정부질문을 통해 사건에 연루됐다는 의혹을 받고 있는 모 언론사의 실명을 거론했다. 해당 언론사의 적극적인 해명에도 불구하고 일부 언론은 해당 언론사와 대표의 실명을 인용했다. 민주노동당 이모 의원은 10일 공중파 방송의 토론 프로그램에서 같은 실명을 거듭 거론했다.

해당 언론사는 자사의 특정 임원이 '장○○ 리스트'에 연루된 것처럼 언급해 명예를 훼손했다며, 두 의원을 서울중앙지검에 고소하였다고 밝혔다. 더불어 이들 의원에게 민사소송도 제기할 방침이라고 덧붙였다.

이에 대해 민주당 이모 의원은 11일 성명을 내고, 헌법에 보장된 국회의원의 면책특권까지 특정 언론사가 무시하고 있다는 취지의 반박 성명을 내기도 했다.

수사가 지지부진하는 사이 본질과는 다른 고소고발 사태로 변질되는 양상을 보이고 있으며, 특정 언론사를 구체적으로 거명하며 여론 공격을 퍼붓는 양상으로 바뀐 것이다.

이 과정에서 드러나는 문제는 오로지 사회적 관심을 끌 수 있고, 독자들의 흥미만을 좇아 선정성 경생을 벌이는 황색 언론의 난무, 특정한 대상을 공격하기 위한 빌미로 활용하기 위해 사건의 사실 관계가 정리되기도 전에 실명을 노출하고 조롱하는 의도적 공격성을 제어할 있는 방법이 거의 없다는 것이다.

연예권력의 그늘

여전히 사건의 실체는 명확하지 않지만, 주목해야 할 부분은 연예·비즈니스의 권력화와 이를 제도적으로 장악하며 조장하고 있는 방송의 폐쇄적 공생 구조다. 현재 연예·오락 프로그램의 시장적 공급은 공중파 방송이 독과점 형태로 장악하고 있다. 전국을 가청권으로 하는 3개 공중파 방송의 경우 평일에도 6개의 저녁 드라마, 3개의 낮 재방송 드라마, 3개의 아침 드라마, 시트콤 1개 등등 모두 13개 드라마(4월 20일 월요일 하루)를 편성하고 있다.

주말의 경우도 다를 바 없다. 주말(4월 18~19일 토, 일요일)에는 모두 25편의 드라마를 편성하고 있다. 이 중 본편이 12개, 재방이 13개다.

여기에다 연예인들이 주요 출연자로 구성되는 28개의 오락 프로그램이 따로 편성되어 있다. 드라마와 오락 프로그램은 숫자뿐만 아니라 편성시간대도 권역대별로 시청률이 높은 프라임 타임에 배치되어 있다. 단순히 전체 방송 시간 대비 드라마, 오락 프로그램의 편성 비율을 따지는 것은 숫자의 현혹에 지나지 않는다. 평일 주말 가릴 것 없이 드라마·오락 프로그램이 중심을 차지하며 시청률을 좌지우지하고 있는 것이다.

케이블텔레비전·DMB·IPTV 등이 새로 등장할 때마다 방송 프로그램의 다양화·특성화를 앞세우고 시청자의 다양한 선택권을 강조하지만, 실상은 공중파 방송에서 인기를 모았던 드라마·오락 프로그램을 다시 내보내는 재탕 창구 역할을 하고 있다.

케이블 텔레비전이 독자적인 프로그램을 구성하는 경우가 드물게 있긴 하지만, 오락 채널의 경우 상당수는 공중파 방송의 프로그램을 다시 내보내는 것으로 채우고 있다. 케이블텔레비전 등에서 간혹 독자적인 프로그램을 제작한다 하더라도 프로그램 진행자나 게스트를 스타급 연예인으로 채우는 것은 일상적인 일이다. 의욕적으로 출발한 IPTV 사업이 출범하자마자 적자 문제를 이야기하고, 공중파 방송의 전면 개방이 없는 한 사업 자체가 위태로울 수 있다는 우려가 나오는 현실은 방송 구조의 취약한 현실을 드러내고 있는 반증이다. 결과적으로 공중파 방송이 생산하는 드라마·오락 프로그램이 모든 미디어를 장악하며 24시간 시청자를 포위한 채 반복적으로 노출되는 구조를 이루고 있는 것이다.

이같은 현실에서 연예산업 분야에서 차지하는 방송의 권한은 절대적이다. 간혹 스타급 연기자나 작가가 프로그램의 구성과 편성을 주도한다는 경우도 있긴 하지만, 권력화된 방송계의 내부 사정에 해당하는 것일 뿐 독과점적 방송권력의 구조가 근본적으로 바뀌었다는 의미는 아니다. 연예 비즈니스 분야에서 스타급의 지위를 확보한 경우라면, 그것이 연기자이든 작가이든 연출이든 자신의 존재에 대한 가치를 유지할 수 있지만, 그 영역 안으로 진입해야 하는 신인들에게는 요원한 저 너머의 세계가 아닐 수 없다.

연예인의 꿈을 키우는 지망생이 대중적인 인기를 얻고, 그 분야에서 지속적인 활동을 하기 위해서는 본인의 재능과 자질·노력은 물론 체계적인 매니지먼트가 뒤따라야 한다. 시청자나 관객의 취향과 트렌드는 계속 변하고, 그들이 활동할 수 있는 장소와 기회는 한정되어 있기 때문이다.

대부분의 연예인 지망생들이 초기 단계에서부터 매니지먼트회사와 계약을 하고, 활동에 나서는 것은 그것이 체계적인 활동의 시작이라고 보기 때문이다.

그러나 매니지먼트회사와 소속 계약을 한다고 해서 모든 문제가 해결되는 것은 아니다. 초기 단계에서는 회사와 지망생의 관계가 무조건적인 의존 관계를 유지하는 경우가 많지만, 연예인의 활동 범위가 넓어지고 인기가 높아지면 관계에 변화가 생길 수 있다.

연예인 입장에서는 계약 조건이 심각하게 불리하다고 주장하는 경우가 있고, 회사측에서는 초기의 투자 노력을 인정하지 않는다며 '계약 위반' '배신' 같은 용어를 끌어들인다. 연예인 입장에서는 위상이 달라짐에 따라 계약을 갱신하거나 파기하고자 하더라도 불리한 조건을 감수해야 하는 경우가 많아 함부로 행동하기도 어렵다. '노예계약'이라는 용어가 일상적으로 통용되는 대목이다. 회사 입장에서는 위약에 대한 배상 규정을 느슨하게 한다면, 어느 회사가 성실하게 연예인에 대한 투자·관리를 할 수 있는가라며 반박한다.

연예인과 소속회사 간의 계약이 지나치게 불공평할 경우 연예인측에서 이를 불공정 거래행위로 고발해 공정거래위원회의 시정 명령을 통해 구제받는 경우도 있기는 하다. 하지만 대중적 인기를 얻어 확고

하게 자리잡지 못한 대다수의 연예인은 소속사의 부당한 대우에 대해서도 항의하거나 법적인 주장을 하기가 쉽지 않다. 소속사가 기피하는 인물로 낙인찍혀 불이익을 당할 가능성이 많고, 관련업계의 기피인물로 관리될 염려도 배제하지 못한다. 어느 경우라도 연예계에서 활동하고 기반을 다지는 데 치명적인 요소로 작용할 개연성이 높기 때문이다.

매니지먼트회사들 역시 독자적인 활동을 하기가 쉽지는 않다. 해당 회사들이 얼마나 많은 스타급 자원을 확보하고 있느냐에 따라 활동범위·계약 조건 등이 달라질 수 있지만, 지속적인 활동 영역을 확보하기 위해서는 방송사 관계자들과 우호적인 관계를 유지해야 할 필요가 있다. 투자 유치, 기업 합병, 사업 홍보, 세무회계 등과 관련하여서도 다양한 분야의 인물들과 유대 관계를 지속해야 한다.

이 과정에서 여러 형태의 업무와 로비가 이루어질 가능성이 크다. 산발적으로 터져나오는 금품 수수, 술자리 접대, 성상납 같은 파문들은 업계 내부의 관행처럼 사라지지 않고 있다. 이번 사건에서도 '술자리 접대, 성상납' 같은 스캔들이 들어 있었고, 각계의 유력인사들이 거론된 것 역시 매니지먼트회사의 로비 대상이 광범위하게 퍼져 있다는 것을 반증하는 부분이다.

결과적으로 매니지먼트회사와 연예인, 방송사의 연예오락 프로그램 담당들과의 유착 구조는 현재와 같은 독과점적 구도 현실에서는 누구도 자유롭기 어렵다.

결론을 대신하여

'장○○ 사건'의 정상적인 마무리는 1차적으로 죽음의 진실을 밝히고, 고인을 애도하는 일이다. 그 과정에서 부당하고 불법적인 일이 개입했다면 그 일을 한 사람들에 대한 합당한 책임을 물어야 한다. 억울한 희생이라면, 경과의 내막을 정리함으로써 유사한 일이 거듭되지 않도록 밝혀야 한다.

그러나 이번 사선은 사회적 경고의 의미도 작지 않다. 특히 두 가지 주목하는 부분은 급조되는 여론과 그것이 갖는 과도한 공격성, 그리고 지상파 방송의 연예오락 프로그램이 연예계 진입의 결정적 창구 역할을 하는 데서 생긴 연예권력의 독과점 현상이다.

이번 사건이 진전되는 과정에서 언론의 역할은 양면의 칼 같았다. 사건의 이면에 또 다른 내막이 있다는 것을 드러낸 것은 문건의 존재가 언론을 통해 드러나면서부터였다. 그것이 작성된 과정, 유출 과정, 내용의 진위 여부는 여전히 의혹의 대상이기는 하지만 자필로 작성한 문건의 실체가 존재한다는 사실이 구체적으로 드러나면서 경찰의 수사는 재개됐다. 개인의 비극으로 그칠 수 있었던 자살 사건이 사회적 관심을 집중시키는 사건으로 부각된 것이다.

하지만 사건의 윤곽이 드러날수록 또 다른 의혹과 의문이 뒤따랐고, 언론은 경쟁적으로 기사를 내보내기 시작했다. 앞에서 언급한 것처럼 사건의 실체에 집중하기보다는 부차적인 사안들이 본론을 압도하는 현상으로 역전했다. 그 중에서도 특정 언론사를 주요 공격 대상으로 삼은 듯한 현상은 이번 사건을 특정 대상을 공격하기 위한 수단으로 변질시킨 사례다. 논란의 대상이 개인이든 기업이든 자신이 한 일에 책임을 져야 하는 것은 적법한 절차에 따른 것이지만, 객관적 실체가 밝혀지기도 전에 이루어지는 집단 공격과 매도는 심각한 폭력이자 법치를 부정하는 행위가 아닐 수 없다. 사회정의를 주장하며, 오히려 폭력을 선동하는 집단적 열광은 견제해야 한다.

　방송사 연예오락 프로그램 담당 PD나 간부들이 매니지먼트회사나 연예인들로부터 향응과 금품을 주고받은 일로 일해 수사를 받은 것은 어제오늘의 일이 아니다. 사건이 터질 때마다 해당 부서의 사람들을 바꾸고, 다시는 그런 일이 일어나지 않도록 다짐을 하지만 얼마간의 시간이 지나면 다시 같은 일이 벌어진다. 구체적으로 행적이 드러난 경우에 대해서는 내부의 징계나 법률적인 처벌을 받지만, 구조적인 대응책은 흐지부지되고 만다. 방송의 독과점적 폐쇄성은 더욱 견고해지고, 로비는 더욱 은밀해질 뿐이다. '장○○ 사건'은 죽음이라는 극단적 선택으로 인해 세상에 드러났지만, 현재에도 비슷한 처지에서 고통을 받고 있는 연예인들의 숨은 사정이 있을 수도 있다. 지상파 방송의 독과점적 권력화 현상을 완화하는 것은 프로그램의 다양화, 기회의 확장과 균등화에 중요한 전기를 마련할 수 있다. 방송의 연예오락 프로그램이 연예계를 범죄적 카르텔을 형성하게 하는 온상이 되는 현실은 방송의 사회적 책임이라는 측면에서도 바람직하지 않다.

[17]

배우와 스타, 그리고 연기자로 살기

취미로 하는 일과 직업으로 삼는 일은 다르다. 취미로 하는 일이야 억지로 시켜서 하는 것도 아니며, 잘하고 못하고를 엄격하게 따지는 것도 아니다. 노래방에서 높은 점수 받으면 그냥 기분 좋은 일이며, 낮게 나오더라도 웃어 버리면 그만이다. 그러나 그것을 직업으로 삼아야 하는 경우라면 이야기가 달라진다.

〈코러스 라인〉이라는 영화에는 브로드웨이 뮤지컬의 출연 배우가 되려고 사력을 다하는 지원자들의 모습을 그린 경우다. 수많은 지원자들, 저마다 재능과 야심을 불태우며 배역 하나를 맡기 위해 치열한 경쟁을 벌인다. 춤과 노래, 유연한 동작, 다양한 표정, 우아함과 당당함, 독특한 개성과 카리스마……. 보여줄 수 있는 것이면 무엇이든 다 보여주어야 한다. 주어진 시간은 짧고, 그나마 그런 시간을 잡을 기회는 자주 오지 않는다. 선발권을 가진 오디션 디렉터의 한마디는 그야말로 생사를 가늠하는 저승사자나 다름없다. "O번 X번은 뒤로 빠져. 그리고 OO번은 다시 해봐."

그렇게 합격자와 불합격자의 경계는 나뉘어지고, 기회를 잡은 자와 또다시 다음 기회를 기다려야 하는 자의 인생도 나뉘어진다.

한 번의 실패가 인생을 영원히 결정할까. 그렇다면 세상에 희망이 차지할 자리는 없다. 희망이 없다면 세상은 지금보다 수십 배 더 힘들어질 것이다. 다행스럽게도 실패와 똑같은 숫자만큼의 재기의 기회도 존재한다. 그래서 현실이 어떻든 '희망'은 무엇보다 부드럽고 따뜻한 위로다. 비록 평생 동안 단 한번이라도 그 희망을 실제로 만날 수 있을지는 아무도 장담할 수 없지만, 그래도 사람들은 저마다 그것에 기대를 건다.

〈투씨〉에서 더스틴 호프먼은 운이라고는 지지리도 없는 배우 지망생을 연기한다. 연기력도 웬만큼 있는 편이고 무슨 역이든 맡기만 하면 잘할 자신도 있지만, 어찌된 일인지 변변한 기회를 잡기가 까마득하다. 그러나 사람이 아주 죽으란 법은 없는지 우연한 기회에 일거리가 생긴다. 여자 분장을 하고 곱살스럽게 굴었던 것이 연출자의 눈에 띄어 배역을 얻는다. 이때부터 그(그 여자)는 주위 여자들의 우상으로 변신한다. 추근거리는 남자 간부를 후련하게 골려주고, 이런저런 걱정으로 고민하는 여자들의 인생 상담까지 들어준다. 남자들에게는 겁나는 여자이고, 여자들에게는 내면의 자신을 새롭게 자각하며 용기를 가질 수 있도록 격려하는 지도자 같은 존재로 떠오른다. 남자로 있을 때는 제 앞가림하기도 허덕거리던 친구가 여자 행세를 하고 난 이후부터는 다른 사람의 인생 고민까지 들어주는 스타로 변신하는 것은 역설이다. 그렇다고 '나는 남자'라고 이야기하기에는 사태가 너무 심각하게 굴러가 버렸다. '살자니 고생이요, 죽자니 청춘'이라는 격이다.

하지만 만원버스 안에서도 자리잡고 앉은 사람은 있기 마련이고, 절간에서도 새우젓을 먹는 사람이 있는 것이 세상의 풍경. 보는 시험마다 합격하는 사람이 있는가 하면, 친구 따라 들러리처럼 갔다가 치른 시험에서 정작 친구는 떨어지고 대신 그 자리를 차지하는 경우도 있다. 운이 사람을 따르는지 사람이 운을 따라가는 건지는 알 수 없지만 '신데렐라 인생'은 어디든 있다.

〈플래시 댄스〉는 '쨍하고 해뜰 날'을 기다리던 지망생이 마침내 그 주인공이 되는 과정을 동화처럼 그렸다. 낮에는 철강공장에서 용접공으로 일하며, 밤에는 허름한 클럽에서 댄서 일을 하는 동안 모든 것을 다 포기해 버리고 싶을 만큼 힘들고 외로운 순간을 몇 번이고 이겨낸 끝에 치열한 오디션을 통과한다. 그렇게도 원하던 '주인공'이 될 기회를 잡은 것이다.

대부분의 영화나 이야기는 이 대목에서 멈추거나 클라이맥스를 이룬다. 크던 작던 기회를 잡기만 하면 모든 것이 해결되었다는 식이다. 옛날이야기의 끝 대목이 '……그래서 오래오래 잘먹고 잘살았다더라!'로 마무리되는 것도 마찬가지다. 최선을 다하면 반드시 좋은 일이 있을 것이란 기대, 어렵고 힘든 모습보다는 즐겁고 행복한 모습을 보는 것이 훨씬 더 편안하다고 느끼기 때문이다.

하지만 현실은 그보다 훨씬 더 모질고 험하다. 원하는 것을 얻었다고 모든 것이 해결되었다고 믿는 것은 성급하다. 기회를 진정한 성공으로 만드는 일은 또 다른 문제이며, 꾸준하게 지켜나가는 일은 더 어렵다.

코미디언 이주일은 텔레비전 데뷔 시절, 작은 배역이지만 얼굴을 비칠 기회를 얻은 것에 감격해 아는 사람들 모두에게 전화했다가 무안당한 기억을 자주 이야기한다. 방송 시간에 맞추어 기다리는데도 끝내 자기 얼굴은 보이지 않았다. 어떻게 된 일인가 알아보았더니 못생긴 얼굴이 화면에 비치면 시청자가 불쾌해할까봐 연출자가 편집 과정에서 잘라내 버렸다는 것이다. 7명의 감독이 서로 다른 7개의 이야기를 연출한 옴니버스영화 〈맥주가 애인보다 좋은 7가지 이유〉라는 영화는, 각 에피소드마다 주연배우를 따로 두었지만 개봉 과정에서 한 에피소드는 아예 없어졌다. 그것을 연출한 감독이 결과가 마음에 들지 않는다며 자신이 연출한 부분을 몽땅 빼버렸기 때문이다. 그러나 출연했던 연기자로서는 어렵게 배역을 얻었다고 좋아했을 것을 생각하면, 결과는 너무나 허탈하다. 무명 시절의 설움일 수도 있고, 운이 나빴다고도 할 수 있는 일이지만 한 번의 기회가 모든 것을 보장하는 것은 결코 아니라는 사실을 보여주는 사례들 중의 일부일 뿐이다.

기회를 기다리는 입장에서 보면 원하는 일거리, 원하는 성공이 언제 올 것인가가 간절한 문제이지만, 이미 그 기회를 얻은 쪽에서 보면 그것을 지키는 일은 더 어렵고 치열하다. 모르는 사람이 아는 체를 한다면 그만큼 얼굴이 알려졌다는 것을 뜻하지만, 같이 일하자고 하는 연락이 뜸해지거나 주위 사람들이 '요즘 뭐하고 지내느냐'고 안부를 묻는 경우가 잦아지면, 이미 자신의 전성기는 가고 있다는 것을 알아야 한다. 그러나 누가 그것을 순순히 인정하려 하겠는가. 뭐든지 할 수 있는 자신감과 경력과 능력이 있다고 믿는 한 자신이 지는 해라고 생각하는 것은 쉬운 일이 아니다. 그러나 세상의 변화는 내가 인정하는가 아닌가와는 상관없이 다가오기 마련이다. 내가 기회를 얻고 싶었던 만큼이나 다른 사람들 역시 마찬가지이며, 흐르는 시간은 스타의 모습도 관객의 취향도 바꿔 놓는다.

스티븐 보이드가 주연한 옛날 영화 〈욕망〉(The Oscar)은, 오스카상(아카데미상)을 타기 위해 배우나 제작자들이 벌이는 치열한 암투를 그리고 있다. 할리우드에서 내로라하는 배우라면 곧 세계적인 스타라는 뜻이다. 인기와 명예·돈을 한 손에 쥐고 살아가는 특별한 인생들이다. 이미 스타의 대열에 합류한 거물급들은 한 발짝도 자신의 자리에서 물러나지 못한다. 호사스럽고 떠들썩한 화려함을 경험한 상태에서 스포트라이트의 중심에서 벗어나는 것은 침몰을 뜻하기 때문이다. 신문이나 방송·잡지의 관심을 계속 끌기 위해서는 화제가 될 만한 일거리, 이벤트를 계속해서 만들어내야 한다. 관심을 끌 만한 영화의 배역을 따내는 것은 가장 실속 있는 투자다. 좋은 평판을 얻고 흥행에서도 성공할 수 있다면 금상첨화다. 그런 점에서 보면 영화계는 물론 일반인의 관심까지 집중하는 오스카상은 양보할 수 없는 이벤트 중의 이벤트다. 특히 인기가 가라앉는다고 생각하는 배우나 매니저에게는 부활을 보장하는 보약일 수밖에 없다. 겉에서 보는 오스카상은 명예로운 '영화인들의 축제'이지만, 그것을 노리는 사람들에게는 생존을 담보한 왕관 쟁탈전인 셈이다.

그러나 찰리 차플린 주연의 〈라임 라이트〉는 화려했던 전성기를 세월 속에 띄워보낸 왕년의 스타가 한끼 밥과 잠자리, 자신의 명예와 자존심을 보전하기 위해 온갖 수모와 비웃음을 견디는 모습을 처연하게 그리고 있다. 한때의 성공이나 현란한 조명이 강렬할수록 오히려 그늘은 더 짙고 크다는 것을 웅변하는 것이다.

따지고 보면 저마다의 세상살이는 이같은 여러 풍경 중의 어느 하나와 겹치기 마련이다. 영화배우나 탤런트가 되면 뭔가 다른 인생을 살 수 있을 것이란 기대로 가슴 설레지만, 막상 그 일을 시작한 후에는 밖에서 보던 것과는 너무도 다른 현실에 혼란스러워한다. 같은 자리에서 똑같이 시작한다고 하더라도 시간이 지날수록 성공의 모습과 크기는 확연하게 달라진다. 관객이나 시청자의 취향이 변하고, 개인의 재능과 개성 또한 다르기 때문이다. 성공과 실패가 재능과 노력만으로 되는 것이 아니라 치밀한 매니지먼트와 운이 따라야 하는 것이란 사실도 알게 되며, 같이 출발한 동기나 뒤따라오던 후배가 화려한 스포트라이트를 받으며 잘나가고 있을 때 그것을 바라만 보고 있어야 하는 참담함도 견딜 수 있어야 한다. 이런 문제들을 제도적으로 보완할 수 있는 장치는 없다. 최소한의 규정을 만들 수는 있겠지만 모든 사람들에게 공평한 기회를 주지는 못한다. 그래서 프로의 세계는 스스로 생존을 만들어 가야 하는 정글의 세계나 다름없다. 성공한 사람에게는 그 정글이 여유롭고 풍성한 낙원처럼 보일 것이고, 그렇지 않은 쪽에서 본다면 그야말로 법도 규칙도 없이 폭력적 무질서만이 난무하는 저주의 땅으로 비칠 수도 있다. 그렇다고 정글을 없애 버리면 모든 것이 평화로울까. 세상이 어지럽다고 세상을 없앨 수는 없다.

연기를 직업으로 삼겠다고 작정한 이상 스스로의 생존을 지키는 것은 최소한의 과제이자 생존을 건 긴 승부다. 취미와 직업의 차이는 나무칼과 진짜 칼로 승부를 가리는 것만큼이나 다르다. 따지고 보면 세상 일이 다 그렇기도 하지만……

[18]
한국영화전용관과 영상자료원

죽어가는 필름, 그리고 영상자료원

비네가 신드롬(Vinega Syndrome). 우리말로는 초산증후군이라고 부른다. 필름이 산화하는 현상을 가리키는데, 쉽게 말하면 썩는다는 뜻이다. 영화필름은 물리적 재질만으로 보자면 온통 화학물질 그 자체다. 필름 베이스 자체가 화학물질인데다 그 위에 칠한 감광유제 역시 화학물질이다. 온도나 습도 같은 주변 조건에 따라 얼마든지 성질이 변할 수 있다. 필름의 물리적 성질이 변한다는 것은 그것에 담겨 있는 내용까지도 변한다는 뜻이다.

한국영상자료원은 우리나라에서는 유일하게 영화필름을 비롯한 각종 영상자료들을 수집, 보존하는 곳이다. 관심이 없는 사람이라면 영상자료원이란 곳이 그런 일을 하는 곳이로구나 생각할 것이고, 조금 관심 있는 경우라면 그래도 이런저런 영화들을 모으고 있으니 다행이라고 생각할 것이다. 그러나 조금 더 내용을 아는 경우라면 영화자료 수집에 따른 예산이며 인력·시설과 기술이 너무도 부족하다는 사실을 안타까워할 것이다. 체계적인 수집이 어려운 것은 물론 수집한 자료도 제대로 관리되고 있다고 보기는 어렵다. 필름은 5~10℃의 온도와 55~65%의 습도가 일정하게 유지되는 상태에서 관리되어야 하고,

그런 가운데서도 일정한 간격으로 바람을 쐬어 주어야 하고 씻어 주어야 한다. 안정적인 유지관리는 또 엄청난 인력과 기술, 그리고 영화에 대한 이해와 사랑을 필요로 하는 일이다.

우리나라의 영화자료 수집과 보존, 더 나아가 활용에 관한 문제를 돌아보는 자리가 있었다. 한국영화학회와 한국영화평론가협회가 공동으로 주최한 〈한국영화 정책의 현안과 대안〉이라는 제목의 세미나(6월 14~15일, 아카데미하우스)에서 복환모 호남대 교수는, 〈필름 아카이브의 역할과 영상자료원의 발전 방안〉이라는 발제문을 통해 영상자료 보존의 중요성과 우리의 실정을 요약했다.

미국이나 프랑스·영국처럼 일찍이 영화필름 보존에 관심을 가진 나라들의 전문가들이 모여서 결성한 것이 비영리단체인 국제필름아카이브연맹(FIAF). 1938년 6월, 미국 근대미술관의 존 애버트, 독일제국 필름 앨 피프의 프랑크 헨젤, 영국영화협회의 오웬 본, 프랑스 시네마테크 프랑세스의 설립자인 앙리 랑글로아 등이 파리에서 결성했다. 영화필름 보존 운동을 국제적으로 펼쳐 나가자는 다짐의 표현이었다. 현재는 65개국 108개의 필름 아카이브가 회원으로 가입하고 있으며, 자료 보존과 활용에 따른 여러 가지 문제들을 교류하고 있다.

물론 우리나라도 회원국이기는 하다. 그러나 자료 보존 업무 현실은 다른 나라들과 '대등한 교류'를 이야기하기에는 기구며 인력·예산·시설 어느것 하나 만족스러운 것이 없다. 97년 4월말 현재 한국영상자료원이 보유하고 있는 한국영화(극영화 기준)는 2,712편. 전체 제작편수 4,892편 중 55.4%에 해당하는 정도다. 그러나 보유 작품의 대체적인 시기는 1960년대 이후다. 영상자료원이 설립된 것이 1974년이었고, 미미하게나마 그때부터 필름 수집이 시작되었기 때문이다. 해방 이전의 일제강점기에 만든 영화들은 〈망루의 결사대〉 등을 비롯한 극히 일부의 작품들이 남아 있을 뿐 〈아리랑〉이나 〈임자 없는 나룻배〉처럼 걸작 또는 명작으로 평가받는 영화들은 다시 볼 수 없는 상태다. 흔히 나운규를 초창기 한국영화의 개척자요 영웅처럼 이야기하지만, 그가 만든 영화나 주연한 작품이 하나도 남아 있지 않아 그가 얼마나 뛰어난 영화인이었는지, 그의 영화들이 지금의 영화들과 비교해 어떻게 달랐는가를 확인하는 것은 불가능하다. 나운규의 실종이며, 한국영화 역사의 실종이다. 그런 상태에서 한국영화의 전통을 이야기하고 영화 정신을 이야기하는 것은 실체가 없이 현상을 이야기하는 것이나 다름없다. 영화의 사회적·문화적·예술적 성취와 의미를 정립한다는 것이 기본적으로 불가능하게 만든다. 미국영화가 전통에 바탕을 둔 여러 가지 표현기법을 개발해 내고, 프랑스 영화계가 누벨바그 같은 새로운 사조를 찾아내 영화 역사를 바꿀 수 있었던 것은, 지나간 역사를 동시대적 시각과 연결시키며 끊임없이 새로운 해석을 가할 수 있었기 때문이다. 영화필름의 체계적인 수집과 보존이 만들어낸 결과이기도 하다.

지난 62년부터 시행해 오던 영화법이 지난해 영화진흥법으로 대체되면서 영상자료 보존의 중요성이 반영되어 영상자료원의 법적 근거가 마련되기는 했지만, 영상자료원의 실질적 위상이나 역할이 달라지기는 쉽지 않다. 영상자료의 수집과 활용에 대한 인식이 전제되지 않는 한 지속적이면서 전문적인 투자가 뒤따르기는 여전히 어렵기 때문이다. 현실적 여건이 어려운 가운데서 옛날 영화들은 오래전에 유실돼 존재를 찾기 어렵고, 그나마 수집해 놓은 작품들조차 초산증후군으로 인해 훼손이 빠르게 진행되고 있다면 영화필름 보존의 현재와 미래가 얼마나 불안 상태에 있는가를 새롭게 인식해야만 한다. 사라진 일제강점기 영화들을 다시 보기 어렵듯 지금과 같은 상태라면 수집한 영화들조차 속수무책으로 사라지는 것을 쳐다보고만 있어야 하기 때문이다.

이날 세미나에서 발제자는 이런 문제를 해결하기 위해서는 현재 재단법인으로 운영되고 있는 영상자료원을 국립기관으로 승격시켜 기구와 인력·예산을 운영하는 일에 독립성을 부여하는 일이 필요하다고 주장했다. 낭위성이 있는 지적이다.

하지만 이런 일도 영화정책을 다루는 정부의 정책자들이나 입법권을 가진 국회의원 등 정치인들이 영상자료의 보존과 활용이 얼마나 중요한가를 인식하는가에 따라 달라질 수 있는 문제다. 또한 그들이 자발적 인식은 아니라 하더라도 얼마나 많은 관심을 갖는가는 영화계 안팎에서 얼마나 많은 여론을 조성하는가에 따라 달라질 수 있을 것이다. 역사를 지키는 일은 현재를 보존하고 미래를 보장하는 일이라는 것을 인식하는 것이 한국영화를 보호하고 진흥하는 일의 중요한 부분이 아닐까.

한국영화전용관

한국영화만을 전문으로 상영하는 전용관 하나가 생겼다. 서울에서 개봉관급 시설로 운영되던 허리우드극장이 3개 스크린을 가진 복합관으로 개수하면서 그 중 하나를 한국영화만을 상영하는 극장으로 운영하기로 한 것. 한국영화 진흥을 위해서는 전용상영관을 만들어야 한다는 주장은 간헐적으로 나왔지만, 기존 극장업체가 자발적으로 한국영화전용관을 만들었다는 점에서 눈길을 끌 만한 결정이라고 하기에 모자람이 없다. 6월 27일부터 문을 연 3백 석 규모의 한국영화 전용관 '블루'는 다양한 기획을 통해 최신작은 물론 옛날 작품 중에서 화제작이나 문제작으로 평가받았던 영화들을 다시 상영하고, 감독이나 장르 또는 시대별로 특징을 살펴볼 수 있는 영화들도 상영하겠다는 계획을 밝히고 있다.

극장 운영도 나름대로 수지를 맞추어야 하는 사업장이라는 사실을 감안하면 한국영화전용관을 설치했다는 것은 한국영화의 수준과 상품성을 신뢰한다는 뜻이며, 더불어 문화적 인식까지도 더해야 가능한 일이라는 것은 분명하다. 그런 점에서 중요한 결단을 내린 극장주에게 격려를 보내야 마땅하다.

사업주가 개척자적인 결심으로 한국영화전용관을 설치했다면, 그 다음 일은 관객이 적극적으로 움직여야 하는 것이다. 이런저런 자리에서는 한국영화를 살려야 한다고 목청을 높이면서도 막상 한국영화를 보지 않거나 말로만 생색내는 것으로 그친다면, 한국영화전용관은 잠깐의 기삿거리에 그치고 말 것이다.

오랫동안 한국영화는 외국영화(특히 미국이나 프랑스)에 비해 형편없는 수준인 것처럼 대접받아 왔지만 수입 개방 이후 연간 4,5백 편의 영화들이 쏟아지듯 들어오면서 '외국영화는 무조건 걸작'이라는 막연한 신화는 깨졌다. 외국영화 중에서 좋은 영화도 있지만 수준 낮은 저질 또한 부지기수라는 사실을 확인할 수 있었기 때문이다. 이는 곧 한국영화에 대한 재평가로 환원되었다고 할 수 있는데, 무턱댄 편견은 많이 줄어든 상태다. 결국 한국영화전용관을 통해 한국영화를 상영하고 관람하는 과정을 통해 지나간 영화를 실제로 보면서 새로운 평가를 하고, 최신작을 통해서는 이전과 어떻게 달라지고 있는가를 확인할 수 있다면 한국영화에 대한 새로운 인식을 가지는 일도 얼마든지 가능하다. 한국영화전용관이 제대로 운영되기를 진심으로 바라 마지않는다.

[19]
한국영화의 국제영화제 수상, 그 발자취

　칸이나 베니스·모스크바영화제처럼 세계적으로 권위를 인정받고 있는 국제영화제에 대해 우리나라 영화인들이 느끼는 거리감은 그다지 크지 않다. 6·25가 끝나고 난 뒤의 50년대 중반부터 60년대까지만 해도 아시아영화제조차 엄청난 의미를 부여하며 만만하게 넘볼 수 없는 영화제로 생각했던 것이나, 국제적 규모의 영화제는 아예 우리 영화와는 무관한 행사처럼 생각했던 것과 비교하면 인식의 변화는 크다고 할 수밖에 없다. 아직도 한국영화가 국제영화제에서 거둔 성과는 만족할 만하다고 평가하기는 어렵지만, 인식적인 측면에서는 접근 불가능한 대상이 아니라 관심만 기울이면 얼마든지 접근이 가능하고 성과도 거둘 수 있다는 기대가 확산되고 있다. 이같은 인식의 변화는 직접적으로는 80년대부터 본격화되기 시작한 국제영화제의 참가와 베니스·몬트리올·로카르노영화제 등에서의 본상 수상과 같은 결과들을 통해 국내 영화계나 영화인들이 자신감을 갖게 된 것이라고 할 수 있다. 한국영화로서는 도저히 접근하기 어려울 것이라고 지레 포기했던 국제영화제 참가를 통해 한국영화가 새롭게 평가받고, 여러 형태의 수상이 이루어지면서 스스로에 대한 평가를 새롭게 하게 된 셈이다. 원인으로는 한국영화계 내부에서 싹트기 시작한 영화에 대한 새로운 인식, 즉 저급하고 일과적인 대중오락이라는 인식이 작가주의를 지향하는 소수의 감독들을 중심으로 예술적·문화적 창조 작업이라는 쪽으로 바뀌면서 괄목할 만한 성과들이 나타나기 시작한 것이다. 그러한 변화의 크기를 계량적으로 규정하기는 어렵지만 80년대적 현상이라고 할 수 있는 영화의 문화적·예술적 수용이 뿌리를 내리기 시작하면서, 국제영화제에서의 성과가 가시적으로 나타나게 된 것은 한국영화의 질적 변화가 내외적인 평가까지도 새롭게 하는 것으로 이어진 것이다.

국내 흥행에만 관심을 두던 한국영화가 해외영화제에 처음 참가한 것은 아시아영화제를 통해서였다. 1957년 5월 일본에서 열린 제4회 아시아영화제에 출품됐던 〈시집가는 날〉(감독 이병일)이 특별상인 희극상을 수상했는데, 이는 한국영화가 해외영화제에서 거둔 최초의 성과로 꼽힌다. 오늘의 시각에서 평가한다면 아시아영화제가 갖는 국제적 위치나 특별상의 의미란 것이 안배적 성격이 짙다는 점에서 별다른 성과라고 하기 어렵지만 당시로서는 상당한 성과로 받아들여졌다. 6·25의 상처를 극복하고 새로운 출발을 준비하고 있던 한국영화는 의욕을 뒷받침할 만한 여건이 뒤따르지 못한 상태에서 수공업적 제작 수준을 벗어나지 못하고 있었으며, 해외영화제에 참가할 수 있을 만큼 관심이나 수준이 높지 못했다. 따라서 아시아영화제가 비록 국제적으로 권위를 부여받고 있는 영화제는 아니라 하더라도 국내가 아닌 '국제'영화제에서 상을 받았다는 사실만으로도 한국영화계로서는 감격할 만했다. 어느 면에서는 한국영화가 새롭게 소생했다는 구체적인 증거로 평가한 것이라고 할 수 있다. 오영진의 희곡을 영화화한 〈시집가는 날〉은 당연히 당시 한국영화의 대표작처럼 인식되었고, 1957년 독일에서 열린 제8회 베를린영화제와 1959년 호주의 시드니영화제에 출품되면서 한국영화가 국제영화제에 참가하는 선봉장 역할을 했다. 당시 아시아권 영화로서는 일본과 인도를 비롯 이스라엘·터키영화 등이 베를린영화제나 칸·베니스영화제 등에서 주목을 받으며 활발하게 참가하고 있었던 것에 비하면, 비록 영화의 수준이나 가시적인 성과는 언급하기조차 힘들 정도로 미약했지만 한국영화가 국제영화제 참가를 통해 영화의 예술적·문화적 성장에 관심을 두기 시작했다는 사실은 의미를 부여할 만하다.

　일본영화는 이미 1938년 베니스영화제에서 타사까 도모라가(田坂具隆) 감독의 〈5인의 척후병〉(五人の 斥候兵)이란 영화가 특별상을 수상했으며, 51년에는 구로자와 아키라(黑澤明) 감독의 〈羅生門〉이 대상인 금사자상을, 52년에는 미조구치 겐지(溝口健二)의 〈西鶴代女〉가 특별상을 받았다. 이어 53년에는 미조구치 겐지의 〈雨月物語〉가, 54년에는 구로자와 아키라의 〈7인의 사무라이〉가 각각 은사자상을, 56년에는 이치가와 곤(市州崑)의 〈버마의 堅琴〉이 특별상을 받았고, 이나가기 히로시(稱恒浩) 감독의 〈無法松의 一生〉이 금사자상을(58년), 배우 미후네 도시로(三船敏郎)는 61년(用心棒)과 65년(붉은 수염)에 남우주연상을 수상하는 등 베니스영화제에서 일본영화의 성과는 대단했다. 칸영화제에서는 기누가사 데이노스케(衣笠貞之助) 감독의 〈地獄門〉이 그랑프리(54년)를, 이치가와 곤의 〈野火〉는 특별상(60년)을, 63년과 64년·65년에는 고바야시 마사키(小林正樹) 감독의 〈切腹〉과 데시가와라 히로시(原宏使河砂) 감독의 〈砂의 女〉, 고바야시 마사키 감독의 〈怪談〉이 연속으로 심사위원 특별상을 받았다. 뿐만 아니라 기누가사 감독의 〈地獄門〉은 54년 로카르노영화제 금표범상을 수상했고, 이치가와 곤의 〈野火〉 역시 61년 같은 상을 받았다. 베를린영화제에서는 이마이 타다시(今井正) 감독이 〈純愛物語〉로, 구로자와 아키라 감독은 〈비밀요새의 3惡人〉이란 영화로 58년과 59년에 각각 감독상을 받았고, 이마이 감독이 만든 〈武士道殘酷物語〉는 63년 대상인 금곰상을 받았다.

인도는 V 샨타람 감독이 〈두 개의 눈, 열두 개의 손〉이란 영화로 58년 베를린영화제에서 감독상을 받았고, 사트야지트 레이는 〈마하나가르〉와 〈차루라타〉란 영화로 64년과 65년 연속으로 감독상을 수상했다. 이에 앞서 비말 로이 감독의 〈파더 판찰리〉는 54년과 56년 각각 심사위원 특별상을 받았다. 이같은 성과들은 각각의 영화나 감독들이 권위 있는 국제영화제에서 상을 받았다는 사실에 그치지 않고 일본영화나 인도영화를 세계 영화계에 새롭게 소개하는 계기를 만들었고, 구로자와 아키라나 미조구치 겐지·이치가와 레이 등의 감독을 국제적인 영화작가로 평가받게 만들었다.

이에 비해 한국영화의 작품 수준이나 예술적 역량은 조악하기 이를 데 없었지만, 일제시대와 6·25 등 극심한 사회적 변동을 겪으면서도 영화 제작에 기울인 영화인들의 열정은 꺾이지 않았고, 그것을 바탕으로 한국영화는 소생하기 시작한 셈이다. 일본이나 인도영화가 세계 영화계에서 주목받으며 성과를 높이고 있던 무렵에 한국영화는 겨우 아시아영화제 정도에 관심을 갖기 시작한 것이지만, 당시 우리 사회의 여건이나 영화 제작 여건을 감안한다면 수상 결과가 어찌됐던 한국영화가 국제화에 참여하기 시작했다는 것을 뜻한다. 이는 또한 한국영화가 단순한 대중오락으로서의 영화가 아니라 예술적 창조 작업으로서의 영화에 대해 눈뜨기 시작했다는 것을 의미하는 것이기도 하다. 제4회 아시아영화제에서 특별상을 수상한 한국영화는 다음해인 58년 필리핀 마닐라에서 열린 제5회 아시아영화제에 〈그대와 영원히〉를 출품했고, 〈자유결혼〉〈사랑하는 까닭에〉 등이 참가했으며, 59년의 제6회 아시아영화제(말레이시아 쿠알라룸푸르)에는 〈인생차압〉과 문화영화 〈대관령의 겨울〉〈제주도〉가 출품됐고, 60년(일본 東京)에는 〈흙〉〈로멘스 빠빠〉〈비극은 없다〉〈동심초〉 등이 출품됐다. 이 영화제에 〈로멘스 빠빠〉에 주연했던 김승호가 남우주연상을 받음으로써 한국영화는 처음으로 국제영화제에서 본상을 수상하는 감격을 맛보게 된다. 이후 한국영화는 아시아영화제에서 김승호(12회) 외에도 신영균(9회, 11회) 김진규(12회) 박노식(13회) 최무룡(22회) 등이 남우주연상을, 도금봉(10회) 최은희(13회) 김지미(15회, 16회) 김창숙(20회) 이미숙(31회) 등이 여우주연상을 각각 수상했다. 허장강(9회, 21회) 김희갑(15회, 16회) 장혁(22회) 고두심(28회) 방희(32회) 등은 남녀조연상을 받은 경우고, 신상옥(11회, 12회, 15회, 17회) 김수용(14회) 변장호(19회, 22회) 배창호(30회) 임권택(32회) 감독이 각각 감독상을 수상했다. 그러나 작품상 부문에서는 〈사랑방 손님과 어머니〉(62년, 9회) 〈깊고 푸른 밤〉(30회) 〈씨받이〉(32회) 등 세 편에 지나지 않는다. 아시아 지역 국가간의 영화 교류를 통한 우호증진이라는 취지로 만들어진 아시아영화제(현재 명칭은 아시아·태평양영화제)는 13개국이 회원국으로 가입하고 있으나, 경쟁보다는 페스티벌적 측면이 더 크다. 일본은 이 행사의 창설 회원국이지만 일찌감치 유럽의 국제영화제에 관심을 돌려 겨우 모양 갖추기만 할 정도로 아시아·태평양영화제에 별다른 비중을 두지 않고 있는 실정이며, 영화계의 일반적인 평가 역시 그같은 범주를 벗어나지 않는다.

아시아영화제를 제외한 국제영화제에 한국영화가 참가한 것은 〈시집가는 날〉이 베를린영화제(8회)에 출품되면서부터이며, 〈종각〉(9회) 〈구름은 흘러도〉(10회) 〈마부〉(11회) 등이 차례로 참가했다. 1961년에는 〈성춘향〉이 처음으로 베니스영화제에 참가했고, 칸영화제에 참가한 것은 〈이중섭〉(75년)이 출품되면서부터이다. 62년 서울에서 열렸던 제9회 아시아영화제에서 작품상을 받았던 〈사랑방 손님과 어머니〉는 다음해인 63년 아카데미 영화상 외국어영화 부문과 에딘버러 영화제에 참가하기도 했다. 이와 함께 제4회 샌프란시스코영화제(60년)에서 〈10대의 반항〉에 출연했던 안성기가 소년특별연기상을 받았고, 파나마영화제에서 김지미(12회) 김희라(13회) 최민희(14회)가 각각 남녀주연상을 받았다. 스페인에서 열린 시체스 환상공포영화제(70년)에서 신상옥 감독이 〈천년호(千年孤)〉로 감독상을 받았고, 윤여정은 〈화녀(火女)〉로 여우주연상(71년)을 받았다. 60~70년대에 걸쳐 한국영화가 출품된 영화제로는 소렌토국제영화제(이탈리아), 프랑크푸르트영화제(서독), 시카고영화제(미국), 테헤란 아동 및 청소년국제영화제(이란), 인도영화제, 카르타고영화제(튀니지), 테헤란영화제(이란), 카르타체낭영화제(스페인), 카이로영화제(이집트), 상파울로영화제(브라질) 등이 포함된다. 영화제에 따라서 작품상이나 감독상·남녀주연상 등 본상을 수상한 경우가 적지않지만, 그같은 결과가 한국영화의 질적 향상이나 국제적 평가의 변화로까지 이어지지는 못했다.

당시 한국영화가 보여주었던 수준이나 사회적 여건에 비추어 국제영화제 참가가 비교적 활발했던 것은 영화계 스스로의 자생적인 활동이라기보다는 정부 차원에서의 영화정책이 유도한 측면이 더 크다고 할 수 있다. 정부는 한국영화의 진흥을 위한 정책의 하나로 57년부터 해외영화제에 참가하는 한국영화에 대해서는 경비 지원과 함께 본상을 수상하는 경우 외국영화 수입권을 배정했고, 그 영향으로 한국영화가 국제영화제에 관심을 갖기 시작한 것이다. 이러한 시각에서 본다면 50년대 후반부터 70년대에 이르기까지의 해외영화제 참가는 세계영화의 경향이나 영화제 성격을 정확히 분석하고 구체적으로 대응한 것이라기보다는 '실적'을 겨냥한 주먹구구식 참가라는 한계를 부정하기 어렵다.

　그러나 미흡하긴 하더라도 일련의 과정이 80년대를 준비하는 시기였다는 사실 또한 과소평가할 수는 없다. 80년대 역시 참가 영화제의 범위나 숫적인 면에서 70년대와 크게 달라진 것은 없지만, 권위를 인정해도 좋을 만한 영화제에서 한국영화가 차츰 주목을 받기 시작하면서 본상을 수상하는 성과를 거두기도 한다. 한정된 경우이긴 하지만 한국영화계에서 작가주의적 경향의 감독이 등장하고, 이들이 만든 영화들이 국제적으로 주목을 받으면서 나타난 결과들이다. 이두용·임권택·이장호·배용균 등이 그같은 평가를 받을 수 있는 인물들이다. 제43회(81년) 베니스영화제에 출품한 〈피막〉이 특별상을 수상하면서 주목받기 시작한 이두용 감독은, 85년 칸영화제 '주목할 만한 영화 부문'에 〈물레야 물레야〉가 다시 선정됨으로써 한국영화의 국제영화제 참가에 자신감을 불어넣는 인물이 되었다. 두 영화는 그 이전까지 세계영화계에서 소외된 채 별다른 평가를 받지 못하던 한국영화에 대해 국제적인 관심을 유도했으며, 이두용 감독 역시 작품 세계의 변화와 함께 작가주의적 면모를 보이는 계기로 작용한 셈이다. 임권택 감독은 이두용 감독과 더불어 한국영화를 세계영화계에 진출시킨 대표적 인물로 꼽힌다. 〈만다라〉(82년)가 제32회 베를린영화제와 제44회 베니스영화제에 출품되면서 주목받기 시작한 임감독은 〈안개마을〉〈불의 딸〉〈씨받이〉〈만다라〉〈길소뜸〉〈아제아제 바라아제〉 등 베를린·칸·베니스·모스크바·몬트리올영화제 등에 출품하면서 한국적인 시각과 형식으로 인간의 구원 문제를 형상화하고 있는 것이란 평가와 함께 작가적 역량을 인정받았다. 베니스영화제 여우주연상(강수연, 〈씨받이〉), 몬트리올영화제 여우주연상(신혜수, 〈아다다〉), 모스크바영화제 여우주연상(강수연, 〈아제아제 바라아제〉)은 모두 그가 감독한 영화가 거둔 성과이며, 동시에 한국영화가 세계영화와 교류할 수 있음을 실증한 경우들로 꼽힌다. 〈바보선언〉 〈나그네는 길에서도 쉬지 않는다〉 등을 국제영화제에 내놓은 이장호 감독은 지티(ZITTY)상 (〈바보선언〉, 38회 베를린)을 수상했으며, 특히 일본에서 한국영화에 대한 관심을 높이는 데 선구자적 역할을 한 것으로 평가되고 있다. 지닌해에는 배용균 감독이 만든 〈달마가 동쪽으로 간 까닭은〉이 로카르노영화제에서 대상인 금표범상을 수상해 영화계 안팎의 관심을 모았다. 〈달마는……〉 같은 해 칸영화제 '주목할 만한 영화 부문'에 선정되기도 했다. 배용균 감독이 비전문 영화인이며 개인작업으로 영화를 완성했다는 점 등이 더해져 관심의 폭을 넓힌 〈달마는……〉는 한국영화의 일반적인 제작 경향과는 형태나 내용을 달리하는 영화로 평가되고 있다. 이 영화와 함께 로카르노영화제에 출품됐던 박광수 감독의 〈칠수와 만수〉는 3위 입상을 하기도 했다. 이밖에 배창호 감독의 〈그해 겨울은 따뜻했네〉가 제6회(85) 3대륙영화제에서 심사위원 특별상을, 제20회(85) 시카고영화제에서 〈물레야 물레야〉의 촬영을 맡은 이성춘 기사가 최우수 촬영상을 받기도 했다. 올해의 경우 〈우묵배미의 사랑〉(장선우 감독)이 카를로비바리영화제에, 〈수탉〉(신승수 감독)이 몬트리올영화제 본선에 진출한 것을 비롯, 뮌헨영화제에서 '임권택감독주간'이 개설되는 등 단순한 참가 이상의 활동을 보이며 한국영화가 국제무대에 나서고 있다. 한국영화의 국제적 평가가 점점 높아지고 있음을 보여주는 경우들이라고 할 수 있다. 지금까지 한국영화의 국제영화제 참가를 시대별로 대분한다면 50년대가 개척기, 60~70년대는 양적 확장기라고 할 수 있다. 80년대는 그같은 과정을 바탕으로 한 내용적 전환기라고 평가할 만하다. 그러나 국제영화제에 한국영화가 참가하고 성과를 거두는 일은 그 자체가 목표가

되어서는 안 되며, 국내에서의 영화적 수준과 인식의 향상이라는 본
질 문제로 귀결되어야 한다. 그것을 90년대의 과제라고 해도 좋다.

(〈영화〉, 1990년 7월호)

한국영화의 해외 진출
- 베니스국제영화제 수상을 통해 본 실태와 과제

　지난해 9월 임권택 감독의 〈씨받이〉가 베니스국제영화제에서 주목을 받고, 여주인공역을 맡았던 강수연이 여우주연상을 받은 것은 한국영화에 대한 새로운 인식의 계기가 되었다. 그러한 인식은 세계 영화계에서의 한국영화에 대한 새로운 평가의 기회가 되는 것이기도 하지만, 그보다는 한국영화에 대해 갖고 있는 우리들 스스로의 무관심 내지는 비하적인 태도를 변화시켜 주는 전환점이 되었다는 데서 더 큰 의미를 찾을 수 있다. 〈씨받이〉가 영화의 주제나 그것을 가시화한 영화적 형식이 잘 정리되었다는 점에서 여느 작품에 비해 뛰어난 것이라 하더라도, 그것이 지금까지 만들어진 한국영화와는 근본적으로 다른 것은 아니기 때문이다. 지금까지 만들어진 한국영화들 중에는 대중적 취향을 위한 상업적 영화보다는 인간 삶의 다양한 문제나 이데올로기 등에 대해 진지한 접근을 시도한 감독들이 있었다. 뿐만 아니라 그들이 만든 영화들 중 적지않은 작품들이 결코 과소평가되어서는 안 될 것이란 점에서 〈씨받이〉는 그같은 한국영화의 흐름을 계승하는 작품 중의 하나라고 볼 수 있기 때문이다. 어느 나라 영화든지 제작되는 영화가 모두 예술적인 작품이 될 수는 없으며, 논의의 대상이 될 만한 소위 '문제작'들은 소수에 지나지 않는다. 한 해 동안 제작되는 영화 편수나 제작 여건, 또는 그밖의 여러 가지 제도나 행정 문제 등은 영화산업의 규모나 영화의 문화적 인식에 대한 평가의 기준이 될 수는 있지만, 그것이 곧 '영화의 예술적 완성'을 보장해 주지는 못하는 것이다. 따라서 영화의 예술적 평가는 선별적인 작품으로 한정될 수밖에 없으며, 한 나라의 영화의 문화적 수준 역시 그같은 평가를 바탕으로 가늠되는 것이 보통이다. 이런 전제에서 본다면, 열악한 환경을 수용하면서도 영화를 통한 '인간적인 삶'의 표현을 지향하며 나름대로의 시각으로 정리한 작품들이 꾸준히 발표되었던 한국영화는 결코 무가치하며 무감성적인 작업만을 되풀이한 것은 아니라고 할 수 있다. 俞賢穆이나 金綺泳·姜大振·申相玉·金洙容·李晩熙·李星究·李斗鏞·鄭鎭宇·林權澤 등을 비롯한 최근 두각을 보이고 있는 젊은 감독들 등, 60년대를 전후해서 오늘날에 이르기까지 활동을 했거나 현재 활동하고 있는 감독들은 상업적인 성공과는 관계 없이 '한국영화'의 맥을 이어왔다고 할 수 있다. 그러나 몇몇 감독들에게서 이어지던 그같은 흐름은 한국영화의 주류를 이루고 있는 상업주의적 경향에 묻혀 올바른 평가를 받지 못했고, 한국영화는 곧 저급하고 조악한 것이란 자조적인 평가가 일반화되었다. 〈씨받이〉가 베니스국제영화제에서 주목을 받고 본상을 수상한 것은 한국영화에 대한 국제적인 평가이며, 동시에 '일반화된 평가'에 묻혀 버렸던 한국영화의 중요한 작업에 대한 새로운 인식의 계기를 만들어 준 셈이다. 한국영화가 해외 진출을 시도한 것은 1957년 5월 일본에서 열린 제4회 아시아영화제에 〈시집가는 날〉과 〈백치 아다다〉를 출품하면서부터다. 이 영화제에서 〈시집가는 날〉(감독 이병일)이 특별상(희극상)을 수상한 것이 해외영화제에서의 첫번째 수상이다. 오늘날의 관점에서 보면 그다지 큰 평가를 부여하기 어려운 특별상에 불과한 것이지만, 당시로서는 한국영화계의 큰 경사로 받아들여졌다. 해방을 맞은 우리나라 영화계는 일제의 속박에서 벗어나기는 했지만 분출하는 영화 제작 열기를 뒷받침해 줄 만한 여건이 갖춰지지 않은 상태였으며, 그것마저 6·25를 거치면서 완전히 폐허가 되다시피 한 상태에서 한국영화가 국제영화제에서 무슨 상이든 수상을 한 것은 한국영화의 소생을 예고하는 증거로 받아들여졌기 때문이다. 아시아영화제에서의 수상은 〈시집가는 날〉이란 작품에 대한 평가를 새롭게 했고, 1957년 독일에서 열린 제8회 베를린영화제와 1959년 오스트레일리아에서 열린 시드니영화제에 잇달아 출품되는 등 한동안 우리 영화의 해외영화제 참가의 대표작이 되기도 했다. 비록 〈시집가는 날〉이 베를린영화제나 시드니영화제에서 수상권에 들지는 못했지만 우리 영화가 국제영화제 참가를 통해 다른 나라 영화들과 비교, 평가되는 데 관심을 가지기 시작했다는 점에서 '사절단'의 역할을 한 것이라고 할 수 있다. 이어 1960년 미국 샌프란시스코에서 열린 샌프란시스코영화제에 〈10대의 반항〉이 출품됐고, 1961년에는 신상옥 감독의 〈성춘향〉이 제22회 베니스영화제에, 1963년에는 〈사랑방 손님과 어머니〉가 미국 아카데미 외국어 영화상 부문과 영국의 에딘버러영화제에 참가하는 등 한국영화는 60~70년대에 걸쳐 세계의 주요 국제영화제에 본격적으로 참가하기 시작했다. 그러나 같은 기간 한국영화가 거둔 성과는 기대에 미치지 못했다. 〈시집가는 날〉로 제4회 아시아영화제에서 희극상을 받은 한국영화는 1960년 역시 일본 도쿄에서 열린 제7회 아시아영화제에서 〈로맨스 빠빠〉에서 주연한 김승호가 남우주연상을 수상함으로써 처음으로 국제영화제의 본상을 수상하게 된다. 김승호는 이어 필리핀에서 열린 제8회와 제10회(日本), 14회(日本) 아시아영화제에서도 남우주연상을 수상해 국내는 물론 아시아 지역에서 연기자로서의 위치를 확고하게 구축한다. 김승호의 첫 남우주연상 수상은 한국영화의 생기를 되찾게 했고, 이어 1961년 제11회 베를린영화제에서 〈마부〉가 특별 은곰상을 수상하게 되자 한국영화는 국제화에 더욱 관심을 갖게 되었다. 그러나 60년과 61년 사이 잠시 물결쳤던 그같은 흥분이 더 이상 확대되지는 못했다. 아시아영화제를 제외한 다른 영화제에서는 오랫동안 특기할 만한 성과를 거두지 못했기 때문이다. 한국은 아시아영화제에서 김승호 외에도 신영균(9회, 11회)·김진규(12회)·박노식(13회)·최무룡(22회) 등이 남우주연상을 수상했고, 도금봉(10회)·최은희(13회)·김지미(15회, 16회)·김창숙(20회)·이미숙(31회) 등이 여우주연상을 수상했다. 허장강(9회, 21회)·김희갑(15회,16회)·장혁(22회)·고두심(28회)·방희(32회) 등은 각각 남녀조연상을 받았다. 감독상은 신상옥(11회, 12회, 15회, 17회)·김수용(14회)·변장호(19회, 22회)·배창호(30회)·임권택(32회) 감독이 각각 받았다. 그러나 한국영화가 아시아(태평양)영화제에서 작품상을 받은 것은, 1962년 서울에서 열린 제9회 때 신상옥 감독의 〈사랑방 손님과 어머니〉와 일본에서 열린 제30회 때 배창호 감독의 〈깊고 푸른 밤〉, 자유중국에서 열린 제32회 때 임권택 감독의 〈씨받이〉 등 세 번뿐이다. 아시아(태평양)영화제를 제외한 다른 국제영화제에서는 제4회 샌프란시스코영화제(1960년)에서 〈10대의 반항〉에 출연했던 안성기가 소년특별연기상을, 김지미가 〈토지〉로 제12회 파나마영화제에서 여우주연상을, 김희라(13회)와 최민희(14회)가 역시 파나마영화제에서 각각 남녀주연상을 받았다. 김진규는 13회 때 〈마지막 포옹〉으로 파나마영화제 남우조연상을 받았다. 이밖에도 1970년 스페인에서 열린 제3회 싯체스 환상공포 영화제에서 신상옥 감독이 만든 〈천년호〉란 영화로 감독상을 받았고, 이 듬해인 제4회 때는 〈화녀〉에서 주연했던 윤여정이 여우주연상을 받았으며, 이성춘·정일성이 시카고영화제와 하와이영화제에서 촬영상을 받기도 했다. 그러나 특정한 영화를 총체적으로 평가하고, 한 나라의 영화적 수준을 가늠하는 기준이 될 수 있는 작품상을 받은 경우는 많지 않다. 아시아(태평양)영화제에서의 〈사랑방 손님과 어머니〉 〈깊고 푸른 밤〉 〈씨받이〉 등 세 편에 지나지 않는다. 그나마 그것은 한국영화가 국제영화제에서 받은 작품상의 전부나 다름없다. 아시아(태평양) 영화제를 제외하고는 부문상과 함께 작품상을 받은 경우는 없기 때문이다. 〈사랑방 손님과 어머니〉는 어른들의 사랑세계를 어린이의 눈을 통해 조명한 멜로드라마다. 시어머니와 며느리, 그리고 어린 딸 하나가 사는 집에 서울에서 내려온 화가가 잠깐 머무는 동안 어머니와 남자 손님과의 애틋한 사랑을 서정적으로 묘사한 이 영화는, 전통적인 사회 관습과 그것을 거부하지 못한 채 순응하면서 가슴으로만 사랑을 받아들이는 어른들의 세계가 어린 딸의 시각을 통해 묘사된다. 주요섭의 원작소설을 영화화한 이 작품은 남녀간의 연애 감정을 격정적으로 표출하지 않으면서도 인간관계의 바탕이란 측면에서 서정적인 감정으로 승화시키고 있다. 사랑의 감정을 느끼면서도 그것을 구체화시키지 못한다는 점에서 애틋한 비극이랄 수 있는 이 작품은, 격정적인 사랑의 형태보다도 훨씬 강렬하게 사랑의 한 단면을 묘사하고 있는 것이다. 어느 면에서는 한국적 정서의 표현이라고 할 수도 있다. 이에 비해 〈깊고 푸른 밤〉이나 〈씨받이〉는 주제에 접근하는 시각의 변화를 보여준다. 배창호 감독이 만든 〈깊고 푸른 밤〉은 미국을 지상 최고의 낙원으로 인식하며 그 사회의 한 부분으로 수용되기를 원하는 백호빈과 제인이란 주인공을 통해 그들의 꿈이 얼마나 허망한 것인가라는 문제를 냉철하게 묘사한다. 기본적으로는 미국을 부(富)와 선(善)의 나라로 인식하고 있는 일반적인 우리 사회의 인식에 대한 반박과 미국사회에서 삶의 뿌리를 내리기 위해 몸부림치는 '실패한' 모습의 단면을 묘사하는 것이지만, 그같은 상황은 한국뿐 아니라 아시아, 더 넓게는 미국을 동경하는 모든 나라 여러 계층의 사람들에게도 공통적으로 적용될 수 있는 '현실 묘사'이기도 하다. 달리 말하면 부를 향한 무한대의 집념이 얼마나 허망한 것이며 무가치한 것인가에 대한 성찰이라고 할 수도 있다. 〈깊고 푸른 밤〉이 이전 한국영화들에 비해 소재에 접근하는 인식의 폭이 넓어졌다는 것은 사회적 현상에 초점을 맞추고 있기 때문이다. 〈오발탄〉을 비롯한 〈바보들의 행진〉 등 60~70년대에 걸쳐 만들어진 영화들 중에서도 분단 문제나 권위주의적인 정치 상황을 영화의 소재로 도입한 작품들이 없었던 것은 아니지만, 그것이 그같은 상황을 경험하지 못한 모든 사람들에게 관통될 수 있는 메시지로 형상화되는 정도까지는 이르지 못했다는 점에서 한국적 상황의 제한적 형상화에 머문 것이란 한계를 지닌다. 〈깊고 푸른 밤〉은 한국적인 시각에서 미국사회의 단면을 조명하고 있지만 그같은 한계적 제한성을 극복하고 있다는 점에서 한국영화의 질적인 변화라고 할 수 있다. 이러한 평가는 〈씨받이〉에도 적용될 수 있다. 〈씨받이〉의 시대적 배경은 조선시대의 언제쯤이다. 양반 중심의 권위주의적인 제도가 사회 규범으로 존재하는 곳에서 씨받이로 어느 양반가에 들어간 젊은 여자의 저항을 통해 인간으로서의 기본적인 인권이 존중되지 않는 '사회적 폭력'을 테마로 설정하고 있다. 가문의 계승을 위해 씨받이라는 생산의 도구를 이용하면서도 인간으로서의 모든 본능과 권리를 인정하지 않으려는 양반사회의 독선과 편견에 대해 주인공은 계급간의 한계를 극복하는 사랑과 자신의 혈육에 대한 본능적 집착으로 저항한다. 가장 인간적인 행위로 극단적인 사회 편견을 극복하려 하는 것이다. 주인공은 끝내 자살로 모든 것을 빼앗은 양반들에게 항변하지만, 그 자살은 단순히 희생자로서의 패배라기보다는 비인간적인 것에 대한 가장 극단적이며 적극적인 저항이라고 할 수 있다. 〈씨받이〉는 사극영화이면서도 인간적인 삶을 지향하는 개인과 제도나 규범이라는 인위적인 요소로 개인의 인간적 삶을 구속하고 통제하려는 제도적 폐쇄성의 문제를 다루고 있다는 점에서 시대적 한계를 극복한다. 형태나 크기는 조금씩 다르다 하더라도 그같은 문제는 어느 시대 어느 사회나 있을 수 있기 때문이다. 칸영화제에서 평가를 받았던 〈물레야 물레야〉도 〈씨받이〉와 유사한 시각에서 주제에 접근하고 있다. 이런 점에서 본다면 특정한 장르의 영화만을 대상으로 하는 영화제를 제외한 국제영화제에서 평가를 받은 영화들은 한국적인 소재를 어떻게 영화에 도입하고 있는가라는 문제보다는 그같은 소재를 통해 얼마만큼 보편적인 주제로 재현시켜 내고 있는가라는 점에서 성공한 영화들이라고 할 수 있다. 결국 영화란 보다 인간적인 삶을 지향하는 모든 사람들의 기대를 가시화하는 표현의 수단이기 때문이다.

(〈영화〉, 1988년 1월호)

[21]

국내 영화상의 변화와 현재

칸해방과 함께 부활의 기대에 부풀어 있던 한국영화는 물자와 인력, 장비의 부족 등 극도로 빈약한 제작 환경으로 인해 어려움을 겪을 수밖에 없었다. 이러한 상황에서 '한국영화의 잔치'를 벌인다는 것은 생각조차 할 수 없는 일이었다. 여기에도 6·25전쟁은 그나마의 기반조차 허물어 버렸다. 한국영화가 한숨을 돌리고 몸을 추스리기 시작한 것은 전쟁이 끝나고 난 1955년 무렵부터였다. 이규환 감독이 만든 〈춘향전〉이 흥행에 성공을 거두면서 한국영화는 희망을 갖기 시작했고, 가난과 전쟁에 지쳐 있던 관객들에게 위안으로 다가서기 시작했다. 전쟁의 상처가 조금씩 아물기 시작하던 1957년 무렵에 이르러서는 한국영화가 완연한 활기를 찾는다. 이에 따라 영화상 제도가 나타나기 시작하는데, 가장 먼저 모습을 보인 것은 금룡상이었다. 무성영화시대부터 활동했던 배우 이금룡을 추모하기 위해 제정된 상으로 우리나라 영화상으로서는 최초라고 할 수 있는 금룡상은, 당시 영화계에서 활동하고 있던 영화인들이 공동으로 발기한 결과로 이루어졌다. 1955년에 제정되어 이듬해 1월 3일 제1회 시상식을 가진 금룡상은 〈피아골〉을 만든 이강천 감독이 감독상 수상자로 선정되었으며, 〈망나니비사〉에 주연했던 노경희와 〈춘향전〉의 녹음을 맡았던 이경순이 각각 연기상과 녹음상을 받았다. 그러나 우리나라 영화상으로서 첫장을 열었던 금룡상은 단 한번의 시상을 끝으로 중단되고 말았다. 한국영화가 부흥기를 맞았다고는 하지만 사회적 안정이 이루어지지 않은 상태에서 행사를 주관할 만한 영화인 조직이나 단체는 물론 변변한 재정을 갖추지 못한 채 영화상을 계속한다는 것이 쉽지 않음을 보여주는 것이라고 할 수 있다. 본격적인 영화상이라고는 보기 어렵지만 한국영화에 대해 시상을 하게 된 경우로는 서울시 문화상을 들 수 있다. 서울시 주관으로 1948년부터 시행된 서울시 문화상은 5회 때인 1955년부터 영화 부문을 추가함으로써 한국영화에 대한 관심을 보이기 시작했다. 처음 영화 부문 수상자는 배우 겸 감독으로 한국영화의 중추적 인물로 활동하고 있던 윤봉춘이 선정되었다. 한국영화의 대중적 인기가 높아지는 것과 함께 사회적 관심도 함께 높아지면서 각종 영화상이 속속 설립되는 현상을 보였지만 대부분 오래 지속되지는 못했다. 1958년에는 부산일보사가 주관한 '부일영화상'이 등장했고, 한국영화평론가협회가 주관한 '영평상'도 같은 해에 설립되어 시상작을 선정했다. 이어 1959년에는 3개의 영화상이 새로 생기는데 '문교부 우수국산영화상'(문교부 주관), '영화예술상'(영화예술사 주관), '한국영화상'(산업경제신문사 주관)이 각각 한국영화의 진흥과 발전을 내세우며 시상을 시작했다.

우수국산영화상 제도

이 중 특히 주목할 만한 경우는 정부가 직접 한국영화의 진흥에 관심을 보이기 시작했다는 점이다. 문교부가 주관한 우수국산영화상은 우리나라에서 영화가 만들어지기 시작한 이래 처음으로 정부가 시상

제도를 마련함으로써 한국영화의 진흥에 나선 구체적인 경우라고 할 수 있다. 문교부의 우수국산영화상 제도는 이보다 앞서 1958년 4월 16일 문교부 고시 제53호로 발표된 '국산영화 제작 장려 및 영화오락 순화를 위한 보상특혜 조치'의 연장선상에서 이루어진 것이기도 하다. 고시의 주요 내용은 우수 국산영화 제작자에 대한 특혜보상과 국산영화 수출장려를 위한 보상특혜, 국제영화제 참가자에 대한 보상특혜, 문화영화 및 뉴스영화 수입자에 대한 보상특혜, 우수 외국영화 수입자에 대한 특혜 등 5개 부문에 대한 보상을 담고 있다. 이 조치에 따라 무제한으로 수입되던 외국영화가 엄격한 쿼터제로 제한되기 시작했으며, 고시에서 명시하고 있는 기준에 해당되는 한국영화나 제작자(수입자 포함)에게는 외국영화 수입쿼터가 보상으로 주어졌다. 외국영화 수입권은 곧 막대한 이익이 보장되는 이권으로 인식되었고, 제작자들의 관심이 집중되는 것은 당연한 일이었다. 1958년에 열린 제1회 시상식에서는 조긍하 감독이 〈곰〉이란 작품으로 연출상을 받은 것을 비롯, 김진규의 〈나 혼자만이〉와 최은희의 〈어느 여대생의 고백〉이 각각 남녀 주연상을 받았으며, 모두 9개 부문에 대해 시상했다. 제2회 시상식에서는 〈구름은 흘러도〉 〈10대의 반항〉 〈이름없는 별들〉이 공동으로 우수작품상을 수상했으며, 〈비극은 없다〉와 〈고종황제와 의사 안중근〉이 우수작품 장려상을, 〈구름은 흘러도〉를 감독한 유현목이 연출상을 받았다. 〈10대의 반항〉에 아역으로 출연했던 안성기가 소년특별연기상을 받은 것도 이때였다. 그러나 문교부의 우수국산영화상 제도는 영화 관련 업무가 공보부로 이관됨에 따라 2회의 시상에 그치고, 1961년부터 공보부 주관의 '우수영화상'으로 바뀐다. '우수영화상'은 주관부서가 문교부에서 공보부로 바뀌었다는 점 외에는 '우수영화상'의 골격을 그대로 유지하고 있었다. 우수국산영화상과 우수영화상은 1962년부터 시행되는 '대종상'의 전신을 이룬다. 1961년의 1회 시상으로 그친 공보부 우수영화상은 〈로맨스 빠빠〉가 최우수작품상을 받았으며, 김기영이 〈하녀〉로 감독상을 받았다. 1961년 12월 29일 조선호텔에서 열린 우수영화상에서는 모두 14개 부문에 걸쳐 시상이 이루어졌으며, 그때까지의 영화상 중에서는 규모나 보상면에서 가장 큰 행사였다. 그러나 공보부의 우수영화상은 1회 시상으로 그치고, 1962년부터는 대종상으로 다시 이름이 바뀌어 현재에 이르고 있다.

대종상영화제

대종상은 정부가 주관하는 영화상으로서는 가장 규모가 컸지만, 시상 분야나 외국영화 수입쿼터를 보상으로 제공했다는 점에서는 앞서 시행된 문교부의 우수국산영화상이나 공보부의 우수영화상과 별다른 차이를 찾기 어렵다. 제1회 시상식에서는 신필름이 제작한 사극영화 〈연산군〉이 우수작품상을 받았으며, 신상옥이 〈사랑방 손님과 어머니〉로 감독상을, 신영균이 〈연산군〉으로, 최은희가 〈상록수〉로 각각 남녀주연상을 받는 등 17개 부문에 대해 수상자를 선정했다. 정부주도로 운영되던 대종상은 5회까지 공보부에서 주관했으나 이후부터 주관이 여러 차례 바뀌게 되는데, 6회부터는 예총이 주관하다 10회부터는 영화진흥조합으로 이관되었다. 영화진흥조합이 영화진흥공사로 개편됨에 따라 12회부터 17회까지는 영화진흥공사와 문화공보부가 공동 주관하는 형태로 운영되었고, 18회부터 24회까지는 영화진흥공사가 단독으로 주관했다. 그러나 25회 때에는 영화진흥공사와 영화인협회가 공동 주관했으나, 26회부터 영화인협회가 단독으로 주관하고 있다. 대종상영화제를 기획한 정부의 의도는 한국영화 진흥을 지원한다는 것이었지만 의도에 걸맞는 구체적인 방안을 마련하지 못한 채 외국영화 수입권을 보상으로 수여함으로써 결과적으로는 대종상영화제가 외국영화 수입권을 따내기 위한 한국영화 제작자들의 이권 다툼 자리로 전락시키는 엉뚱한 결과를 만들었다. 이 때문에 한국영화 제작 역시 외국영화 수입을 위한 들러리가 되다시피 한 기현상을 초래하기도 했다. 영화인들의 잔치가 되어야 할 대종상영화제가 반목과 질시의 자리가 되다시피 한 것은, 실질적인 진흥 방안을 마련하지 못한 정부의 정책적 미흡함과 사업적 철학을 확보하지 못한 채 모든 것을 이해관계의 시각으로만 받아들이려 했던 제작자들의 태도가 함께 빚어낸 결과에 다름 아니었다. 80년대 중반부터 외국영화 수입자유화가 시행됨에 따라 외국영화 수입권이 더 이상 이권으로 기능하지 못하게 된 이후부터는 대종상영화제가 영화계의 관심권 밖으로 밀려나다시피 한 것도 그같은 현상과 무관하지 않다.

기대와 현실

그러나 이같은 현상에도 불구하고 60년대에는 대종상 외에도 신문사 주관의 영화상이 잇따라 생겨났다. 서울에서는 조선일보사의 청룡상(1963)을 비롯 한국일보사의 한국연극영화예술상(1965), 서울신문사의 서울신문문화대상(1968)이 차례로 등장했고, 지방에서는 중도일보사(대전)의 일마상(1966), 대구매일신문사의 대일상(1966), 전남매일신문사의 남도영화제(1967) 등이 모습을 보였다. 이 중 조선일보사의 청룡상은 1963년을 시작으로 매년 시상식을 가졌으나 74년부터 중단되었다가, 조선일보사의 자회사인 스포츠조선이 창간되면서 1990년부터 제11회 시상식을 재개함으로써 부활되었다. 또한 한국일보사의 한국연극영화예술상은 당초에는 이름 그대로 연극과 영화 부문에 대해 시상했으나 18회 때부터 텔레비전 부문이 추가되면서 한국연극영화 TV드라마예술상으로 바뀌었다가, 22회 때부터는 설립자의 호를 따라 한국백상예술대상으로 또다시 변경되어 현재에 이르고 있다. 이같은 변천에 따라 현재 운영되고 있는 영화상으로는 대종상을 비롯 한국영화평론가협회의 영평상, 스포츠조선의 청룡상, 한국일보사의 한국백상예술대상, 영화감독협회가 주관하는 춘사영화예술상, 영화인협회 산하 촬영분과위원회 주관의 황금촬영상, 문화영화를 대상으로 하는 금관상, 부산영화평론가협회의 부산영평상 등 8개에 이르고 있다. 한국영화의 제작 규모나 사회적 현실을 감안한다면 영화상의 숫자는 결코 적다고 할 수 없는 실정이지만, 과연 각각의 영화상이 '한국영화와 관객과의 사이를 좁혀 주는 데 기여하고 있는가'라는 물음과 마주하게 되면 자신 있는 대답을 하기가 어렵다는 것을 부정하지 못한다. 영화상이 한국영화를 위한 축제의 자리가 되지 못한다면 최소한 공정하고 올바른 결산과 평가의 자리라도 되어야 한다. 이같은 문제는 국내의 영화상이 공통적으로 지니고 있는 현실의 문제이며, 동시에 극복해야 할 과제이기도 하다.

(《영화》, 1992년 5월호)

부산국제영화제를 다시 본다

부산국제영화제의 국내 위상은 높다. 전국에서 열리는 크고 작은 영화제 중에서 규모나 내용면에서 가장 앞서 있다는 점에서는 누구나 동의한다. 인터넷을 통한 매표에서는 수분 만에 개·폐막식의 티켓이 매진되었다거나, 영화제에 모여든 관람객의 수가 해마다 늘어나고 있다는 등의 소식은 더 이상 새로운 감동을 주지 않을 정도다.

국내의 다른 영화제들이 일정한 규모를 유지하는 데 역점을 두고 있는데 비해 부산국제영화제는 정체성과 특성을 논의할 수 있을 정도로 차별화된 수준을 보이고 있다.

제1회 행사가 열릴 당시만 하더라도 국내에서 '국제영화제'를 연다는 것이 가능한지, 어떤 가능성과 한계가 있는지를 가늠하기 어려울 정도로 기대와 우려가 교차했지만 결과는 '가능하다'는 쪽으로 나타났다. '국제영화제'의 개념과 크기가 어느 정도인지 설정해야 하는지에 대해서 정한 기준은 없었지만, 세계 여러 나라에서 영화를 초청하고, 사람들을 불러들이며 술렁거리는 축제를 만드는 일은 새로운 경험이기도 했다.

무엇보다도 국내 관객들은 부산국제영화제를 새로운 축제로 받아들였다. 그때까지만 해도 금기처럼 여기던 영화들을 볼 수 있다는 기대감, 같은 생각과 감성을 가진 사람들과의 동료적 연대감을 느낄 수 있다는 것은 이전에 겪어 보지 못한 스릴로 다가왔다. 부산 광복동 거리는 축제의 물결이 넘실거리는 광장으로 변했고, 영화가 상영되는 극장을 찾아 순례를 다니는 관객들의 발길은 분주했다.

첫해는 그렇게 넘겼다. 세부적인 진행과 구성, 구체적인 성과에 대해서는 다양한 평가가 엇갈릴 수 있었지만 어쨌든 '국제영화제'를 열었고, 예정대로 마쳤다는 사실 자체가 가장 큰 성과였다. '국제영화제'라는 이름을 붙인 행사를 열 수 있다는 자부심은 한국영화가 세계 무대로 나아가는 구체적인 표시처럼 통했다.

대표적으로 알려진 국제영화제라야 칸·베를린·베니스를 꼽을 수 있었지만, 우리가 다가가기에는 너무도 멀리 있는 것처럼 요원했다. 세계영화의 중심이 미국이나 유럽에 있는 현실을 바꾸겠다는 의지로 출발한 일본의 동경국제영화제조차 선망의 대상이었다. 1990년대를 거치면서 국제영화제에 드나드는 일이 잦아졌고, 가까운 일본에서 열리는 동경국제영화제의 자신감을 벤치마킹하면서 '우리도 해보자'라는 의욕으로 도전한 첫번째 부산국제영화제는 한국영화가 시간과 공간을 뛰어넘는 차원이동의 전환점 같은 역할을 한 것이다.

두번째 행사를 준비하는 일은 또 다른 과제였다. 같은 행사를 두번째 잇는 것이 가능한지, 첫번째보다 좀 더 잘할 수 있을지 여부는 불안했지만 그래도 할 수 있다는 낙관적인 기대로 충만했다. 해운대 수영만의 개막식 풍경과 대스크린의 야외상영은 점점 자신감으로 채워졌다. 시간이 지날수록 부산은 '영화의 도시'로 바뀌었고, 영화제가 열리는 기간은 그야말로 '영화의 바다'로 변했다.

부산국제영화제 추이

구 분	기 간	상영작 (개국/편)	초 청		관람객 (명)	결산수입 (천원)
			국 외 (개국/명)	국 내 (명)		
제 1 회(96)	9. 13~21	27/170	26/104	120	184,071	2,143,182
제 2 회(97)	10. 10~18	33/163	29/164	286	170,206	2,445,562
제 3 회(98)	9. 24~10. 1	41/211	24/419	240	192,547	2,575,656
제 4 회(99)	10. 14~23	53/207	35/377	179	180,914	2,646,828
제 5 회(00)	10. 6~14	55/207	38/416	2,601	181,708	2,869,847
제 6 회(01)	10. 9~17	60/201	29/659	3,102	143,103	3,084,801
제 7 회(02)	10. 14~23	57/226	34/265	1,727	167,349	3,189,934
제 8 회(03)	10. 2~10	61/243	43/430	2,093	165,102	3,657,856
제 9 회(04)	10. 7~15	63/264	48/578	2,722	166,164	4,053,077
제10회(05)	10. 6~14	73/307	55/	6,088	192,970	5,450,000
제11회(06)	10. 12~20	63/245	51/1,204	3,617	162,835	7,400,000
제12회(07)	10. 4~12	64/271	55/932	1,192	198,606	7,400,000
제13회(08)	10. 2~10	60/315		9,516	198,818	8,200,000

(자료: 문광부)

부산의 성공은 부산에만 머무르지 않고 전국으로 퍼졌다. 부천·전주·광주·서울·제천 등지에서 국제영화제를 열었다. 변변한 영화제 하나 갖지 못했던 처지에서 어느 사이 '너무 많은 것이 아닌가?'라는 걱정을 불러낼 만큼 국제영화제 붐을 일으키는 선도자 역할을 한 것이다. 부산국제영화제에 사람이 모여들고, 언론을 통해 영화제 풍경이 소개되는 과정을 통해 지역의 이미지가 널리 알려지는 것을 부러워한 여러 지역 자치단체나 기관의 기대와 욕심이 동력으로 작용한 결과이기도 했다.

부산국제영화제는 올해로 14번째를 맞는다. 나름의 연륜을 갖추었다고 할 수 있는 수준이며, 국내외에서의 평가도 상당하다. '아시아에서 가장 역동적인 영화제'라는 평가는 부산국제영화제의 위상을 압축적으로 상징하는 표현으로 통한다.

부산국제영화제가 국내에서도 국제적인 규모의 영화제를 개최할 수 있으며, 성공한 영화제가 지역경제와 문화적 신장에 어떤 기여를 할 수 있는가를 실증적으로 보여주었다는 점에서 한국영화계, 부산지역, 정부, 관객들에게 미친 영향력은 컸다.

그러나 부산국제영화제는 국내에서 부동의 선구자 역할을 하며 국제적으로도 주목받는 영화제로 성장하고 있다고 하지만, 10여 년 이상의 연륜을 쌓고, 100억 원 가까운 예산을 사용하고, 영화제 기간 동안 20여만 명의 관객이 드나들지만 과연 그것이 한국영화에 어떤 에너지를 부여하는지, 부산국제영화제가 명실상부한 성공 이벤트로 위상을 지속적으로 유지하고 있는지에 대한 평가가 필요한 것으로 보인다.

규모의 영화제 – 더 크게 더 많이

중장기적인 발전 방향에서 본다면 부산국제영화제는 아직도 변화 과정중에 있다. 영화제측이 구상하고 있는 중장기 발전 방향 중 발전 단계별 구성은 크게 다섯 단계로 나뉘어 있다. 한국영화를 비롯한 아시아영화의 집중적인 발굴과 소개를 통한 영화제의 출발과 정착에 집중하는 제1단계를 거쳐 아시아영화에 대한 사전제작 시장의 활성화를 시도하는 제2단계, 영화 제작 인력을 양성하는 제3단계, 아시아영화의 비즈니스적인 교류 협력을 실현하기 위해 아시안필름마켓 설립 등을 추진하는 제4단계, 그리고 이같은 작업의 토대 위에서 보다 안정적인 위상을 유지하는 제5단계를 설정하고 있는 것이다.

이를 통해 부산국제영화제가 지향하는 궁극적인 목표는 '아시아영화의 허브'를 실현하는 것이다. 그것을 위한 구체적인 세부 계획으로서는 비경쟁영화제로서의 우위를 확보하기 위해 연인원 20만 명 이상의 관객을 유치하며, 아시아의 비주류영화제작활성화 지원사업, 아시아영화의 비즈니스 활성화를 위한 여러 가지 사업(아시안필름마켓, Piff채널 개설, CJ컬렉션 활성화, 온라인시장 개척, 스타서밋 같은 아시아 연기자 네트워크 구성, 창업투자회사 '아시아문화기술투자(주)'의 설립 참여 등의 사업)을 구상하고 있다. 대부분의 사업은 실행 단계에 진입했다. 뿐만 아니라 부산국제영화제의 활성화를 바탕으로 부산을 아시아 영화 문화/산업 중심도시로 전환, 육성하겠다는 계획도 추진하고 있다. 부산을 영상문화 도시의 중심으로 육성하겠다는 계획은 영상산업을 대표적인 주력산업으로 키우며, 영상문화 도시로서의 브랜드를 확립하고, 시민들의 영상문화 향유 기회를 획기적으로 확대하겠다는 것이다. 이를 실현하기 위해서 설정한 3대 기본 전략은 ABC인데, 아시아 시장을 지향하기 위한 A(Asia), 산업과 문화를 동시에 아우른다는 의미의 B(Both), 클러스터를 통한 시너지 효과를 유발한다는 의미의 C(Cluster)의 구성이다.

이를 위한 6대 실행 전략은 CINEMA(Company, Infra, Network, Earth, Man power, Amenity) 즉 기업 유치 및 육성, 기초 인프라, 네트워크, 국제화, 인력 양성, 문화와 관광산업 연계를 위한 각종 사업을 개발, 실행하는 것이다. 6대 실행 전략의 구체적인 세부 계획은 모두 44개 사업으로 이루어져 있는데, 부산영상센터·영화종합촬영소·영

부산국제영화제의 발전 단계

1단계(1996년~)	아시아영화의 쇼케이스 (한국영화를 포함한 아시아영화의 발굴과 소개)**아시아영화 사전제작**
2단계(1998년~)	**시장의 활성화** 1. PPP의 출범(1998년 출범)과 성공: 프로젝트 마켓으로 제작자와 투자자와의 만남의 장. 2. BIFCOM(1999년 출범) : 부산영상위원회 주최 행사로, 국내는물론 아시아의 필름커미션 설립을 유도하여 아시아 전역의 제작 환경을 개선하고, 세계 각지로부터 아시아 지역으로의 촬영을 유치하는 행사.
3단계(2005년~)	**아시아영화 인재의 양성** 아시아 영화아카데미(AFA, 2005년 출범): 아시아, 특히 영화교육기관이 부족한 지역의 영화학도를 중심으로 미래의 아시아영화를 이끌 인재를 초청하여 3주간에 걸쳐 제작교육을 실시하는 워크샵 프로그램.
4단계(2006년~)	**아시아 비즈니스의 장과 비주류영화의 체계적인 지원 시작** 1. 아시안필름마켓(2006년 출범): 기존의 PPP와 BIFCOM과 함께 배우시장인 스타서밋아시아와 전통적 의미의 필름마켓을 통함, 개설하여 아시안필름마켓을 출범. 2. 아시아 다큐멘터리네트워크(AND, 2006년 출범): 12개의 다큐멘터리 제작 지원 펀드를 조성하고 마스터클래스, 미팅 등을 통해 아시아의 다큐멘터리 발전을 체계적으로 지원하는 프로그램. 3. 아시아영화펀드(ACF, 2007년 출범): 기존의 NDIF(뉴디렉터인포커스)와 AND를 통합, 확대하여 한국을 포함한 아시아 영화감독들의 프로젝트에 대한 제작 지원을 하는 프로그램.
5단계(2011년~)	**부산국제영화제의 안정적 시스템 완성과 위상 공고화** 1. 부산영상센터의 완공: 아시아 영상 문화/산업의 중심지. 2. 아시아필름아카이브의 활성화: 아시아 영화문화 유산의 중심. 3. 아시아 영상산업 중심도시의 입지 구축: 영화진흥위원회, 영상물등급위원회 부산 이전 및 제작 관련 인프라 구축 완료.

6대 실행 전략을 위한 '44개 사업'의 세부 내용

1. 기업 유치 및 육성	▷ 11개 사업 영화영상산업 진흥기금 확충, 영상투자펀드 조성, 영상스타프로젝트 가동, 기업 유치 활동 강화, 영상업체 멘토링, 영상기자재 공동구매 촉진, 영상 뉴딜, 영상펠로우 운영, 글로벌 게임 테스트베드 구축, 온라인 VOD 구축 및 운영, 영상콘텐츠 유통기업 설립.
2. 기초 인프라 강화	▷ 8개 사업 부산영상센터 건립, 영상후반작업기지 건립, 영화체험박물관 건립, 문화콘텐츠 콤플렉스 건립, 영화종합촬영소 건립, C-스튜디오 건립, 게임월드 건립, 아시아 영상 비지니스센터 건립.
3. 네트워크 강화	▷ 6개 사업 영상산업 포럼 구성, 영상산업 CnC 프로젝트, 영상인 카페 운영, 영상넷 구축, 영상오피스 in 서울 운영, 코리아영상포럼 개최.
4. 국제화	▷ 4개 사업 캐치업 프로젝트, 국제영상박람회 개최, 웰컴부산데스크 운영, 해외 영상행사 참가비 지원.
5. 인력 양성	▷ 8개 사업 문화산업연구센터 설립, 게임아카데미 설립, 영화아카데미 연계교육 실시, 글로벌 영상인 양성, 영상인력 재교육 프로그램, 부산키드 양성, 해외 우수 영상 인력 유치, 영화관광해설사 양성.
6. 문화 및 관광산업 육성	▷ 7개 사업 영상빌리지 조성, 영상홍보관 운영, 소프트관광지도 제작, Cine Street 프로젝트, U-Space 조성, 한류타운 조성, 영화 서포터즈 운영.

※ 4대 핵심 과제 ▷ 부산영상센터, 영상후반작업시설, 영화체험박물관, 문화콘텐츠 콤플렉스 건립. (자료: 부산국제영화제)

화체험박물관 같은 시설을 구축하는 등의 사업을 포함하고 있다. 요약하면 부산국제영화제를 바탕으로 부산을 영화의 중심도시로 바꾸는 데 필요한 사업이라면 무엇이든 다하겠다는 것이다.

영화제인가, 사업자인가?

부산국제영화제가 추진하고 있는 여러 가지 사업을 들여다본다면, 정작 영화제 행사는 다른 사업을 추진하기 위한 견인 요소이거나 창구에 지나지 않는다는 인식을 지울 수 없다.

영화제의 연륜이 쌓이고 프로그램이 많아질수록 영화제의 운영은 규모를 감당하기 어려울 정도로 불안스러운 면을 드러내거나, 부산국제영화제의 특성화된 이미지는 무엇인가, 한국영화 산업과 문화적 인식에 기여하는 바는 무엇인가라는 의문을 불러일으킨다.

지난 2007년의 영화제 경향은, 외형적 규모 확장 중심으로 성장한 부산국제영화제가 겉으로 드러나는 것과 달리 내부적으로 과도한 부하에 짓눌려 있거나 운영 역량면에서 취약함을 안고 있다는 면을 노출한 계기가 되었다고 본다.

65개국 275편의 영화가 참여했고, 그 중 92편이 월드 프레미어라고 영화제측은 대대적으로 홍보했지만 영화제가 열리는 동안 언론의 보도 패턴은 예년과 달랐다. 규모가 커진 데 대한 감동을 드러내기보다는, 영화제의 진행과 구성에 따른 크고 작은 사건·사고들을 보도하면서 운영의 문제점을 전하는 데 적극적이었다. 해운대 수영만에서 열린 개막식은 비바람으로 인해 정상적인 운영 자체가 불안했고, 의전의 차질로 인한 논란, 영화와는 별로 관계 없는 인물들(가수, 탤런트, 비영화인 등)이 게스트로 참석하는 데 따라 영화제의 분위기는 산만했다. 영화제의 고위책임자가 언론을 상대로 공식적인 사과를 하거나 경위를 해명하는 일도 벌어졌다. 실제 진행 과정에서 드러난 사건 사고들도 많았지만, 언론의 보도 논조가 눈에 띄게 비판적인 태도로 돌아선 것은 이전에 비하면 이례적이라고 할 만큼 다른 분위기였다.

언론의 인식이 갑자기 바뀌었기 때문이었을까? 이전에도 영화제 기간 동안 크고 작은 사건사고가 있었다. 그러나 그것이 영화제의 운영을 흔들 만큼의 큰 규모가 아닌 한 언론에서 집중적으로 문제삼은 적은 없었다. 규모가 큰 영화제를 운영하는 과정에서 불가피하게 일어날 수 있는 정도로 여기거나, 다소 문제가 있다 하더라도 더 큰 명분을 위해서는 조용히 처리하고 넘어가는 것이 필요하다는 암묵적 카르텔 같은 것이 유지되고 있었다. 한국영화에 관한 일이라면 괜한 시비를 하기보다는 차라리 무시하는 것이 도움이 된다는 식의 공감대가 부산국제영화제에도 적용된 것이라고 할 수 있다.

하지만 그같은 묵시적 옹호나 지지가 무제한의 관용이라기보다는 일정한 시간이 지나 스스로 감당할 수 있을 때까지 기다려 준다는 심정적 지원이라고 해야 할 것이다. 2007년의 분위기가 달라진 것은 개최 10년을 넘기고도 여전히 문제들이 개선되지 않고 있으며, 국제영화제라는 명분 때문에 외국의 언론들에 대해서는 과도하게 우대하면서 정작 국내 언론에 대해서는 무성의하게 대하는 태도, 외형적으로 커진 규모에 비해 내실이 동반하고 있는가에 대한 자문 등이 겹쳐지면서 드러나는 영화제의 여러 문제들에 언론이 주목하기 시작한 것이다. 돌발적 현상이라기보다 그동안 누적된 채 잠복해 있던 한계적 문제들이 노출되는 것에 대한 경고의 의미로 다가왔다.

영화제 개최측은 부산국제영화제가 지속적으로 성장하고 있으며, 외국의 관심이 높아지고 있다는 것을 실증하는 현실적인 지표의 하나로 몇 나라 몇 작품이 참가했고, 발매 몇 분 만에 티켓이 매진되었다는 식의 홍보를 계속하고 있다. 전년도보다 영화편수나 관객수가 줄어들면 영화제가 실패했다는 식의 평가가 뒤따르기 때문에 어떻게든 외형적인 규모를 유지하거나 확대하려는 시도를 계속하는 것이다. 관객 유치는 영화제의 성패 여부를 가늠하는 중요한 지표이기 때문에, 시간이 지날수록 영화제 성격에 맞는지 여부를 가리기보다는 화제가 될 만한 영화를 선정하는 것이 일반화하는 경향을 보이고 있다. 프로그램의 구성도 주제에 맞는 특성을 유지하기보다 화젯거리 중심으로 편성되는 현상을 보이고 있다. 결국 부산국제영화제는 화려한 이벤트로 유지하려는 영화제집행위원회의 과욕, 행사는 크고 화려하게 해야 잘된 것이라고 생각하는 부산광역시 등 자치단체들의 인식, 영화제를 상품 광고의 계기로 이용하려는 기업체들의 비즈니스, 영화제의 내용보다는 시각적 볼거리를 선호하는 언론의 보도 경향, 다양한 영화를 감상하고 즐기기보다 여름철 해운대 피서인파처럼 몰렸다가 흩어지는 관객의 '큰 영화 제일주의'적 경향 등이 합쳐서 돌아가고 있는 대형 이벤트의 성격을 드러내고 있다.

영화제측이 야심적으로 내세우기도 하지만, 언론이나 관객들 입장에서도 상징적인 행사로 꼽는 것은 개·폐막식이다. 수영만 야외에서 열리는 이 행사는 세리머니와 영화 상영 등으로 구성되며, 국내외의 게스트, 일반 관객 등이 참여한다. 대규모 관객이 집결하는 개·폐막식은 의전·안전·중계 등 여러 가지 문제를 동시에 해결해야 하며, 부대행사를 감당해야 한다. 야외에서 영화를 상영해야 하기 때문에 어두워지는 저녁 시간 이후에 행사가 가능하지만, 기상이며 음향설비 등 여러 가지 변수로 인해 안정적인 영화 상영을 기대하기 어렵다. 개성 있는 영화를 소개하겠다는 영화제가 정작 영화 상영은 뒷전으로 미루고 요란한 행사로 눈길을 잡는 모양이다. 영화제의 규모가 커지는 것과 비례해 의전·경호 등의 업무가 강화됨으로써 일반 관객들과 게스트 간의 접근성에 확연한 차이가 나며 ID를 가진 게스트들조차 행동에 불편을 느껴야 하는 수준이다.

2008년의 상황은 또 다른 측면에서 부산국제영화제의 위상과 역할에 한계를 드러냈다. 2008년의 한국영화 제작 환경은 우울했다. 산업적인 활기는 눈에 띄게 위축되었고, 주목할 만한 영화의 제작은 줄어들었다. 제작 자본을 유치하는 일이 당장의 현안이었고, 마땅한 대안을 찾기는 쉽지 않았다. 영화계의 우울한 현실은 영화제에도 그대로 겹쳐졌다. 영화제의 주제를 '힘내라! 한국영화'로 정해야 할 만큼 한국영화의 위축은 영화계 밖으로까지 영향을 미쳤고, 부산도 그것을 피하지는 못했다. 영화제는 국내외적인 영화 제작의 흐름에 따라가는 것은 가능하지만, 영화제가 영화산업 자체를 견인하기는 어렵다는 한계를 분명하게 확인한 것이다.

최근의 이같은 변화는 부산국제영화제가 무엇을 해야 하는지, 어떤 방향으로 나아가야 할 것인지를 예시하는 사인이나 다름없었다.

드러나는 문제점들

부산국제영화제가 지속적인 성장과 정체성을 유지하기 위해서는 현실적인 문제들을 인식하고 필요한 대안을 갖추어야 한다. 몇 가지 문제들을 정리해 보면 다음과 같은 것들을 지적할 수 있다.

□ 과도한 규모 확대

부산국제영화제는 영화를 소개하고 교류하는 전시장으로서의 행사와 관련사업을 주도적으로 추진하려는 사업자로서의 성격을 동시에 유지하려 하고 있다. 필연적으로 부대사업을 확장해야 하며, 성과에 집중해야 한다. 사업이 확장될수록 필요한 인력과 예산의 문제도 등장한다. 다양한 영화의 교류와 소통을 통한 '아시아 영화의 허브' 역할을 하겠다는 당초의 목표가 아시아 영화산업을 이끄는 중심지, 주도자의 역할을 하겠다는 것으로 변질되는 것은 취지에도 사업의 합리성에서도 맞지 않다.

□ 영화제의 권력화

영화제의 규모가 커질수록 인력과 예산의 압박은 가중되며, 사업의 방향성을 설정하는 과정에서의 논란도 불가피하다. 이러한 문제들을 콘트롤하기 위해서는 통제 가능한 인력들을 배치하려는 성향을 보이기 쉽다. 부산국제영화제는 국내영화계의 현안이 등장할 때마다 공개적인 주장과 액션을 드러내고 있다.

그에 비해 부산국제영화제의 문제를 대외적으로 노출하거나 공론화하는 문제는 금기처럼 통한다. 부산 지역에서는 우호적인 논의조차 자칫 영화제의 위상과 관련된 논쟁으로 확산될 수도 있을지 모른다는 우려와 동업자적 연대감으로 인해 문제제기를 하지 않으려 하며, 상당수의 영화 관련인사들(평론·언론·연구자들을 포함하는)은 영화제와의 관계에서 열세적인 입장을 보이는 경우 또한 적지않다.

영화제를 운영하는 인력의 구성이 폐쇄적인 카르텔을 형성하며, 조직적인 비대화가 확산되면서 부산국제영화제는 권력적인 조직으로 변해 버렸다. 영화제를 통해 영화계로 진입하려는 비상업 계열의 영화지망생들, 영화제가 운영하고 있는 여러 프로그램과 연계해 단위사업의 실적을 확보하는 창구로 활용하려는 각급 단위의 대학들 등 여러 기관·단체·개인들이 영화제의 영향권 아래 편입됨으로써 부산국제영화제의 비정상적인 팽창과 공고화는 가속되고 있다. 이 과정에서 영화제가 특정한 소수 인물들의 활동 기반으로서 사유화되는 현상까지 나타나고 있다. 영화제의 안정을 심각하게 위협하는 요소들이다.

□ 과장된 성공 신화

부산국제영화제측은 영화제 참가 관람객수, 초청작수 등을 주요 평가지표로 활용하고 있다. 그같은 요소 중의 하나가 해외 언론의 보도와 평가도 빼놓을 수 없다. SCREEN, Variety, Hollywood Report 같은 영화 관련매체들의 보도에는 특히 민감하다. 영화제측으로서는 외국 언론사 기자들의 취재와 평가에 주의할 수밖에 없는 입장이다.

영화제측이 주요 초청 대상자로 선정하고 있는 것이 바로 외국 언론사 기자들이다. 나름의 영향력이 있다고 판단되는 영화담당 저널리스트들은 초청으로 불러들인다. 그들에게는 등급에 따라 다르기는 하지만 항공·숙박의 지원이 따른다. 우호적인 평가를 기대하며 이루어지는 차별적 대우다. 그렇게 게재되는 기사는 영화제의 성패를 판단하는 중요한 자료로 인용된다. 영화제측이 언론의 관심과 취재를 유치하고, 대외적인 평가 개선에 대응하려는 노력 자체는 비난할 일이 아니지만 실제보다 과장하거나 왜곡하는 일은 다른 문제다.

출발 당시에는 21억 원 규모로 시작했던 부산국제영화제의 예산은 2008년에는 82억 원 수준으로 늘어났다. 10여 년 전의 물가와 환율 수준을 감안하더라도 지속적인 증가 추세에 있는 것은 분명하다. 영화제의 규모를 키우고 확장하는 과정에서 필연적으로 수반되는 문제다. 다행인지 우연인지, 부산국제영화제의 초기 과정은 한국영화의 약진과 흐름을 함께했다. 한국영화의 흥겨운 기운이 영화제로 편입되고, 영화제의 열기가 관객의 흥분과 열정을 부추기는 과정에서 영화제는 성공적인 정착을 얻을 수 있었기 때문이다.

그러나 한국영화의 붐이 사위고, 국제적 교류의 명암이 정리되는 과정에서 부산국제영화제의 가능과 한계도 동시에 드러나고 있다. 영화제가 거둔 성과와 위상에 대해 인정할 부분이 크지만, 실제 이상으로 과장되는 것은 경계해야 한다. 칸이나 베를린·베니스 같은 유수의 국제영화제들이 세계영화의 위상을 새롭게 평가하는 것처럼 인식하고 있지만, 정작 자국영화 산업의 부진을 극복하는 에너지로 환원되지 않은 채 '영화인들만의 잔치'처럼 격리되는 현상은 경계해야 할 부분이다. 오랫동안 사회주의 국가의 영화 흐름을 대표했던 모스크바 국제영화제의 존재가 사실상 와해되고, 유수한 영화제로 떠오르고 있다는 몬트리올·로테르담 같은 영화제들의 성과 역시 일정한 한계 내에서 그치는 현실 역시 국제영화제의 일면이다.

새로운 발전을 위하여

부산국제영화제가 여러 가지 문제점에도 불구하고 한국영화와 국내외 영화계, 영화인들과 소통하고 교류하는 창구로서 대표적인 역할을 하고 있다는 점은 성과다.

부산국제영화제를 통해 관객들이 영화를 문화적으로 수용하고 소통하는 경험을 쌓을 수 있었던 것도 귀중한 경험이다. 활기 있는 영화제 행사가 지역의 이미지를 어떻게 바꿀 수 있는가에 대해서도 부산국제영화제는 모범적인 사례로 평가받을 수 있다.

그러나 이같은 요소들이 부산국제영화제를 바라보는 고착된 기준이 되어서는 곤란한다. 성공의 자만에 도취하거나 내부에 잠재하고 있는 문제들을 개선하려는 노력이 뒤따르지 않는다면, 만성질환을 앓는 환자처럼 어려운 상황을 피하기 어렵다.

무엇보다도 부산국제영화제가 과도한 사업의 주체에서 벗어나 영화제 본래의 위상을 회복하는 일은 중요하다. 규모 위주의 운영에서 내용 중심으로 전환해야 한다는 뜻이기도 하다. 도쿄국제영화제나 홍콩국제영화제 등 주변 국가들의 약진이 새로운 위협으로 등장하고 있는 실정이다. 규모나 영향력면에서 도쿄국제영화제는 부산국제영화제를 위협할 수 있으며, 홍콩(중국)국제영화제가 대대적인 마켓을 강화할 경우, 부산국제영화제가 특별한 강점이라고 자부해 온 '아시아 영화 시장의 중심' 역할을 계속할 수 있는가에 대한 의문도 제기된다. 새로운 도약을 위해서라도 더 이상 상황이 악화되기 전에 부산국제영화제는 특성화와 정체성에 대한 새로운 정비가 필요하다.

더불어 영화제 운영의 개방성에 대한 문제도 개선되어야 한다. 영화제의 각 파트에서 일하고 있는 인력의 구성은 폐쇄적인 카르텔처럼 조직화되어 있다. 특정 인물들을 중심으로 한 계보가 형성되어 있다는 인식도 강하다. 영화제의 조직 구성이 기능 중심으로 이루어지기보다 사람 중심으로 조직되는 사례가 적지않거나 경력이나 전문성이 검증되지 않은 인물들이 실무에 배치되는 경우도 잦다. 이같은 요소들은 결과적으로 영화제를 사유화하거나 집단적 거점으로 전락하게 만드는 요인으로 존재한다.

[23]

화려함 속에 갇힌 부산국제영화제

부산국제영화제 개막식은 화려하다. 영화의 전당을 행사장으로 사용하기 시작한 2011년부터 규모의 당당함을 넘어 관객을 압도할 정도다. 축구장 2.5배 크기의 광장과 거대한 스크린, 레드 카펫과 번쩍이는 조명, 뽐내듯 겨루는 스타들의 무대 행렬은 오래 이어진다. 칸이나 베를린·베니스 영화제를 비롯하여 일본의 도쿄영화제 등 거의 모든 영화제들이 레드 카펫 행사를 펼치지만 규모나 화려함 면에서 손꼽을 만큼 압도적이다. 지난 몇 년 사이 한국영화의 기세가 크게 높아진 것처럼 부산국제영화제의 위상도 날개를 달고 있는 중이다. 영화제에 협찬하려는 제작사나 기업·후원업체들도 늘고 있다.

올해 부산국제영화제가 10월 3일부터 12일까지 열렸다. 70개국의 299편 영화가 참가했고, 그만큼 다양한 국내외 영화인들이 찾았다. 75개국 304편의 영화가 등장했던 2012년에 비해 외형적인 규모면에서는 약간 줄었지만 영화제의 특성화를 강화하려는 노력은 곳곳에서 드러났다. 개막작은 부탄영화 〈바라: 축복〉을 선정하고 폐막작으로는 한국독립영화 〈만찬〉을 선정했으며, 개막 사회에는 한국의 강수연과 홍콩의 곽부성이 공동으로 나섰다. 개·폐막작은 영화제의 성격과 방향을 드러내는 중요한 가늠자 역할을 한다는 점에서 스타가 등장하지 않으며, 상업적 성격도 약해 일반 관객들이 접하기 어려운 영화들을 선택한 것은 고심 끝에 선택한 결정이라고 할 만하다.

　이전의 부산영화제는 규모가 승패를 결정짓는다는 듯 규모를 키우는 데 매달리는 모습을 보였다. 몇 개 나라에서 몇백 편의 영화가 참가했고, 누구누구가 왔다갔다는 등의 내용을 언론에 자랑했다. 영화 관객이 전년에 비해 몇 명이 더 늘어났다는 내용도 중요한 사항이었다. 영화제 기간의 관람객은 대체로 20만 명 수준을 유지하고 있는데, 1996년 제1회 때의 18만 명 수준과 비교하면 증가폭은 상대적으로 미미한 수준이다. 개최 첫해에 참가한 영화가 31개국 169편이며, 27개국 224명의 영화인들을 초청했던 것에 비하면 최근의 참가작이나 영화인의 숫자는 작품면에서는 2배, 영화인의 숫자는 그 몇 배로 늘었다. 예산도 첫해 15억 원 수준이던 것이 지금은 100억 원(마켓 비용 포함 110억 원 규모)대를 넘어섰다. 아무리 영화 편수를 늘리고 참가영화인들의 숫자를 늘린다 하더라도 관람객의 증가는 일정 수준을 벗어나기 어렵다는 것을 보여주는 부분이다. 그런 점에서 본다면 부산국제영화제의 물리적 규모는 지금의 수준이 한계치라고 할 수 있다. 영화제측이 규모를 강조하는 부분을 슬며시 빼버리는 이유는 들이는 비용에 비해 거두는 성과가 빈약하다는 현실을 반영하는 것이다. 한국영화 국내 흥행이 사상 최고라고 하면서도 해외 배급은 별로 달라지지 않는 것처럼 국제영화제라고는 하지만 여전히 국내를 겨냥하는 측면이 크다.

　영화제 규모의 대형화 전략은 부산국제영화제를 키우는 데 기여한 측면이 크지만, 한편으로는 영화제의 성격이 무엇인지, 무엇을 향하고 있는지 혼란스럽게 만드는 요인이기도 했다. 관람객을 유치하기 위해서는 지명도가 높은 스타를 최대한 많이 불러들여야 하고, 관객들이 쉽게 볼 수 있는 영화들을 배치해야 한다. 될수록 이런저런 행사를 많이 만들고, 관객과 스타를 대면하게 만드는 작전이 필요할 수밖에 없다. 특성화는 뒤로 밀려나고, 상업적이며 지명도가 높은 영화, 영화인들이 전면에 나서게 된다. 이것저것 가짓수를 잔뜩 늘어놓는 뷔페식당처럼 다양한 구색을 갖추고, 유명한 영화인들을 초청하는 데 올인하는 과정이 반복되면서 영화제는 북적거리는 것 같았지만 영화제의 개성을 정리하는 것은 뭔지 잘 모르겠다는 평가가 뒤따랐다. 레드 카펫 행사의 비중이 높아지면서 여자 배우들간의 드레스 경쟁이 치열해지고, 흥미성 관심이 영화제를 주도하는 현상이 점점 커지는 것도 결국 외형적 규모를 키우는 요인 중의 하나다.

영화제를 개최하는 궁극적인 목적이 영화에 대한 사회적 관심을 높이고, 문화적 교류를 확산하며 마켓 활동을 통한 비즈니스의 증진이라고 한다면, 영화 축제로서의 부산국제영화제 위상은 일정한 수준까지 올라왔다. 해외 영화인들의 인식도 높아진 것 같고, 국내 관객들의 인지와 지지도 독보적이다. 그러나 마켓 기능은 극히 미미한 수준이다. 영화제가 겉으로는 규모가 크고 화려하지만 실속은 별로라는 지적을 받는 이유다.

개·폐막작의 새로운 선정에도 불구하고 갈수록 화려함을 키우려는 개막식 레드 카펫의 강조는 앞뒤 안 맞는 부조화이며, 영화제의 흐름은 여전히 규모 중심으로 흐르고 있다는 것을 드러낸다. 2013년의 부산국제영화제는 화려한 잔치를 계속할 것인지, 특성화된 문화 행사로 방향을 돌릴 것인지 사이에서 혼란스러워한 100억 원짜리 파티였다.

[부록]
내 친구 왕보수

집입니다. 아주 오랜만에 집으로 왔습니다. 이 나이에도 아직 집이 없는 내게 '집'이라면, 그저 늙은 부모님께서 사시는 시골집이 집일 뿐입니다. 세상이 좋아지니 이런 시골 구석에서도 인터넷을 할 수가 있군요. '집으로'라는 말을 쓰는 순간 나는 눈시울이 붉어졌습니다. 몇 해 전 눈물콧물을 질질짜며 본 〈집으로〉라는 영화와 영화를 평생 사랑해 온 내 친구 일탁(一啄) 조희문이 생각났습니다. 조희문! 그는 저뿐만 아니라 다른 벗들의 자랑입니다. 그 이유는 단순합니다. 그가 TV에 자주 나오기 때문입니다. 그것 때문에 안팎에서 제법 폼을 잡아야 할 점잖은 친구들까지 그의 이름을 들먹이며, 마누라나 자식들 또는 주변 사람들에게까지 목에 힘을 줄 수 있습니다.

그러나 그런 친구들도 그가 TV에 나와서 주로 얻어터지는 역할을 하고 있다는 것은 잘 모르는 것 같습니다. 그는 영화계의 어떤 이슈가 있을 때마다 토론 프로그램에 자주 등장합니다. 그 전에는 가끔 영화평론도 하더니, 어느 무렵부터 영화평론에서는 사라지더군요. 그가 별을 많이 매긴 영화가 재미가 없거나 흥행에 실패를 한 탓인지, 아니면 이제 좀 나이가 들어 영화평을 부탁하기에는 뭣하다는 기자들의 판단 때문인지 알 수는 없습니다. 그러나 나는 그가 어떤 영화에 별을 많이 매긴 것을 본 적이 별로 없기 때문에, 아마도 영화사에서 그런 그를 탐탁하게 생각하지 않았기 때문이 아닐까 생각합니다.

혹시나 그가 나온 TV토론 프로그램을 보신 분들은 잘 아시겠지만, 그는 그리 말을 잘하는 편도 아니고, 발음이 분명한 것도 아니고, 그렇다고 뭐 그리 세련되게 생기거나 옷차림이 멋진 것도 아닙니다. 나는 그의 아내와도 잘 압니다. 처음 장가를 가서 살 때부터, 아담한 체구에 뛰어난 미모를 자랑하는 그의 아내는 항상 통통거리는 말투로 불만을 터트리거나 눈을 반짝이며, 그가 온 집안에 늘어놓은 카메라며 영화잡지, 수많은 책, 비디오테이프 이런 것들에서부터 온갖 구닥다리 물건들을 그저 망연자실한 표정으로 바라보기만 했습니다. 거의 치우거나 만지기를 포기한 상태에서 허탈한 표정을 짓고 있는 그의 예쁜 아내가 조금은 가엾다는 생각이 들기도 했습니다. 그런 아름다운 아내가 그를 좀 세련되게 다듬어서 TV에 내보낼 만도 하지만 그는 늘 그저 그런 수더분한 모습으로 나타나더군요. 그게 혹시나 그런 조희문의 행태에 관한 저항이 아닌지 그의 아내에게 꼭 한번 물어보고 싶었습니다.

그는 앞에서 말했다시피 주로 얻어터집니다. 그를 토론 프로그램에 끌어들이는 방송국의 관계자는 다분히 그것을 목적으로 한 것 같습니다. 때리는 자와 얻어맞는 자가 분명해야 시청자들이 재미있어할 것 아닙니까? 그런 주제에 그는 자기가 TV에 나갈 때마다 반드시 전화를 합니다. 그놈의 토론 프로그램이라는 것이 대부분 늦은 밤에 방영되지 않습니까? "뭐하셔?" "응! 그냥 있어." "좀 있다가 TV 보시게!" 몇 마디 대화만으로 나는 그가 오늘 또 얻어터지러 간다는 것을 압니다. 그 시간쯤이면 부엉이처럼 늦은 밤일을 하는 나는 귀찮지만 또 애꿎은 친구들에게 전화를 해야 합니다. 친구들이 마누라나 자식들에게 자랑할 기회를 주어야 하기 때문입니다.

그 숱한 기회에도 불구하고 친구들이 과연 그를 자랑했는지, 아니면 맷집 좋게 얻어터지는 그를 보고 좀 비참한 생각을 했는지는 잘 알지 못합니다. 나야 혼자 있으니 자랑이고 쪽팔림이고 없지만, 처음에는 "음~ 내 친구야!"라고 자랑한 친구들은 지금쯤이면 대부분 민망할 것입니다. 천천히, 그리고 어눌하고 불분명한 경상도 사투리로 그는 지치지 않고 무엇인가를 말합니다. 솔직히 영화야 재미있으면 되지 뭐 그리 복잡할 이유가 없는 것 아닙니까? 그와 토론 상대로 나오는 사람들은 말도 잘하고(여기에서 잘한다는 말은 주로 빨리, 많은 말을 한다는 뜻입니다), 또 모습도 세련되고 보통 사람들이 얼른 공감하는, 그리고 좋아하는 말들을 골라서 잘하더군요. 그러나 그의 말은 뭐 별로 대단한 것 같지도 않고, 영화나 영화산업에 관한 지식이 별로 없는 나도 할 만한 그런 내용이기가 십상입니다. 그렇게 늘 일반적인 말, 당연한 말을 해대니 무슨 소릴 듣겠습니까? '왕보수'라는 말밖에 달리 들을 말이 있겠습니까? 전문용어도 좀 섞고, 영어나 불어도 가끔 넣고, 표정도 좀 더 다이나믹하게 짓고, 내용도 좀 더 자극적이어야 하지 않나요? 그러나 그는 그런 말들을 거의 사용하지 않습니다. 몰라서 안하는지 싫어서 안하는지 알 수는 없습니다. 나는 그가 가장 확실한 '왕보수'이므로 방송국 관계자가 샌드백 역할로 그를 기용했다는 확신을 가집니다.

몇 해 전에는 문득 전화를 해서 으스대는 목소리로 "나 집 한 채 장만 했네"라고 자랑을 했습니다. 평창동 산자락에 이미 2층집을 사들인 것을 알고 있던 나는 이 사람이 무슨 부동산에 재미를 붙였나 싶어서 "또 샀어?"라고 물었습니다. 알고 보니 자기 홈페이지를 만들었다는 것이었습니다. 그의 새 집을 찾아간 나는 깜짝 놀랐습니다. 어마어마하게 방대한 자료가 들어 있었다는 것 때문이 아니라, 아주 세련된 대문의 색깔과 예쁘고 깔끔한 문패 때문이었습니다. 노크를 하고 들어가 이 방 저 방을 뒤지면서 머잖아 이 집도 조희문이 사는 집답게 되리라는 생각이 들었습니다. 이리 많은 자료들을 정리하기 별로 좋아하지 않는 그가 깨끗이 정돈할 리가 없다는 것을 잘 알기 때문이었습니다. 당연히 지금 인터넷 동네에 마련한 그의 집은 나의 예상처럼 되고 말았습니다. 궁금하신 분은 아무 검색 프로그램이나 들어가셔서 '조희문'이라 치시면 실감할 수 있습니다.

그는 엄청 치사한 사나이입니다. 몇 년 전에는 그가 영화진흥위원회인지 뭔지 하는 제법 힘이 있는 것 같은 단체의 위원장을 할 때, 그의 빽을 믿고 혹시나 영화표 몇 장 얻을 수 있을까 하고 은근히 부탁을 했다가 일언지하에 거절당했습니다. 그는 "돈 주고 봐!"라는 한마디로 40년이 넘는 우정을 무참하게 짓밟았습니다. 돈이 없어서가 아니라 힘 좀 있는 친구에게 얻었다고 으스대고 싶은 친구의 순진한 마음을 그리도 잔인하게 짓밟다니! 그는 치사한 인간입니다. 얼른 생각에는 그런 자리라면 영화표 정도는 뒤로 좀 들어오지 않겠습니까? 뭐 별로 인기가 없는 것도 좋은데 그리 야박하게 말할 필요까지야 있겠습니까? 하도 치사해서 그 일이 있고 난 다음부터 당분간 영화는 물론 비디오도 외면했습니다.

그런 나의 저주 탓인지 그는 그 힘 있는 자리에서 쫓겨나고 말았습니다. 솔직히 좀 고소하다는 생각도 들고, 찔리기도 해서 눈치를 살폈더니 특유의 넉넉한 미소로 아무렇지도 않게 "응~ 싸울거다!"라고 했습니다. 싸우다니? 소심한 우리 같은 사람이야 감히 나라에서 하는 일이라면 좀 흥분하다가 거의 대부분 끽소리 못하고 주저앉지 않습니까? 그러나 나는 그가 얼마나 싸움을 잘하는 인간인지를 알기 때문에 그를 쫓아내는 일에 앞장선 인간들 엄청 고생하겠다는 생각을 했습니다. 그리고 그 싸움은 반드시 조희문의 승리로 끝날 것이라는 믿음을 가졌습니다. 나는 왕보수인 그가 어떻게 해서 왼쪽으로 기운 사람들이 대부분인 그런 자리로 갔는지 처음부터 좀 의아했지만, 좀팽이같이 그가 그곳에 가 있으면 영화표는 쉽게 얻을 수 있겠다는 욕심 정도로 기분 좋아했을 뿐이었습니다. 심지어 순진한 건국대학의 강상모 교수까지 고개를 갸우뚱거리며, "그 어째 남의 통시~(경상도 사투리로 변소)에 똥누러 가는 것 같지 않나?"라고 했지만, 나는 여전히 영화표 생각으로 잔머리만 굴렸습니다. 나중에 생각해 보니 그는 자못 비장한 각오를 한 것 같습니다.

그는 포위 공격을 당할 것을 뻔히 알면서 홀로 적진에 들어갔습니다. 마치 황산벌에서 홀로 적진에 뛰어든 관창이나 반굴과 같은 화랑처럼 꿋꿋이 갔습니다. 우리는 아무도 그가 그곳에서 어떤 역할을 하였고, 어떻게 싸우고 있는지를 몰랐습니다. 실없는 녀석들은 그저 나같이 영화표나 얻을 궁리를 했고, 운수 좋으면 예쁜 여배우나 탤런트 구경을 할 수 있지 않을까, 그것도 아니면 그 동네에서 일어나는 스캔들 뒷이야기 정도를 직접 들을 수 있지는 않을까 이런 생각이나 했습니다.

힘 있는 자리에서 쫓겨난 그는 다시 대학으로 복직할 때까지 졸지에 실업자가 되었습니다. 그동안 그는 조용히 투쟁을 시작했습니다. 나중에 그의 홈페이지를 찾아가 본 나는 그 당시 그가 얼마나 힘든 싸움을 했는지를 알게 되었습니다. 좀 더 그에 관한 이해를 했던 순간에도, 나는 그의 행동이 대세가 그렇다 해도 누군가가 균형을 잡아야 한다는 지사적 사명감이라 생각했을 뿐이었습니다. 그러나 그의 홈페이지에서 그를 공격했던 사람들의 글과 그의 주장을 꼼꼼히 읽고 난 다음 나는 처음으로 그를 생각하며 눈시울이 붉어졌습니다. 그는 자신을 공격하는 글도 원문 그대로 꼼꼼히 챙기고 있었습니다. 어느 쪽의 주장이 옳은지에 관한 말은 하지 않겠습니다. 단지 나는 내가 자랑하는 벗이 오랜 시간을 홀로 싸우고 있었음에도 고작 영화표 몇 장에 연연했던 것이 부끄러웠을 뿐입니다.

그는 몇 해를 넘기는 법정 싸움 끝에 결국은 승소했습니다. 그리고 아주 간단히 그 소감을 피력했습니다. "이겼다. 그러나 돈은 한푼도 못 건졌다." 그는 그것을 자랑스러워하지도 않았고, 의기양양해하지도 않았습니다. 그렇습니다. 그는 파이터였습니다. 진정한 파이터는 싸움을 먼저 걸지 않습니다. 그러나 싸움을 걸어오는 상대를 피하지도 않습니다. 싸우는 도중이나 싸움이 끝난 후에도 절대로 흥분을 하지 않습니다. 그저 고요한 물처럼 담담히 자신이 싸우고 있다는 것도 잊은 채 흐름에 따라갑니다. 어린 시절에 제법 싸움질에 이골이 났던 나는 조금은 파이터를 구분합니다. 비로소 나는 그가 왜 맷집 좋게 텔레비전 토론에 나갔는지를 알게 되었습니다. 그는 걸어오는 싸움을 피하지 않았을 뿐입니다.

그와 나는 소년 시절에 만났습니다. 내 고향 상주는 그리 벽촌은 아니지만 시골이었음은 분명합니다. 지금은 당당한 사나이로 변한 당시의 그는 또래 가운데 비교적 작은 축에 속했습니다. 오래된 당시의 사진을 보면 그는 통통한 뺨과 천진난만한 미소를 지닌 귀여운 소년입니다. 내 기억 속의 그는 제법 큰 축에 속했던 내가 자전거 앞자리에 싣고 다닐 만큼 작았던 것 같습니다. 그는 보호해 주고 싶었던 친구였습니다. 공부를 그리 잘하는 것도 아니고, 그렇다고 무슨 재능이 특출한 것도 아니었습니다. 또래라도 좀 큰 녀석들과는 잘 어울리지 않는 다른 작은 아이들과 달리 단지 그는 아무나와 스스럼없이 잘 어울렸습니다.

당시의 상주는 우리나라에서 자전거를 가장 많이 타는 고장이라 하였습니다. 아직도 다리가 짧아서 안장에 올라타지 못하는 꼬마도 한 손으로는 핸들을 잡고 한 손으로는 안장을 잡은 채 짧은 다리를 자전거 앞부분에 밀어넣고 빠른 속도로 달렸습니다. 흡사 몽골의 아이들이 준마의 배에 붙어서 이리저리 마음먹은 대로 초원을 달리는 것처럼 상주의 아이들은 여자아이나 남자아이를 가리지 않고 자전거를 탈 줄 알았습니다. 그렇게 자전거를 배운 아이들은 너른 길을 마다하고 일부러 논둑길이나 철길을 달리기도 하였습니다.

그의 집은 그렇게 자전거를 타고 아득한 들판의 논둑길과 철길을 지나가 산 밑에 자리를 잡은 제법 큰 집이었습니다. 어느 날 찾아간 그의 방에는 우리 같은 시골 아이들에게 너무도 생소하고 놀라운 풍경이 있었습니다. 벽 한쪽에 거의 우리 키만큼의 높이로 쌓인 각종 영화 포스터, 일본 잡지 스크린, 서양의 영화 잡지 이런 것들이었습니다. 나를 비롯한 대부분의 또래들이 영화와의 인연이라야 산골에 찾아오는 포장 극장이나 전교생이 함께 가는 단체 관람, 또는 일요일 오후에 5원 정도로 기억되는 관람료를 내고 들어가는 문화교실 정도였지요. 그것은 작은 소도시 아이들에게 충격이었습니다. 학교에서 학생들의 생활기록부 작성을 위해 가끔 조사를 할 때 취미라는 항목에 대부분이 만화책 나부랭이나 보는 주제에 독서라고 쓰든가, 흔해빠진 우표 열댓 장 모아 놓고 우표수집이라 쓰는 것 외에는 다른 길이 없던 우리에게 그것은 최초로 컬렉션이 무엇인지를 보여준 충격이었습니다. 그날 그는 외국배우라고는 돌아온 외팔이의 왕유밖에 모르던 우리에게 들도 보도 못한 외국배우의 이름을 줄줄이 꿰주었으나 무슨 말인지, 그것이 나와 관계가 있는지 도대체 감이 오지 않았습니다.

그는 그렇게 영화의 길을 갔습니다. 몇 년의 세월이 지난 후 그와

나는 어른이 되어 다시 만났습니다. 어느 신문사의 기자로 근무하던 그와 음료수회사의 영업사원이던 나는 수원에서 자주 만나 작은 추어탕집에서 점심을 먹곤 했습니다. 지나는 길에 음료수나 판촉물로 나온 컵과 같은 나부랭이를 들고 그의 집을 찾은 적이 있습니다. 아담하고 아름다운 그의 아내가 지금은 대학생이 되어 제 아비보다 훨씬 큰 아들을 힘겹게 등에 매달고(업었다고 말하기에는 도저히 어울리지 않는 폼이니까) 시장을 다녀오는 것을 보았습니다. 이놈들 그걸 알면 제 엄마에게 잘해야 할긴데!

그의 아내는 아들 둘을 낳았고, 여전히 커다란 세 남자들 틈에서 통통거리며 살고 있습니다. 북향이던 평창동에서 동남향인 지금의 구기동집으로 이사를 한 이들 부부는 요즘음 동행하는 일이 잦은 것 같습니다. 그것은 참 보기 좋은 모습입니다. 조희문은 그의 아내에게 커다란 두 아들을 맡겨둔 채로 바쁘게 지냈습니다. 보기와는 전혀 달리 그의 아내는 두 아들과 조희문이 엄청나게 쌓아둔 온갖 자료들을 지켰습니다. 보기와 다르다는 표현은 그녀가 집 안보다 밖에서 우아한 표정으로 분위기 있는 찻집에 앉아 있는 것이 더 어울린다는 뜻입니다. 지난해 겨울 나는 그의 아내와 그를 꼭 닮은 작은아들을 데리고 북경을 다녀왔지요. 어느 새 흰머리가 제법 보이는 그의 아내는 그럼에도 불구하고 소녀처럼 한 옥타브 높은 웃음소리를 내고 있었으며, 반짝거리는 눈이 매력적입니다. 풍문에는 결혼자금을 조희문이 횡령하여 모두 낡은 영사기나 카메라 같은 것을 샀다고 합니다만, 아직도 그 소문이 사실인지 확인을 하지 못했습니다. 그 일로 조희문이 아내에게 평생 눈치를 보고 사는지는 알 수가 없지만, 사실 여부와 관계없이 이 세상에서 우직한 파이터 조희문을 가장 꼼짝하지 못하게 제압하는 사람은 그의 아내입니다. 그의 아내는 조희문이 열 마디 정도 말을 하면

한 마디 정도로 간단히 제압을 합니다. 그렇다고 매몰차거나 기품 없이 대드는 것은 아닙니다.

오래전 고등학교에 다니던 내 딸아이가 영화에 빠져서 허우적거린 적이 있습니다. 대학입시를 앞둔 주제에 암만 봐도 물에 물탄 것 같은 프랑스영화나 좀 촌스러워 보이는 제3세계권의 영화를 빌려와서 밤새 들여다보는 바람에 아이들에게 무관심한 나도 짜증이 났습니다. 게다가 학교에서 영화동아리에 가입하여 회지를 낸다고 조희문을 인터뷰하겠다고 해서 딸을 데리고 집으로 찾아갔습니다. 딴엔 준비를 했답시고 조희문을 앉혀 놓고 질문을 하는 딸아이를 지켜보던 조희문이 좀 답답했던지 노트를 빼앗아 자기가 직접 묻고 대답하는 글을 썼습니다. 곁에 있던 그의 아내는 그것을 보고 대뜸 일침을 놓았습니다.

"박사가 뭐 그래?"

그의 아내는 딸아이의 무안해하는 심정과 그것을 헤아리지 못하는 남편을 그렇게 나무랐습니다. 좀처럼 사람들에게 긍정적인 평가를 내리지 않던 시건방 9단짜리 딸아이가 돌아오는 길에 '아빠! 그 아주머니 참 이쁘지?'라고 말했습니다. 그날 이후로 조희문으로 인해 시작된 내 딸의 영화 사랑은 끝이 났습니다. 그의 집에 있던 수많은 영화에 관한 자료는 영화가 보기만 하는 것이 아니라는 사실을 깨달았기 때문입니다.

조희문은 우리나라에서 영화학박사 제1호입니다. 이것은 그뒤로 나온 다른 영화학박사는 누구도 제1호가 되지 못한다는 의미입니다. 나는 그것이 자랑스럽습니다. 그는 영화계에서 '왕보수'라는 말을 듣습니다. 그러나 나는 그가 왜 '왕보수'라는 소리를 듣는지 잘 모릅니다. 그는 세간을 떠들썩하게 했던 스크린쿼터제도의 존속 또는 변경 여부에 관한 논쟁에서 과감한 철폐를 주장했습니다. 보수란 기존의 가치관이나 제도를 지키려 하는 쪽을 지칭하는 말이라는 정도로 이해하는 나는 조희문의 주장이 왜 보수파의 견해인지 알 수가 없습니다. 제법 유명한 영화인들이 모두 머리에 띠를 두르고 반대를 할 때, 조희문은 그에게 주어진 지면을 이용하여 거의 홀로 전면개방을 주장했습니다.

내 친구 조희문은 그렇게 모두가 가는 길이라 해서 맹목적으로 따르지 않습니다. 나는 그가 왕보수라기보다는 아주 치밀한 현실주의자이자 미래지향적인 인물이라는 생각이 듭니다. 그는 주로 '조중동(朝中東)'에 글을 싣습니다. 조중동에서만 그에게 지면을 할애하는지, 아니면 그가 다른 신문에 일부러 글을 싣지 않는지는 알 수가 없습니다. 그의 글에는 어려운 단어가 거의 없습니다. 그는 쉬운 말로 쉽게 이야기를 합니다. 그는 문성근이나 명계남을 아주 싫어합니다. 그들이 정치에 맹렬히 참여하여 아주 선동적인 언사를 서슴지 않는다는 이유 때문만은 아닙니다. 그들과 조희문은 태생이 다르기 때문도 아닙니다. 그들이 조희문을 공격한다는 이유 때문도 아닙니다. 조희문이 그들을 싫어하는 것은 그들이 현실적이거나 미래지향적이 아니라는 이유 때문입니다.

지난해 나는 공덕동 사무실에서 숱한 밤을 새우고 있었습니다. 여름에는 에어컨이 들어오지 않아 창문을 모두 열어 놓아도 찌는 것 같은 늦은 밤에 가끔 그의 전화가 걸려옵니다. 때로는 자정에 가까운 시간에 그는 9층까지 터벅터벅 걸어서 올라옵니다. 우리는 윗옷을 훌러덩 벗고 앉아 이런저런 이야기로 두세 시간을 가볍게 넘깁니다. 주로 내가 묻는 말에 그는 천천히 대답을 합니다. 때로는 황당하기 짝이 없는 나의 상상에도 그는 귀를 기울이고 찬탄을 보냅니다. 내 말이 대단해서가 아니라 대견해서라는 것을 나는 압니다. 목적도 목표도 없는 나의 작업은 그와의 토론을 통해 점차 구체화됩니다. 지극히 장황했던 내 글도 그의 유려한 문체를 본받아 조금씩 달라졌습니다. 나는 그런 그가 좋습니다.

언젠가 그가 나에게 호를 지어 달라는 말을 불쑥 꺼냈습니다. 그러나 무려 1년이 지나도록 그의 호를 붙이지 못했습니다. 어느 날 밤을 새우다가 갑자기 잠자리에 들었습니다. 몽롱하던 의식 속에 나는 드디어 그의 지난 행태와 지금의 모습, 그리고 앞날을 아우르는 이미지를 떠올렸습니다. 얼른 일어나 메모를 하고 다시 잠이 들었습니다. 한낮이 되어 일어나 메모장을 보니 두 글자가 적혀 있었습니다. 일탁(一啄)! 그 어원은 '줄탁동시(茁啄同時)'라는 선종의 가르침입니다. 어미닭이 알을 품고 있습니다. 스무하루가 되면 부화를 마친 병아리들이 껍질을 깨고 나옵니다. 아직 기운이 모자란 병아리에게는 그 껍질을 깬다는 것은 사활을 건 투쟁입니다. 병아리가 껍질을 깨고자 혼신의 노력을 다하는 모습이 곧 '줄(茁)'입니다. 그러나 어미닭은 짐짓 모른 체합니다. 혼신의 힘을 다해 이곳저곳을 부리로 쪼던 병아리가 드디어 약한 곳을 찾아 껍질을 깨는 순간 어미닭은 기쁨의 눈물을 흘리며 굳센 부리로 그곳을 단 한번 쪼아줍니다. 어미닭이 그렇게 단 한번 쪼는 것을 '탁(啄)'이라 합니다. 병아리의 '줄'과 어미닭의 '탁'이 만나는 그 짧은 순간을 '줄탁동시'라 합니다.

그는 오랜 홍안의 소년 시절부터 영화를 사랑하던 '줄'의 시기를 지나왔습니다. 초조하게 서둘지도 않고, 그렇다고 자신이 해야 할 노력을 게을리하지도 않았습니다. 그 인고의 세월을 넘어 그는 제1호 영화학박사가 되었고, 아주 느릿하게 세상을 바라보다가 어느 한순간에 엄청난 내공이 실린 '일탁'을 서슴지 않습니다. 앞으로도 그는 여전히 자기가 쪼아야 할 곳을 둔탁한 그 부리로 쪼아댈 것입니다. 그러나 그에게 쪼인 상대는 누구도 상처를 입지 않습니다. 상처가 아니라 오히려 생명을 얻는 계기가 될 것입니다.

40대의 끝 무렵에 접어든 우리는 이렇게 나이를 먹어가고 있습니다. 우리는 아직도 사랑을 말하고, 아직도 기품을 부러워하고, 아직도 자신의 소임을 이야기합니다. 그것이 때로는 치기어린 만용으로 비쳐지는 것은 홍안의 소년이었던 시절을 잊지 않기 때문입니다. 홀로 사는 벗을 염려하여 그는 작은 소형차를 타고 아내와 가끔씩 나의 암자나 사무실을 찾아옵니다. 그의 아내는 가끔씩 김치통을 들고 옵니다. 나는 김치맛보다 그들 부부의 우정이 주는 맛을 라면과 함께 즐깁니다. 주말에는 그의 아내와 함께 내가 사는 동네의 감자탕집을 찾아옵니다. 나이를 먹으며 아내와 함께하는 모습이 점차 늘어나 보기 좋은 내 친구 조희문은 여전히 나와 내 벗들의 자랑입니다.

이 사람아! 모처럼 고향에 와서 내 부탁할 말이 꼭 하나 있다네. 다 좋은데 약속 시간 좀 지키게나. 어떤 사람이 허구한 날 나보고 약속 시간 어기는 것이 상주 사람들 특징이라 하네. 나 욕먹는 거야 도리가 없지만 고향 사람 통째로 욕먹어서야 되겠는가?

묵개(默介) 서상욱(徐相旭)

조희문

1957년 경북 상주 출생.

읍내에 2개 있던 극장을 공부방처럼 드나들며 영화보기에 빠져들었다.

영화 포스터, 스틸 사진 등 영화 자료를 모으기 시작했고,

지금까지 그 일을 계속하고 있다.

대학에서 영화학을 전공했고,

국내에서 처음으로 영화학 박사 학위를 받기도 했다.

상명대학교에서 영화과 교수가 되어 학생들을 가르쳤고,

지금은 인하대학교 교수로 있다.

역서로 《현대영화이론》이 있고,

《위대한 한국인-나운규》《한국영화의 쟁점》《채플린》등의 저술을 냈다.

문예신서
391

'자유부인'보다 뜨거운 한국영화

조희문 著

초판 발행　2014년 12월 20일

東文選

제10-64호, 1978년 12월 16일 등록

[110-300] 서울 종로구 인사동길 40

전화 02-737-2795

이메일 dmspub@hanmail.net

블로그 http://blog.naver.com/hiskindness

ISBN 978-89-8038-688-8 94680

ISBN 978-89-8038-000-8 (문예신서)

【東文選 文藝新書】

1	저주받은 詩人들	A. 뻬이르 / 최수철 · 김종호	개정 근간
2	민속문화론서설	沈雨晟	40,000원
3	인형극의 기술	A. 훼도토프 / 沈雨晟	8,000원
4	전위연극론	J. 로스 에반스 / 沈雨晟	12,000원
5	남사당패연구	沈雨晟	19,000원
6	현대영미희곡선(전4권)	N. 코워드 外 / 李辰洙	절판
7	행위예술	L. 골드버그 / 沈雨晟	절판
8	문예미학	蔡 儀 / 姜慶鎬	절판
9	神의 起源	何 新 / 洪 熹	16,000원
10	중국예술정신	徐復觀 / 權德周 外	24,000원
11	中國古代書史	錢存訓 / 金允子	14,000원
12	이미지─시각과 미디어	J. 버거 / 편집부	15,000원
13	연극의 역사	P. 하트놀 / 沈雨晟	절판
14	詩 論	朱光潛 / 鄭相泓	22,000원
15	탄트라	A. 무케르지 / 金龜山	16,000원
16	조선민족무용기본	최승희	15,000원
17	몽고문화사	D. 마이달 / 金龜山	8,000원
18	신화 미술 제사	張光直 / 李 徹	절판
19	아시아 무용의 인류학	宮尾慈良 / 沈雨晟	20,000원
20	아시아 민족음악순례	藤井知昭 / 沈雨晟	5,000원
21	華夏美學	李澤厚 / 權 瑚	20,000원
22	道	張立文 / 權 瑚	18,000원
23	朝鮮의 占卜과 豫言	村山智順 / 金禧慶	28,000원
24	원시미술	L. 아담 / 金仁煥	16,000원
25	朝鮮民俗誌	秋葉隆 / 沈雨晟	12,000원
26	타자로서 자기 자신	P. 리쾨르 / 김웅권	29,000원
27	原始佛敎	中村元 / 鄭泰爀	8,000원
28	朝鮮女俗考	李能和 / 金尙憶	30,000원
29	朝鮮解語花史(조선기생사)	李能和 / 李在崑	25,000원
30	조선창극사	鄭魯湜	17,000원
31	동양회화미학	崔炳植	19,000원
32	性과 결혼의 민족학	和田正平 / 沈雨晟	9,000원
33	農漁俗談辭典	宋在璇	12,000원
34	朝鮮의 鬼神	村山智順 / 金禧慶	28,000원
35	道敎와 中國文化	葛兆光 / 沈揆昊	15,000원
36	禪宗과 中國文化	葛兆光 / 鄭相泓 · 任炳權	8,000원

74	本國劍	金光錫	40,000원
75	노트와 반노트	E. 이오네스코 / 박형섭	20,000원
76	朝鮮美術史硏究	尹喜淳	7,000원
77	拳法要訣	金光錫	30,000원
78	艸衣選集	艸衣意恂 / 林鍾旭	20,000원
79	漢語音韻學講義	董少文 / 林東錫	10,000원
80	이오네스코 연극미학	C. 위베르 / 박형섭	9,000원
81	중국문자훈고학사전	全廣鎭 편역	23,000원
82	상말속담사전	宋在璇	10,000원
83	書法論叢	沈尹黙 / 郭魯鳳	16,000원
84	침실의 문화사	P. 디비 / 편집부	9,000원
85	禮의 精神	柳肅 / 洪熹	20,000원
86	조선공예개관	沈雨晟 편역	30,000원
87	性愛의 社會史	J. 솔레 / 李宗旼	18,000원
88	러시아 미술사	A. I. 조토프 / 이건수	26,000원
89	中國書藝論文選	郭魯鳳 選譯	25,000원
90	朝鮮美術史	關野貞 / 沈雨晟	30,000원
91	美術版 탄트라	P. 로슨 / 편집부	8,000원
92	군달리니	A. 무케르지 / 편집부	9,000원
93	카마수트라	바짜야나 / 鄭泰爀	18,000원
94	중국언어학총론	J. 노먼 / 全廣鎭	28,000원
95	運氣學說	任應秋 / 李宰碩	15,000원
96	동물속담사전	宋在璇	20,000원
97	자본주의의 아비투스	P. 부르디외 / 최종철	10,000원
98	宗敎學入門	F. 막스 뮐러 / 金龜山	10,000원
99	변 화	P. 바츨라빅크 外 / 박인철	10,000원
100	우리나라 민속놀이	沈雨晟	15,000원
101	歌訣(중국역대명언경구집)	李宰碩 편역	20,000원
102	아니마와 아니무스	A. 융 / 박해순	8,000원
103	나, 너, 우리	L. 이리가라이 / 박정오	12,000원
104	베케트연극론	M. 푸크레 / 박형섭	8,000원
105	포르노그래피	A. 드워킨 / 유혜련	12,000원
106	셸 링	M. 하이데거 / 최상욱	12,000원
107	프랑수아	비용 / 宋勉	18,000원
108	중국서예 80제	郭魯鳳 편역	16,000원
109	性과 미디어	W. B. 키 / 박해순	12,000원
110	中國正史朝鮮列國傳(전2권)	金聲九 편역	120,000원